UMA INTRODUÇÃO À
FILOSOFIA DA MENTE

Editora Appris Ltda.
2.ª Edição - Copyright© 2025 do autor
Direitos de Edição Reservados à Editora Appris Ltda.

Nenhuma parte desta obra poderá ser utilizada indevidamente, sem estar de acordo com a Lei nº 9.610/98. Se incorreções forem encontradas, serão de exclusiva responsabilidade de seus organizadores. Foi realizado o Depósito Legal na Fundação Biblioteca Nacional, de acordo com as Leis nᵒˢ 10.994, de 14/12/2004, e 12.192, de 14/01/2010.

Catalogação na Fonte
Elaborado por: Dayanne Leal Souza
Bibliotecária CRB 9/2162

L462u 2025	Leclerc, André Uma introdução à filosofia da mente / André Leclerc. – 2. ed. – Curitiba: Appris, 2025. 203 p. : il. ; 23 cm. – (Coleção Ciências Sociais). Inclui referências. ISBN 978-65-250-7318-7 1. Filosofia. 2. Mente. 3. Psicologia. I. Leclerc, André. II. Título. III. Série. CDD – 100

Livro de acordo com a normalização técnica da ABNT

Appris editora

Editora e Livraria Appris Ltda.
Av. Manoel Ribas, 2265 – Mercês
Curitiba/PR – CEP: 80810-002
Tel. (41) 3156 - 4731
www.editoraappris.com.br

Printed in Brazil
Impresso no Brasil

AndRÉ LeclerC

UMA INTRODUÇÃO À
FILOSOFIA DA MENTE

Appris
editora

Curitiba, PR
2025

FICHA TÉCNICA

EDITORIAL Augusto Coelho
Sara C. de Andrade Coelho

COMITÊ EDITORIAL Ana El Achkar (Universo/RJ)
Andréa Barbosa Gouveia (UFPR)
Antonio Evangelista de Souza Netto (PUC-SP)
Belinda Cunha (UFPB)
Délton Winter de Carvalho (FMP)
Edson da Silva (UFVJM)
Eliete Correia dos Santos (UEPB)
Erineu Foerste (Ufes)
Fabiano Santos (UERJ-IESP)
Francinete Fernandes de Sousa (UEPB)
Francisco Carlos Duarte (PUCPR)
Francisco de Assis (Fiam-Faam-SP-Brasil)
Gláucia Figueiredo (UNIPAMPA/ UDELAR)
Jacques de Lima Ferreira (UNOESC)
Jean Carlos Gonçalves (UFPR)
José Wálter Nunes (UnB)
Junia de Vilhena (PUC-RIO)

Lucas Mesquita (UNILA)
Márcia Gonçalves (Unitau)
Maria Aparecida Barbosa (USP)
Maria Margarida de Andrade (Umack)
Marilda A. Behrens (PUCPR)
Marília Andrade Torales Campos (UFPR)
Marli Caetano
Patrícia L. Torres (PUCPR)
Paula Costa Mosca Macedo (UNIFESP)
Ramon Blanco (UNILA)
Roberta Ecleide Kelly (NEPE)
Roque Ismael da Costa Güllich (UFFS)
Sergio Gomes (UFRJ)
Tiago Gagliano Pinto Alberto (PUCPR)
Toni Reis (UP)
Valdomiro de Oliveira (UFPR)

SUPERVISORA EDITORIAL Renata C. Lopes

REVISÃO Manuella Marqueti
Luana Íria Tucunduva

DIAGRAMAÇÃO Bruno Ferreira Nascimento

CAPA Fernando Nishijima
Amélia Lopes

REVISÃO DE PROVA Daniela Nazario

COMITÊ CIENTÍFICO DA COLEÇÃO CIÊNCIAS SOCIAIS

DIREÇÃO CIENTÍFICA Fabiano Santos (UERJ-IESP)

CONSULTORES Alícia Ferreira Gonçalves (UFPB)

Artur Perrusi (UFPB)

Carlos Xavier de Azevedo Netto (UFPB)

Charles Pessanha (UFRJ)

Flávio Munhoz Sofiati (UFG)

Elisandro Pires Frigo (UFPR-Palotina)

Gabriel Augusto Miranda Setti (UnB)

Helcimara de Souza Telles (UFMG)

Iraneide Soares da Silva (UFC-UFPI)

João Feres Junior (Uerj)

Jordão Horta Nunes (UFG)

José Henrique Artigas de Godoy (UFPB)

Josilene Pinheiro Mariz (UFCG)

Leticia Andrade (UEMS)

Luiz Gonzaga Teixeira (USP)

Marcelo Almeida Peloggio (UFC)

Maurício Novaes Souza (IF Sudeste-MG)

Michelle Sato Frigo (UFPR-Palotina)

Revalino Freitas (UFG)

Simone Wolff (UEL)

AGRADECIMENTOS

Eu gostaria de agradecer a meus alunos da turma de Filosofia da Mente 2012.2, que leram e comentaram comigo boa parte deste material, o qual foi exposto nas aulas durante todo o semestre. Entre eles, devo destacar as contribuições de Tiago Magalhães, José Gladstone Almeida Jr., Francisco Hélio Cavalcante Félix e Josailton Fernandes de Mendonça. Meus alunos do mestrado em Brasília, Pedro Ivo Sales Cavalcante e João Victor de Farias e Nascimento, ajudaram-me em várias ocasiões. Discuti com proveito muitos assuntos deste livro com colegas de várias universidades. Em primeiro lugar, minhas queridas colegas da Universidade Estadual Paulista Júlio de Mesquita Filho (Unesp), Maria Eunice Quilici Gonzalez e Mariana Cláudia Broens, merecem, mais uma vez, meus agradecimentos, pelo incentivo e pelo diálogo sempre produtivo. Os colegas membros do grupo de pesquisa Pensamento, Cognição e Linguagem, da Universidade Federal do Ceará (UFC) também discutiram comigo certas matérias aqui apresentadas. São eles os professores doutores Manfredo de Oliveira, Maria Aparecida Paiva Montenegro, Luís Filipe Estevinha Lourenço, Cícero Antonio Cavalcante Barroso e Joelma Marques de Carvalho. Amigos como Marco Ruffino da Unicamp, Marcos Silva da UFPe, André Joffily Abath da UFMG, Marco Aurélio Sousa Alves da UFSJ, Luís Henrique Dutra da UFSC, Candida Jaci de Melo e Denis Fisette da Uqam discutiram comigo ao longo de anos. Meu amigo e colega Herivelto Pereira de Souza, da UnB, tem sido um colaborador muito importante nos últimos anos.

Agradeço especialmente a meus colaboradores, Beatriz Sorrentino Marques da UFMT e Eros Carvalho da UFRGS, pelas contribuições, nesta segunda edição do livro, com dois capítulos novos. Finalmente, quero lembrar meu querido amigo e mestre Nicolas Kaufmann † que me ensinou tanto sobre fenomenologia.

A única pessoa que leu o texto por inteiro e fez inúmeras sugestões de correção e de aperfeiçoamento foi, de novo, minha esposa, Gesuína. Com ela, não posso pagar minha dívida só agradecendo. Nem mesmo lhe dedicando esta obra. Mas, para aliviar um pouco o peso dessa dívida, agradeço e dedico.

APRESENTAÇÃO

Em *Uma Introdução à Filosofia da Mente*, serão apresentados e discutidos os principais temas e problemas que definem a Filosofia da Mente como disciplina. Trata-se de uma disciplina recente, mas os temas e problemas que a definem são, às vezes, muito antigos. Esses problemas são, em muitos casos, de natureza metafísica (qual o lugar da mente na natureza? Uma ação livre é possível?), ou de natureza epistemológica (como conhecemos nossos estados mentais? E os estados mentais dos outros?), ou ainda lógico-linguística (como especificar o conteúdo conceitual de nossos pensamentos e as relações entre eles? Como nossos pensamentos representam?).

Na Introdução, apresentamos muito brevemente o desenvolvimento histórico desses temas e problemas e como a disciplina formou-se no decorrer do século XX. A Primeira Parte procura delimitar o domínio do mental e, consequentemente, o terreno da Filosofia da Mente. "Intencionalidade" e "consciência" aparecem nesse contexto como as noções mais suscetíveis de unificar o domínio do mental. A Segunda Parte aborda o problema metafísico central da Filosofia da Mente: o problema da relação entre a mente e o corpo vivo. Essa parte divide-se em várias unidades que abordam cada corrente de pensamento em Filosofia da Mente; cada unidade apresenta uma resposta particular a esse problema. Cada corrente tenta solucionar o problema apresentando uma concepção distinta da natureza dos estados mentais. Um aspecto particularmente importante da relação corpo-mente é o problema da causação mental: como nossos pensamentos, nossos desejos e nossas intenções podem fazer uma diferença no mundo físico? Trataremos desse problema na Conclusão. Finalmente, a Terceira Parte, nova nesta segunda edição, contém capítulos sobre a Mente Psicológica, a Mente Fenomenal, o Enativismo e a Psicologia Ecológica (com Eros Carvalho) e sobre a conexão entre as noções de Ação e de Responsabilidade (com Beatriz Sorrentino Marques).

Na Conclusão, abordaremos a questão metafísica do lugar da mente e das criaturas providas de mentalidade como nós, na natureza em geral e na sociedade. Uma solução ao problema tradicional da causação mental é finalmente apresentada.

Como a Filosofia da Mente se desenvolveu, sobretudo, no seio do *movimento analítico* dominante no mundo anglo-saxônico e muitas das referências mais importantes ainda não foram traduzidas para a língua portuguesa, mencionarei regularmente os títulos originais de língua inglesa, mas indicarei sempre, quando possível, as traduções existentes em língua portuguesa.

PREFÁCIO

— Qual é o lugar da mente na natureza? — perguntou um físico para um filósofo.

— Faz sentido buscar um lugar ocupado pela mente na natureza? — respondeu o filósofo.

Um psicólogo que passava por lá, ouvindo a conversa, perguntou:

— Em que contexto vocês querem entender a mente? Sem especificar um contexto, como poderemos verificar, empiricamente, o que é a mente?

— Trata-se de um complexo órgão criado pela natureza para perceber a si mesma e aos outros. — replicou um neurocientista que participava, à distância, da conversa.

O que ocorre em sua/minha mente ao ler estas questões? Podemos conhecer nossos estados mentais? — pergunto eu ao leitor curioso. Questões intrigantes como essas são analisadas com rigor, simplicidade, bom humor e criatividade no livro *Uma introdução à Filosofia da Mente*, elaborado por André Leclerc.

A Filosofia da Mente é uma área de investigação ainda pouco difundida no Brasil e a presente obra vem suprir mais uma demanda de nossa comunidade acadêmica, oferecendo uma introdução atualizada e muito bem elaborada de temas, problemas e correntes centrais de pesquisa da área. Leclerc apresenta e discute, de forma bem didática, problemas difíceis sobre a natureza da vida mental, que nos caracteriza como uma pessoa possuidora de identidade. Ele deixa claro que o filósofo da mente "[...] reflete sobre os princípios e as categorias que subjazem a compreensão que temos de nós mesmos enquanto seres providos de uma mentalidade...".

Uma amostra dos problemas centrais da Filosofia da Mente tratados por Leclerc inclui: (i) quais são as principais características da mente? (ii) Que tipo de organismo pode ter uma mente? Máquinas podem ter mente? (iii) Qual é a relação entre nossa vida mental e nossa vida biológica? Qual é a relação entre estados mentais e estados corporais? Como entender os aspectos qualitativos da experiência perceptual? (iv) A que se deve a direcionalidade de certos estados mentais conscientes?, entre outros. Ele ressalta que as diferentes maneiras de responder a essas questões especificam as principais correntes e escolas de pensamento da Filosofia da Mente, as quais são apresentadas, discutidas e ilustradas em seu livro.

Inicialmente, o leitor é convidado a percorrer uma breve história de constituição, no século XX, da disciplina Filosofia da Mente, herdeira da Filosofia Analítica, de tradição anglo-saxônica. Como ressalta Leclerc, é a partir da tradição analítica que antigos problemas sobre a natureza da mente, já discutidos por Platão, Aristóteles, Descartes, entre muitos outros, são revisitados na contemporaneidade dando lugar à constituição da disciplina Filosofia da Mente, em especial com a publicação das obras *O Conceito de Mente*, de Gilbert Ryle, em 1949, e *Investigações Filosóficas*, de Ludwig Wittgenstein, em 1953. Nesse novo cenário, a mente não é caraterizada como uma substância distinta do corpo, mas como o conjunto de disposições que se expressam na ação. Para Ryle, como indica Leclerc, a mente de um organismo — não necessariamente humano — "[...] é a organização de suas disposições a se comportar de certa maneira em certas circunstâncias".

Se, por um lado, na Antiguidade, temas e problemas sobre a natureza da mente eram tratados, muitas vezes por teólogos, a partir de perspectivas religiosas dualistas, associadas à natureza imaterial da alma, por outro lado, a Filosofia da Mente, afastando-se radicalmente da tradição religiosa, inaugura uma parceria interdisciplinar com a Lógica, a Filosofia da Linguagem, a Filosofia da Psicologia e, em certa medida, com as ciências (principalmente com a Ciência Cognitiva), na tentativa de entender o que é, afinal, a mente. É nessa perspectiva da Filosofia da Mente que Leclerc nos introduz ao estudo contemporâneo do pensamento, que se expressa por meio de estados, eventos, disposições e atividades comportamentais.

O livro está dividido em duas partes centrais; a primeira, denominada "O domínio do mental", tem início (como não poderia deixar de ser) com a pergunta: o que é a mente? Nessa parte, Leclerc procurará explicitar, por meio de exemplos cativantes, sua caracterização provisória de mente, entendida como: "um conjunto de poderes de representar/sentir algo para um sujeito consciente e situado, e não uma "substância" imortal, como Descartes e uma certa tradição metafísica e teológica ensinavam."

Uma breve introdução às concepções de mente é apresentada ainda na primeira parte do livro, destacando-se as correntes dualistas; materialistas (fisicista reducionista, eliminativista); funcionalista; behaviorista; emergentista, externista e instrumentalista, as quais são detalhadas na segunda parte do livro. A parceria entre Filosofia da Mente e Ciência Cognitiva é enfatizada quando se trata de investigar a questão: pode a mente ser estudada cientificamente?

Sem tomar partido da tradicional disputa entre ingleses e franceses, Leclerc sugere que o termo *"Cognitive Science"* seja empregado no plural ("ciências cognitivas") para expressar uma postura interdisciplinar que possibilitou a progressiva realização da "epistemologia naturalizada", proposta por Quine, em seu projeto de "[...] usar as ciências formais e, sobretudo, empíricas para estudar cientificamente a cognição". Possivelmente a sugestão de Leclerc se deva a que nas ciências cognitivas (mas não necessariamente na Ciência Cognitiva), filósofos desfrutam uma posição privilegiada, ocupando "[...] uma poltrona na primeira fila", graças a sua formação que, em princípio, habilita-os a entender, discutir, criticar e unificar contribuições de várias áreas sobre a natureza e a dinâmica da cognição.

Os temas da consciência e da intencionalidade (originária e derivada) são também investigados na primeira parte do livro, que visa delinear as marcas daquilo que permitiria identificar e reconhecer algo como um estado mental. Entre os ingredientes centrais da mente destacam-se, em geral, os estados intencionais e a consciência, caracterizada por Leclerc como "[...] o estado de quem sente e percebe as qualidades das coisas ao seu redor quando acordado". A análise cuidadosa, inclusive com um viés histórico, das seguintes questões: o que é a intencionalidade? Quais são os principais componentes dos estados, atos e eventos intencionais? A intencionalidade é uma marca exclusiva da consciência?, dá um tom agradável ao tratamento, nessa primeira parte, de temas espinhosos da Filosofia da Mente.

Na segunda parte, o leitor encontrará um aprofundamento da análise de temas e questões introduzidas no início da obra. O problema da relação mente e corpo vivo é retomado e discutido a partir de várias correntes, em geral antagônicas, que tentam resolver ou dissolver esse problema, que é considerado central na Filosofia da Mente. Conforme indicado na primeira parte, as várias interpretações desse problema (e as suas respetivas respostas) propiciaram o surgimento de diversas escolas, apresentadas em ordem cronológica, juntamente com a indicação de suas principais dificuldades: o dualismo, o epifenomenalismo, o materialismo, o funcionalismo, além do monismo anômalo, do naturalismo e do fisicismo (redutivo e não redutivo).

Como ressalta Leclerc, uma questão fundamental para os estudos da relação mente-corpo é o conhecido problema da causação mental: como estados mentais podem causar qualquer coisa? Como nossos pensamentos, desejos e intenções podem fazer uma diferença no mundo físico? Um polêmico debate ocorre em torno dessa questão, que divide pesquisadores da área em internistas e externistas. Para os primeiros, as intenções são, em geral, compreendidas em termos de um aparato cognitivo que opera com representações mentais internas, enquanto para boa parte dos externistas, representações nem existem (elas são, paradoxalmente, quimeras...). Para estes, as intenções são engendradas em hábitos, emergentes da relação organismo e ambiente e estabilizadas e manifestas na comunicação externa que se delineia em diversos nichos. Nesse sentido, a mente não está na cabeça e muito menos nos neurônios!

O debate Externismo *versus* Internismo permeia grande parte do livro, mas é principalmente na conclusão que Leclerc apresenta e discute, com esmero, os limites e alcances de cada lado da discussão no estudo das propriedades mentais. O enigmático problema da causação mental, ainda sem solução no século XXI, remete-nos ao importante papel das ações, desejos e intenções que colaboram, de forma consciente ou inconsciente, para a atualização e/ou reinvenção de disposições individuais e coletivas na organização do mundo que nos cerca.

Algumas pessoas aproveitam os anos para aprender, sentir e refinar a sintonia de sua existência com a vida, criando condições de um mundo melhor aos que nele habitam. André Leclerc é, sem dúvida, uma dessas pessoas. O leitor perceberá nesta obra a dinâmica instigante dessa sintonia!

Maria Eunice Quilici Gonzalez
(CNPq – Fapesp – Unesp)

PREFÁCIO À SEGUNDA EDIÇÃO

Esta edição de *Uma Introdução à Filosofia da Mente* apresenta uma visão mais atualizada do assunto. Ela inclui uma Terceira Parte com quatro capítulos inteiramente novos. As duas primeiras unidades da Terceira Parte espelham a distinção introduzida por David Chalmers entre a Mente Psicológica e a Mente Fenomenal. A Unidade 3.1 apresenta algumas concepções relativas ao conteúdo conceitual dos estados mentais (conceitos e atitudes proposicionais), e a Unidade 3.2 discute questões relativas à consciência e aos *qualia*, essas qualidades subjetivas de nossas experiências sensoriais, além de examinar três argumentos famosos contra o materialismo e o fisicismo que não conseguem acomodar facilmente os *qualia*: o argumento modal de Kripke, o argumento do conhecimento de Jackson e o argumento dos *zombies*, de Chalmers. Segue, da autoria de Eros Carvalho, a Unidade 3.3 sobre Psicologia Ecológica e o Enativismo, correntes cuja importância apareceu nas últimas décadas e que estavam ausentes da primeira edição. Na Unidade 3.4, o leitor encontrará a rica contribuição de Beatriz Sorrentino Marques sobre ação e responsabilidade. Uma tal discussão aprofundada, sobre ação intencional e responsabilidade, também estava faltando. Essa nova edição fica assim mais completa e atual do que a primeira.

A. L.

Brasília,
Setembro 2024

SUMÁRIO

INTRODUÇÃO 17

PRIMEIRA PARTE
O DOMÍNIO DO MENTAL **23**

Unidade 1.1: O que chamamos de "mental"? 23

Unidade 1.2: Filosofia da Mente, Filosofia da Psicologia, Psicologia e Ciências
Cognitivas. 29

Unidade 1.3: Intencionalidade e consciência 32

Unidade 1.4: Intencionalidade originária e intencionalidade derivada 43

Resumo 46

Referências 47

SEGUNDA PARTE
O PROBLEMA CORPO-MENTE E AS PRINCIPAIS CORRENTES **51**

Unidade 2.1: O dualismo das substâncias e outros dualismos 54

    O dualismo das propriedades e dos predicados 61

    O epifenomenalismo clássico 63

Unidade 2.2: Os behaviorismos: metodológico, ontológico e lógico. 65

Unidade 2.3: O Materialismo ou a Tese da Identidade Mente-Cérebro. 72

Unidade 2.4: Os funcionalismos: a mente como máquina de Turing ou como estrutura causal. 80

Unidade 2.5: O materialismo eliminista 97

Unidade 2.6: O Monismo Anômalo 105

Unidade 2.7: O naturalismo biológico. 112

Unidade 2.8: Os fisicismos: reducionista e não reducionista 122

Resumo 131

Referências 132

TERCEIRA PARTE
PSICOLOGIA, FENOMENOLOGIA E RESPONSABILIDADE 135
Unidade 3.1: A Mente Psicológica 135
    O que são as atitudes proposicionais? 136
    Como especificamos o conteúdo das atitudes proposicionais?............... 136
    O que são proposições?..137
    O que são conceitos? 138
    Atitudes como disposições... 139
    Atitudes e explicação do comportamento 140
    Atitudes cognitivas X atitudes conativas................................... 141
    Intencionalidade e linguagem... 142
    Referências 142
Unidade 3.2: A Mente Fenomenal. A extensão da fenomenalidade................ 144
    O argumento modal de Saul Kripke 145
    O argumento do conhecimento...147
    O argumento dos *zombies* 149
    Referências 151
Unidade 3.3: Psicologia Ecológica e Enativismo. Com Eros Moreira de Carvalho (UFRGS) .. 153
    Introdução 153
    A psicologia ecológica 153
    O enativismo.. 159
    Críticas às teorias corporificadas 164
    Referências 166
Unidade 3.4: Ação e Responsabilidade Moral. Com Beatriz Sorrentino Marques (UFMT) ..168
    O que é a responsabilidade moral nas discussões contemporâneas 168
    Tipos de responsabilidade moral 169
    A condição do livre-arbítrio 170
    Incompatibilismo..173
    Compatibilismo 174
    Teorias da ação..177
    Causação de eventos 177
    Causação do agente 181
    Críticas e caminhos alternativos... 184
    Referências 185

CONCLUSÃO
O LUGAR DA MENTE: NATUREZA, PESSOA, SOCIEDADE..........189
Referências 201

INTRODUÇÃO

A Filosofia da Mente é uma disciplina recente. No entanto, ela rapidamente se tornou fundamental para entender melhor assuntos tratados em outros campos da filosofia, como na filosofia da linguagem, na filosofia da ação, na antropologia filosófica, em partes da ética e dos problemas metafísicos tradicionais, como o problema do livre-arbítrio. No século XX, particularmente no movimento conhecido como *filosofia analítica*, houve o que pode ser descrito como uma forte profissionalização das disciplinas filosóficas, que corresponde a uma institucionalização de certos assuntos filosóficos tradicionais. Aconteceu com a filosofia das ciências no final dos anos 1920, a partir do famoso *Círculo de Viena* e do Grupo de Berlim. Outras disciplinas filosóficas começaram a adotar o mesmo perfil, a ter uma existência institucional, com currículos, cadeiras oficiais, congressos, revistas especializadas, grupos constituídos etc.

A mente sempre foi tomada como objeto de estudos pelos filósofos desde a Antiguidade, por exemplo, no *Fédon*, de Platão, ou no *De anima*, de Aristóteles. Mas esse interesse recorrente dos filósofos só deu lugar a uma profissionalização a partir do final dos anos 1940, com a publicação de *O Conceito de Mente* (*The Concept of Mind*), de Gilbert Ryle (1949), e logo depois, postumamente, das *Investigações filosóficas* (1953), de Ludwig Wittgenstein. Essa última obra consagra muito espaço ao estudo do vocabulário *mentalista*, expressões como "dor", "expectativa", "crença", "desejo", "lembrança", "percepção", "compreensão", "habilidade" etc. A imensa influência de Wittgenstein e a preocupação que ele mostrou para a elucidação do vocabulário mentalista (como aprendemos a usar essas palavras, como elas se relacionam com outras palavras, o que a comparação dos jogos de linguagem envolvendo essas palavras nos ensina etc.) foi decisiva na constituição da Filosofia da Mente como disciplina autônoma.

Figura 1 – Ludwig Wittgenstein (1889-1951), um dos filósofos mais influentes do século XX
Fonte: domínio público

O projeto filosófico de Gilbert Ryle tinha uma vertente positiva: oferecer uma visão coerente da mente que cientistas e filósofos poderiam aceitar e que responderia às principais questões filosóficas sobre a mente. Tinha também uma vertente negativa: criticar o que ele chamava de "doutrina oficial", uma visão da mente ou da "alma" fortemente influenciada pela religião e pela metafísica tradicional. Essa vertente negativa é tão importante quanto a positiva, pois foi essa ruptura com a tradição, com certa maneira de ver, com certas ideias antigas, que permitiu uma abordagem mais científica do assunto. Mas alguns filósofos, como Wittgenstein, não acreditam que a mente possa ser tratada pelos métodos usados na ciência.

Ideias religiosas sobre uma vida após a morte ou sobre a imortalidade da alma são muito antigas. A prática de enterrar os mortos tem mais de cem mil anos. A interpretação dessas práticas, no entanto, é controvertida. Mas a ideia de uma separação radical entre o físico e o mental aparece explicitamente no *Livro dos Mortos* dos egípcios. Sua função era orientar o defunto nas principais etapas de sua "nova vida" até seu julgamento por Osíris e outras divindades. Os textos mais antigos que compõem o *Livro dos Mortos* foram escritos por sacerdotes cerca de dois milênios antes de Cristo.[1]

---

[1] Há muitas controvérsias sobre o significado dos primeiros rituais funerários dos neandertais; a partir de *homo sapiens*, a situação começa a mudar e a se precisar. Em muitas ocasiões, existem evidências de que o ritual devia preparar para "outra vida". Ver PETTITT, P. When Burial Begins. **British Archeology 66**. ago. 2002. Ver também descrições interessantes em SHRYOCK A.; SMAIL, D. **Deep History**. The Architecture of Past and Present. Berkeley/Los Angeles: University of California Press, 2011.

Figura 2 – Defunto levado até Osíris, protetor dos mortos, para seu julgamento
Fonte: domínio público

Com Platão (428-348 a.C.), a alma é também parcialmente concebida a partir da mitologia, como algo quase divino. O mito órfico da transmigração das almas e a metempsicose (ou ciclo das reencarnações) estão presentes como pano de fundo na obra de Platão. O *orfismo* é uma "religião de mistérios" que prometia vantagens no "além da vida". Nessa tradição adaptada por Platão, as almas desencarnadas podem contemplar à vontade e com a máxima clareza as formas eternas com base nas quais as coisas do mundo sensível foram criadas pelo demiurgo ou criador do mundo material. Uma vez encarnadas, as almas perdem a visão pura das formas que elas mal conseguem lembrar. Aprender, para Platão, é o mesmo que lembrar. É a famosa teoria da "reminiscência". A alma é, por assim dizer, prisioneira do corpo. Ao contrário do corpo, que é composto de várias partes e, portanto, é suscetível de decomposição, a alma segundo Platão é absolutamente simples, não é composta e não pode se decompor ou se corromper. Ela é, por isso, imortal. A cada nova encarnação, voltamos para o mundo sensível conhecido por meio dos sentidos, com sua riqueza de cores, texturas, formas e sombras e experimentamos as necessidades e sofrimentos, apetites e desejos, emoções e prazeres, alegrias e desesperos. A alma encarnada teria, assim, três aspectos notáveis: ela é racional, no seu desejo de contemplar as formas, ela é irascível, no seu desejo de glória e de poder, e apetitiva quando procura satisfazer necessidades como sede, fome, sexo, paixão etc.

Aristóteles (384-322 a.C.) teve uma abordagem da alma que era mais científica e muito menos influenciada pelos mitos e pela religião. Aristóteles aplicava sua famosa doutrina do *hilemorfismo*[2] aos seres vivos, plantas, animais, seres humanos, e não só aos seres inorgânicos. O binômio matéria-forma (do

---
[2] Todos os seres corporais são compostos de uma matéria e de uma forma.

grego *hylé* para matéria e *morphé* para forma) era de aplicação universal. A alma, nessa concepção, é a forma do corpo. O hilemorfismo permitia distinguir, segundo Aristóteles, três tipos de alma: a alma vegetativa, princípio vital responsável pela nutrição e que temos em comum com os outros animais e as plantas; a alma sensitiva, responsável pela sensibilidade e a locomoção, que temos em comum com os outros animais; e a alma racional ou intelecto, própria dos seres humanos, responsável pelo pensamento.

Sendo a forma do corpo vivo, a mente (alma) aparece como uma propriedade do corpo, o que parece indicar algo como uma espécie de "materialismo". Mas isso seria uma simplificação. Os olhos, diz Aristóteles, são materiais e são sensíveis às coisas visíveis e não aos sons; os ouvidos são materiais e permitem apreender os sons, mas não as coisas visíveis. Cada sentido é assim "especializado". Se o intelecto, a capacidade de ter pensamentos de todo o tipo, fosse um órgão material também, ele seria sensível a um tipo restrito de coisas (como o olho ou o ouvido). Como o intelecto tem a capacidade de receber formas de todo o tipo de objetos materiais, ele não pode ser, por sua vez, um objeto material. Assim, a alma racional ou intelecto deve ser imaterial para Aristóteles, o que parece indicar uma espécie de *dualismo*, diferentemente do de Descartes, como veremos, por ser apenas parcial. Essas concepções de Aristóteles, como todas as obras dele, foram imensamente influentes até o Renascimento e o século XVII.

Descartes (1596-1650) retirou da alma, que ele chamava de "coisa pensante" (*res cogitans*) todas as funções relativas à nutrição ou à manutenção do corpo (como a respiração, a digestão e circulação sanguínea). Existem só dois tipos de atributos das coisas para Descartes ou dois tipos de coisas (ou substâncias): as coisas pensantes, cujo principal atributo é o pensamento, e as coisas extensas, cujo principal atributo é a extensão espacial. As coisas extensas são públicas (acessíveis para todos) e espaciais, divisíveis, visíveis, compostas e corruptíveis, enquanto as coisas pensantes são privadas e acessíveis só em primeira pessoa (ou melhor: são idênticas ao que somos) e são simples, incorruptíveis, invisíveis, não espaciais, indivisíveis. O mundo se compõe de dois tipos de substâncias: as extensas e as pensantes. Os animais e o corpo dos seres humanos são coisas extensas e não passam de *máquinas*. Os animais, para Descartes, não têm mente. Ter uma mente é um privilégio exclusivo dos seres humanos. A doutrina de Descartes foi chamada de "dualismo das substâncias"; ela corresponde ao que Ryle chamava de "doutrina oficial", algo profundamente influenciado pela religião, ou pela teologia filosófica e a metafísica.

A Filosofia da Mente que nasceu e se desenvolveu nas últimas décadas afasta-se radicalmente dessas tradições religiosas, metafísicas e dualistas e procura responder, de maneira sóbria e compatível — na medida do possível — com o discurso científico, a perguntas como: qual a relação entre a mente e o corpo vivo? Como nossos pensamentos (privados) podem influenciar nossos comportamentos (públicos)? Como nossas representações mentais (crenças, desejos, intenções, expectativas, temores, pesares etc.) adquirem esse poder de representar? É possível uma ação intencional livre?

Vamos considerar agora como os filósofos contemporâneos abordaram essas questões (e outras) sobre a *mente*. Por "mente" entenderemos, em primeira aproximação, *um conjunto de poderes de representar/sentir algo para um sujeito consciente e situado*, e não uma "coisa" ou "substância" imortal, como Descartes e certa tradição metafísica e teológica ensinavam. Veremos que a Filosofia da Mente desenvolveu seu projeto precisamente em oposição a essa tradição.[3]

---

[3] *N.B.* Alguns autores, Descartes é um deles, usavam outras expressões próximas, como "alma", "intelecto" ou "razão" como sinônimos de "mente". Evitaremos essa prática que pode gerar confusões em razão das conotações religiosas de "alma"; "intelecto" designa uma capacidade específica de apreender, conceber, ou ainda compreender pensamentos; "razão" designa hoje uma disposição ou conjunto de disposições para raciocinar validamente e escolher uma opção apropriada, e não uma "coisa".

PRIMEIRA PARTE

O DOMÍNIO DO MENTAL

Unidade 1.1
O que chamamos de "mental"?

Vamos primeiro delimitar o terreno da Filosofia da Mente. O que é a mente? Temos todos uma noção de *senso comum*[4] sem a qual nem poderíamos entender o sentido da palavra "mente" e usá-la corretamente. Usamos regularmente expressões como "ter algo em mente", "ter a mente aberta" ou outras expressões associadas ou derivadas como "atividades mentais", "imagens mentais", "calcular mentalmente" etc. O português tem os verbos "mentalizar" e "mentar". Mas para os filósofos e os cientistas, esse ponto de partida, essa noção de senso comum, não representa nenhum consenso estável, longe disso. Seja dito de passagem, o conhecimento que a maioria dos falantes-ouvintes de uma língua tem do sentido de uma palavra qualquer é relativamente pobre em comparação com o conhecimento dos lexicógrafos e outros especialistas da língua. Sabemos o suficiente para aplicar as palavras corretamente na maioria das situações, sem mais. Os filósofos da mente tentam ir um pouco além e oferecer respostas mais elaboradas à questão "o que significa a palavra 'mente'?" ou, mais diretamente, "o que é a mente?". Sem querer decidir a questão de uma vez por todas, podemos apresentar pelo menos uma descrição inicial, a mais neutra possível, do que se deve entender por "mente" ou do que pode ser considerado como "mental".

O que consideramos sem hesitação como *mental*? A seguinte lista pode certamente constituir um bom ponto de partida:

- As *sensações* de cores, texturas, timbres etc. e as sensações que acompanham cada um de nossos movimentos e que chamamos de "propriocepções"; as dores e prazeres de várias intensidades que, infelizmente ou para nosso bem, sentimos constantemente.

---

[4] Senso comum: o que aprendemos sem treinamento especial; é também tudo o que a maioria das pessoas tem tendência em concordar espontaneamente. O senso comum pode ser mais ou menos bem informado.

Temos aqui o domínio da mente fenomenal e dos *qualia*[5], características qualitativas e subjetivas das experiências conscientes, presentes também nas percepções, como ver a vermelhidão de um tomate maduro ou sentir o cheiro do café etc. (no entanto, o status dos *qualia* é ainda objeto de polêmicas: eles existem? São intencionais? São propriedades intrínsecas das experiências?);

- As *percepções* externas das coisas e pessoas que nos cercam constantemente e as quase-percepções "internas" (às vezes, dizemos que "percebemos" coisas na imaginação, na memória e nos sonhos, que percebemos uma distinção etc.); a percepção pressupõe normalmente a aplicação de conceitos que permitem a identificação e classificação do que é percebido;

- As *imagens mentais* que acompanham atividades (mentais), como imaginar algo (existente ou inexistente), lembrar, antecipar, incluindo imagens acústicas dos sons e imagens táteis das texturas etc. É importante não esquecer que o que chamamos de "imagens mentais" não são imagens de verdade; uma imagem genuína é algo espacial e público que pode ser visto por várias pessoas;

- *Atitudes proposicionais* ou estados mentais providos de conteúdo conceitual (como uma proposição[6]) que podemos ter pontualmente ou durante certo tempo, como acreditar que a Seleção Brasileira vai ganhar a próxima Copa do Mundo, ter a intenção de viajar à China, desejar casar-se com a rainha de Tebas etc.;

- As *emoções*: sentir medo, recear, criar coragem, ficar triste ou alegre, emocionar-se, sentir vergonha ou orgulho etc.;

- *Atos, atividades ou operações mentais*, como conceber, julgar, decidir, deliberar, raciocinar, ordenar, lembrar-se etc.;

- E finalmente as *disposições*, como capacidades (reconhecer os rostos), habilidades e competências (saber falar uma língua, saber dirigir um carro, saber tocar piano, saber adicionar, dividir, multiplicar mentalmente etc.) ou ainda ter senso de humor, ser honesto ou mentiroso, também os conceitos e conhecimentos que possuímos e os gostos e inclinações (gostar da música de

---

[5] *Qualia* são aspectos qualitativos e subjetivos de nossas experiências sensoriais e conscientes.

[6] Uma proposição é um pensamento que uma frase declarativa expressa e que pode ser avaliado como verdadeiro ou falso. É possível expressar a mesma proposição em várias linguagens; portanto, uma proposição independe da linguagem.

Händel, adorar chocolate etc.). Quando formamos uma intenção de fazer algo daqui a um ano (uma viagem à China ou qualquer coisa que requer um planejamento em longo prazo), ou quando formamos uma crença sobre um princípio bastante óbvio ou uma verdade da aritmética, quando formamos um conceito, ou quando ficamos desejando uma coisa por muito tempo, o estado mental correspondente (intenção, crença, conceito, desejo) permanece a título de disposição, durante certo intervalo de tempo ou para a vida toda (como a crença de que 2 + 2 = 4). O caráter de uma pessoa e sua personalidade são também disposições ou conjunto de disposições. Uma disposição é algo que tende a se manifestar em circunstâncias apropriadas. É algo que levamos conosco em toda parte, mas as disposições não são conscientes ou objeto de experiência. Elas se manifestam sob certas circunstâncias. Assim, as crenças, desejos e intenções são "ocorrentes" quando conscientes, ou disposicionais o resto do tempo.

Esses *estados*, *eventos*, *atos* ou *atividades* são o que consideramos como pertencendo ao domínio do "mental", são elementos constituindo *o domínio do mental*.

Esse conjunto, ainda não muito bem ordenado e definido, corresponde, *grosso modo*, ao que chamamos de "mente". Há como unificar os elementos, às vezes díspares, desse conjunto? Os elementos do conjunto têm certas características notáveis. Muitos de nossos estados, atos ou eventos mentais são (ou podem se tornar) *conscientes*; muitos (senão todos) têm a característica de *ser acerca de algo*, eles *representam* ou são *intencionais*; todos têm a característica de serem *subjetivos*, isto é, eles não existem sem um sujeito, eles dependem de um portador (desses estados ou eventos mentais) ou de um agente (desses atos mentais).

Nem todos os filósofos pensam que os fenômenos mentais têm todos uma característica comum e necessária, uma essência. Entre aqueles que arriscam uma resposta positiva, o **dualista** responde: a mente é uma coisa ou substância, mas que não tem, à diferença das outras substâncias, uma existência espaço-temporal; ela é completamente distinta e separada do corpo e não pertence à ordem causal do mundo — é precisamente isso que torna difícil entender o interacionismo de Descartes, a doutrina que afirma a existência de relações causais entre a coisa pensante e a coisa extensa. Os fenômenos mentais, para Descartes, são modificações (ou "modos") de uma "coisa pensante".

A resposta do **behaviorista** é bem diferente: a mente é um conjunto de disposições (capacidades, habilidades, tendências, aptidões, gostos, virtudes etc.) e comportamentos. O que é acessível à observação são os estímulos e as respostas do organismo. O que acontece na mente ou no cérebro, na famosa "caixa-preta" como diziam os behavioristas, escapa aos melhores observadores cientistas e deve, portanto, ser desconsiderado.

Os **materialistas** ou **fisicistas reducionistas** pensam que devemos considerar o que está dentro da "caixa-preta", pois o que é mental para eles é *idêntico* (ou se reduz) a estados ou processos cerebrais. *Reduzir* o mental ao físico não significa negar a sua existência; significa aceitar como verdadeiras frases como "a dor é a inervação de certas fibras nervosas do tipo C", concebidas a partir de outras identificações científicas, como "água é H2O", "um relâmpago é uma descarga elétrica" etc.

Outros materialistas conhecidos como **eliministas** vão mais longe: a relação entre o mental e o físico não é de identidade (ou redução), pois o mental, para eles, simplesmente, *não existe*. As únicas explicações aceitáveis do comportamento humano e animal são explicações científicas formuladas em termos neurocientíficos. O mental não tem lugar nas ciências da natureza (ou nas ciências *tout court*). As explicações mentalistas da *psicologia popular* que invocam crenças, desejos, intenções, inclinações etc. são irrelevantes e têm apenas um valor prático. Portanto, para os eliministas, não há relação nenhuma entre o mental e o físico.

Existem também várias outras posturas que afirmam a irredutibilidade do mental ao físico, mas sem voltar para o dualismo das substâncias: é o caso do **funcionalismo** ou **teoria computacional da mente**, a tese de que a mente é algo como um programa complexo de computador enquanto o cérebro seria o *hardware* processando a informação de acordo com o programa que ele implementa. O que importa, para os funcionalistas, não é do que são feitos os estados mentais, e sim *o que eles fazem*, quais as funções que eles desempenham na vida mental do sujeito.

O **naturalismo biológico** é a tese de que o funcionamento do cérebro *causa* toda a nossa vida mental e que os fenômenos mentais são fenômenos biológicos realizados nas estruturas do cérebro.

O **fisicismo não reducionista** é a tese de que a relação entre o mental e o físico é a *superveniência* (o mental é determinado pelo físico e fica na dependência do físico, de tal forma que não pode haver qualquer modificação na vida mental sem uma modificação na base fisiológica — no cérebro).

O **emergentismo**, às vezes identificado ao fisicismo não reducionista, defende que a mente emerge do físico (concebido como incluindo os vários níveis da biologia, da biologia molecular e da química), de tal maneira que as propriedades que caracterizam o mental não são redutíveis ou não se explicam a partir das propriedades da base física.

O **pampsiquismo** é uma doutrina bastante antiga (Brüntrop; Jaskolla, 2017). Na modernidade, ela é fortemente associada ao nome de Leibniz e sua *Monadologia*. Ela reapareceu na década de 1990 como uma opção a ser considerada seriamente. A doutrina diz que a mente é uma característica fundamental do universo e da matéria. A mentalidade não é apenas um atributo dos animais providos de sensibilidade e cognição, pois já se encontra difundida no universo físico. É a hipótese de que os constituintes básicos do universo possuem (ou são dotados) propriedades mentais.

Finalmente, o **intencionalismo**, na tradição de Franz Brentano (1838-1917), defende que a característica essencial de todos os fenômenos mentais é a intencionalidade, a capacidade de representar da mente, de visar ou de referir a um objeto (mental ou linguisticamente). O intencionalismo apresenta-se em duas versões: a realista (a tradição de Brentano) e a **instrumentalista**, promovida por Daniel Dennett (1942-2024).

Mais recentemente, o **externismo** em Filosofia da Mente desafiou a tradição cartesiana para a qual a mente é algo fechado sobre si, autocontido na qual nada entra e da qual nada sai. A posse de muitos de nossos estados mentais pressupõe a existência de algo fora do sujeito. O exemplo clássico é o ciúme. Alguém está com ciúme das atenções de uma pessoa para outra pessoa. É difícil levar a sério a ideia de que podemos estar com ciúme de nossas próprias alucinações! Para sentir ciúme, é preciso ter crenças relativas à existência de pelo menos duas outras pessoas e, para ter ciúme, essas duas outras pessoas devem existir. Muitos de nossos estados mentais mantêm relações diretas com coisas em nosso ambiente imediato. Esses estados são *de re*[7], *às vezes chamados de "pensamentos demonstrativos"* ou "indexicais", porque a expressão linguística sincera e literal desses pensamentos contém normalmente demonstrativos ("isto", "isso", "aquele", "aquilo" etc.) ou indexicais ("eu", "você", "aqui", "agora" etc.) que envolvem a própria coisa e não uma representação mental ou linguística dessa coisa. A teoria recente desses estados mentais com conteúdo "lato" (*broad content*) complicou a delimitação daquilo que conta como "mental". Assim, muitos de nossos estados mentais não estariam (completamente) na cabeça ou não poderiam ser possuídos por um "cérebro numa cuba" (*a brain in a vat*), segundo a expressão famosa de Hilary Putnam (1926-2016).

---

[7] *De re*, do latim, significa "da coisa", em oposição a *de dicto*, "da palavra" ou conceito.

Todas essas correntes que acabamos de mencionar rapidamente serão examinadas na Segunda Parte, menos o externismo, que será discutido na Conclusão.

Não podemos abordar aqui a importante questão da *unidade da consciência* e dos fenômenos mentais que preocupa os filósofos da mente, desde o filósofo austríaco Franz Brentano, mas uma coceira é tão mental quanto a crença de que um nêutron é uma partícula de carga zero. Somos seres multissensoriais: enquanto imaginamos uma viagem à China, sentimos a pressão causada pelo peso do próprio corpo na planta de nossos pés, ouvimos barulhos de fundo, sabemos o tempo todo onde estão nossos membros etc. Raramente prestamos atenção a esses detalhes, mas podemos torná-los conscientes ou prestar atenção neles. Na literatura recente, a ideia de *perspectiva em primeira pessoa* é regularmente mencionada quando se trata da unidade da consciência: uma criatura provida de mentalidade, como nós, percebe e sente tudo *a partir de certo ponto de vista*. A unidade dessa perspectiva em primeira pessoa (ponto de vista do sujeito) parece central para a problemática da *identidade pessoal* (acredito ser *a mesma pessoa* hoje do que a que fui no ano passado ou alguns anos atrás, mas como estabelecer isso? Qual o critério?). Voltaremos sobre a problemática da identidade pessoal e da unidade da consciência mais à frente.

Podemos já perceber que o terreno da Filosofia da Mente que estamos delimitando rapidamente tem uma natureza muito especial: *não existe nada que seja mais íntimo para nós do que nossa própria vida mental*. Estamos falando dos constituintes de nossas vidas conscientes. Não é de se surpreender se alguns, como Descartes, vão até identificar *o que somos* com a própria mente: não somos corpos pertencendo a uma espécie animal particular, *homo sapiens*, somos coisas pensantes, segundo Descartes. Em contraponto, Merleau-Ponty (1908-1961) não considerava o *corpo próprio*, "meu" corpo, tal como eu o sinto em primeira pessoa, como um "objeto" justamente porque ele é aquilo em relação a que todos os objetos são objetos para mim.

Temos uma concepção de nós mesmos como pessoa, como agente racional livre e responsável, com certa perspectiva ou certo ponto de vista sobre o mundo, certos compromissos e valores, certas necessidades e preferências. Essa concepção de nós mesmos não requer nenhum treinamento especial; basta estar no mundo e crescer cercado de pessoas que cuidam de nós e nos integram numa comunidade. Essa concepção "popular" de nós mesmos é importante e não pode ser descartada definitivamente. Ela constitui um ponto de partida *inevitável*, que nunca pode ser completamente abandonado. Essa concepção, no entanto, não é científica. O conhecimento científico é a forma mais acabada de conhecimento que temos. Ele requer um treinamento especial. Nossos corpos pertencem a uma espécie, *homo sapiens*, que evoluiu no meio de outras espécies. Esses corpos são constituídos de órgãos, por sua vez constituídos de moléculas e átomos. O estudo do cérebro, em particular, e sua assombrosa complexidade revelam o quanto temos a aprender sobre nós mesmos *do ponto de vista da terceira pessoa*. A concepção popular que temos de nós mesmos é, basicamente, uma concepção *em primeira pessoa*, do ponto de vista do "eu", do sujeito da experiência. A concepção científica é, basicamente, uma concepção *em terceira pessoa*, que olha para o corpo do outro e que tenta objetivar, categorizar, reduzir. Um dos maiores desafios da Filosofia da Mente, talvez, seja justamente pensar essas duas concepções de forma equilibrada, ou determinar se elas são compatíveis e até que ponto, ou ainda se devemos adotar uma postura mais radical e rejeitar, por exemplo, a concepção popular, como fazem os eliministas.

Unidade 1.2
Filosofia da Mente, Filosofia da Psicologia, Psicologia e Ciências Cognitivas

Certos autores usam a expressão "vida mental" justamente para distinguir esse assunto, que pertence à filosofia e à psicologia, de outro assunto que pertence ao campo da biologia, que também trata da "vida", mas usando um vocabulário completamente diferente. A biologia estuda os seres vivos, em primeiro lugar, considerando a constituição física dos organismos (as bases físicas e químicas da vida — carbono, sódio, potássio, ADN, aminoácido, proteína etc.; até os constituintes da célula, suas variedades, os órgãos e suas funções etc.); em segundo lugar, considerando suas interações no seu ambiente natural e com seus semelhantes (domínio da ecologia); e finalmente em relação às inúmeras gerações precedentes (evolução). O filósofo também não examina a mente da mesma forma que o psicólogo, que procura testar hipóteses a partir de experiências efetuadas muitas vezes em laboratório. O filósofo pratica principalmente o que chamamos de "análise conceitual"; ele reflete sobre os princípios e as categorias que subjazem a compreensão que temos de nós mesmos enquanto seres providos de uma mentalidade, tentando apresentar uma forma unificada de representação que resolve ou dissolve problemas, perplexidades ou paradoxos.

Aqui, apresentamos uma amostra dos problemas típicos da Filosofia da Mente: Qual a relação entre nossa vida mental e nossa vida biológica? Noutras palavras, *qual a relação entre a mente e o corpo vivo?* Esse é o problema mais fundamental da Filosofia da Mente (e provavelmente da antropologia filosófica). Um aspecto particularmente importante dessa relação é a questão da *causação mental: como nossos pensamentos podem afetar o que acontece no mundo ou fazer uma diferença num mundo descrito com precisão pelas ciências da natureza (física, química, biologia e suas divisões)?* Como o fato de querer, por exemplo, levantar meu braço, pode ter como consequência o levantamento de meu braço? Como os fenômenos mentais adquirem a capacidade de representar ou de "ser acerca de algo"? Ou ainda como um sistema físico, um organismo, pode ter e manter estados que são acerca de algo? O que são os conceitos e quais são as condições de posse destes? Outras questões são também de importância decisiva para o assunto, como a de saber *como conhecemos nossas mentes (a nossa própria e a dos outros)? Que tipos de organismo (animal) podem ter uma mente e que grau de complexidade isso pressupõe? Uma esponja tem vida mental? Uma muriçoca? Por que não um mecanismo como um computador ou algo mais simples como um termostato?* E finalmente: *a mente pode ser estudada cientificamente, como parte da ordem causal do mundo?* Se minha intenção de levantar o braço é um estado neural e se cada estado neural depende por lei dos estados anteriores, *como posso agir livremente?* É precisamente a maneira de responder a essas questões que determina as principais correntes e escolas de pensamento da Filosofia da Mente.

Os filósofos não podem dominar muitas disciplinas científicas. Nossas vidas são curtas demais! Porém *uma concepção da filosofia como campo de investigação completamente separada da investigação científica é historicamente insustentável e totalmente contraproducente.* Os filósofos da mente sempre precisaram da Filosofia da Linguagem e da Lógica para analisar as propriedades semânticas do conteúdo mental das atitudes proposicionais (como as crenças, os desejos, as intenções etc.) e da Filosofia das Ciências para pensar melhor as questões relativas à *redução* do mental ao físico e conceber a relação mente-corpo com base em *modelos* científicos, mostrando explicitamente como é possível, por exemplo, a causação mental.

No entanto, basta dar uma olhada na literatura recente em Filosofia da Mente para perceber que a disciplina hoje se apoia, principalmente, na *metafísica.* A mente pode ser abordada pela psicologia cognitiva, pela neurociência e a biologia molecular, a Inteligência Artificial e a teoria dos autômatos, a robótica, a teoria da informação etc. Muitos filósofos conseguem se familiarizar com esses assuntos e dar contribuições interessantes em Filosofia da Mente fazendo um uso "doméstico" das ferramentas adquiridas nessas disciplinas "aliadas". Mas as questões que aparecem como as mais determinantes para a Filosofia da Mente são claramente *questões metafísicas* (o problema da relação corpo-mente, a causação mental, a possibilidade da intencionalidade originária, o dualismo das propriedades, o livre-arbítrio etc.). As introduções recentes à Filosofia da Mente confirmam isso. Certas *questões epistemológicas* também são importantes em Filosofia da Mente, por exemplo: como conhecemos nossa própria mente? E a mente dos outros?

A Filosofia da Psicologia examina questões metodológicas e epistemológicas sobre os conhecimentos produzidos nas várias disciplinas que compõem a psicologia. Na verdade, considerando o estado da arte, o plural seria mais apropriado, pois existem psicologias com características bastante distintas: a psicologia cognitiva, a psicanálise, o behaviorismo, a psicologia social, por exemplo, são campos bem distintos de estudos. A Filosofia da Psicologia examina de modo crítico a constituição do conhecimento nas várias escolas de psicologia existentes. Ela reflete sobre questões como: qual a melhor metodologia para a psicologia? Os relatos de nossos próprios estados mentais são confiáveis? É possível medir de alguma forma experiências subjetivas?

A Psicologia é uma disciplina científica que procura testar hipóteses empiricamente. A Psicologia, também, estuda a mente, sobretudo por meio do comportamento, seja individual, seja coletivo. O objeto da Psicologia coincide com o objeto da Filosofia da Mente; mas as diferenças aparecem, sobretudo, nas abordagens e os métodos. Por isso, não é raro encontrar expressões como "a psicologia de Aristóteles", e podemos certamente atribuir a psicólogos como Skinner ou Freud certa "filosofia da mente".

A situação é bastante diferente com as *ciências cognitivas*. O termo *"cognitive science"* foi introduzido em 1971 pelo cientista inglês Christopher Longuet-Higgins. A palavra de ordem aqui é "interdisciplinaridade". É melhor, aliás, usar o termo no plural "ciências cognitivas". As ciências cognitivas podem ser vistas como uma realização progressiva da ideia de "epistemologia naturalizada" do filósofo estadunidense Willard van Orman Quine, que consiste em usar as ciências formais e, sobretudo, empíricas, para estudar cientificamente a *cognição*[8], como se estuda cientificamente qualquer outro assunto: a(s) psicologia(s), a neurociência, a linguística

---

[8] A cognição é um conjunto de processos mentais envolvendo o raciocínio, a percepção, a atenção, a memória e a imaginação na produção do conhecimento.

teórica, a teoria psicológica e fisiológica da percepção, as ciências da computação etc., contribuem ao projeto de estudar cientificamente a cognição.

Nas ciências cognitivas, os filósofos sempre tiveram uma poltrona na primeira fila, com contribuições em lógica, teoria da racionalidade e da escolha racional, teorias da consciência, da percepção, dos pensamentos contrafactuais (pensamentos que consideram situações irreais), contribuições sobre vários problemas, por exemplo, o famoso "*frame problem*"[9]. Essa posição privilegiada dos filósofos nas ciências cognitivas se justifica pela formação que eles recebem, a qual os capacita para entender, discutir, criticar e unificar contribuições provindo de várias disciplinas estudando a cognição. Mas as ciências cognitivas têm mais a oferecer: estudos sobre *a cognição dos bebês, a cognição nas plantas, a cognição coletiva, as redes neuronais*, como as emoções influenciam, fixam e fortalecem a memória etc.

Unidade 1.3
Intencionalidade e consciência

Os estados, atos ou eventos mentais têm uma essência? Existe uma propriedade comum e exclusiva a tudo o que chamamos de "mental"? Encontrar tal propriedade é encontrar *a marca do mental*, aquilo que permite identificar e reconhecer algo como mental. Duas características da mente, de inegável importância, apresentam-se logo como candidatos para esse serviço: a *Intencionalidade* ou *capacidade de representar* e a *consciência*, entendida como o estado de quem sente e percebe as qualidades das coisas ao seu redor quando acordado. Nesta seção, vamos analisar as concepções concernentes a essas duas características, a partir de três questões centrais: (i) O que é a intencionalidade? (ii) Quais são os principais componentes dos estados, atos e eventos intencionais? (iii) A Intencionalidade é uma característica exclusiva da consciência?

(i). A *Intencionalidade* pode ser definida de maneira simples por meio da característica de atos, eventos e estados mentais (e de representações públicas) de *terem um objeto, conterem um objeto representado* (existente ou não), ou de *serem acerca de algo*, ou ainda de *serem orientados para um objeto (ou estado de coisas ou fato)*. Assim, por exemplo, numa lembrança de meu pai, ele é

---

[9] Uma entre outras possíveis formulações: como conseguimos reajustar o conjunto enorme de nossas crenças de modo tão eficiente, tão facilmente, selecionando só informações relevantes, para dar conta das inúmeras consequências de nossas ações?

representado na minha mente; minha percepção de uma maçã é percepção *de* uma maçã; já no ato de imaginar um cavalo alado, algo não existente é representado. Nesses exemplos, temos objetos representados, sejam eles existentes ou não. Além disso, esses objetos, às vezes, remetem a acontecimentos passados ou futuros, como são os casos da crença de que a Seleção brasileira ganhou a Copa do Mundo de 2002 e de minha intenção de visitar Londres, na qual várias atividades a serem realizadas são representadas, como visitar o Museu Britânico, o Palácio de Buckingham etc. Não seria um exagero dizer que, sem essa característica fundamental de nossa mente, não haveria um mundo de objetos para nós, não poderíamos assistir e participar do espetáculo do mundo.

No estudo da Intencionalidade, os trabalhos de Franz Brentano (1838-1917) constituem um ponto de referência central, ao introduzir a noção de *intencionalidade* na filosofia contemporânea como característica distintiva do mental ou de todos os "fenômenos psíquicos".

Brentano falava da "inexistência intencional". Trata-se simplesmente de admitir a possibilidade da existência de algo apenas enquanto representado *na* mente (na crença, no desejo, na lembrança, na percepção etc.), independentemente de sua efetiva materialidade. O prefixo "in-" de "inexistência" é um prefixo de localização, não de negação; a palavra "inexistência" significa o mesmo que "existir em", mais precisamente, existir em uma representação (que por isso, justamente, pode ser dita "mental"). Em uma fotografia de meu filho, por exemplo, na medida em que é apenas uma representação, este inexiste intencionalmente (mas não realmente, é claro) na foto. Nenhum fenômeno físico exibe essa característica, própria dos estados, atos e eventos mentais (subjetivos) e de outras representações públicas (objetivas), a de ter em si um conteúdo que representa algo. A Intencionalidade é, para Brentano, o que delimita o domínio da psicologia e da Filosofia da Mente. Ela é a marca do "mental" (Brentano, [1874] 1944).

Figura 3 – Brentano, autor da Psicologia do ponto de vista empírico, 1874
Fonte: domínio público

A tese de Brentano é precisamente *a tese de que todo fenômeno psíquico (ou mental) é intencional e que o mental tem essa característica em exclusividade.* Somente os fenômenos mentais têm essa característica; noutras palavras, nada físico exibe a propriedade relacional de intencionalidade, a propriedade de *ser acerca de algo*.

Nesta seção, vamos tratar da primeira parte da tese de Brentano; a segunda parte da tese será objeto da próxima seção. O discípulo mais famoso de Brentano, Edmund Husserl (1859-1938), o fundador da Fenomenologia, fez da Intencionalidade uma característica fundamental da consciência: a consciência, segundo Husserl, é sempre consciência *de algo*, e cada ato de pensar (*cogito*) ou cada "vivência intencional" comporta em si seu objeto pensado (*cogitatum*), seu "objeto intencional" (Husserl, [1929] 1969).

Na tradição fenomenológica de Brentano/Husserl, a referência mental a um objeto na percepção, na memória, na imaginação ou em geral no pensamento depende exclusivamente da mente que parece "se lançar" fora de si para alcançar seu objeto. A intencionalidade é um "dirigir-se a algo". Como é perfeitamente possível dirigir-se a algo que não existe, ela não é uma relação propriamente dita. Uma autêntica relação pressupõe a existência de todos os seus termos (*relata*); assim, se **a** causa **b**, **a** e **b** devem existir, e o mesmo vale para outras relações assimétricas do tipo **x** é mais alto que **y**, **x** é anterior a **y**, **x** fica entre **y** e **z** etc., que são autênticas relações. Em contraste, o ato de imaginar um cavalo alado, um porco voador ou ainda o evento mental de alucinar um poço d'água fresca no deserto não são relações, apesar da similitude formal (x imagina y, x alucina y etc.). Muitos atos, estados ou eventos mentais pressupõem só a existência do agente cognitivo, e muitas pessoas morreram procurando em vão o Eldorado, uma montanha de ouro, a Fonte de juventude, Shangri-La e outros lugares míticos, pois não é possível se relacionar realmente com algo que não existe. É por isso que Brentano chamava a Intencionalidade de "quase-relação".[10]

(ii). Husserl e o filósofo estadunidense John Searle distinguem os mesmos componentes na estrutura de um ato ou estado intencional. Usando a terminologia de Searle (1932-), os componentes são três: o *modo psicológico*, o *conteúdo representacional* e o *objeto intencional*. O modo psicológico determina o tipo de ato, evento ou estado mental: se é do tipo crença ou desejo, intenção, percepção, lembrança, receio, expectativa, juízo, decisão etc. O *conteúdo representacional* do ato é o que distingue um estado intencional de quaisquer outros do mesmo tipo; é o sentido do ato que determina quais os objetos, propriedades ou fatos são visados no ato. A crença de que vai chover e a crença de que hoje é domingo são do mesmo tipo (crença), mas são distintas por ter conteúdos distintos. Noutras palavras, o conteúdo representacional determina qual o objeto intencional e, portanto, qual o foco do ato ou estado mental.[11] Finalmente, o *objeto intencional* é o objeto determinado pelo conteúdo representacional do ato (ou, na versão "impura", pelo conteúdo representacional e o modo psicológico; ver nota 11). É o "objeto representado". Isso nos dá um critério de identidade para atos e estados intencionais: se dois atos intencionais, a1 e a2, têm o mesmo modo psicológico, o mesmo conteúdo representacional e o mesmo objeto intencional, então a1 = a2.

---

[10] Sobre intencionalidade em geral, sua história e seus problemas, ver Leclerc (2015).

[11] Alguns autores, como Chalmers (2004) e Crane (2009), fazem uma distinção entre Representacionalismo (ou Intencionalismo) *puro* e *impuro*. Ambos consideram a concepção impura do conteúdo como superior. Na concepção clássica de conteúdo, hoje chamada de representacionalismo (ou intencionalismo) *puro*, o conteúdo é o sentido do ato que determina, *sozinho*, quais os objetos, propriedades ou fatos visados no ato. Noutras palavras, o conteúdo representacional determina qual o objeto intencional e, portanto, qual o foco do ato ou estado mental. Assim, a crença de que a porta está fechada e o desejo de que a porta esteja fechada teriam o mesmo conteúdo, mas são de tipos diferentes, enquanto a crença de que vai chover e a crença de que o Pico da Neblina é a montanha mais alta do Brasil pertencem ao mesmo tipo (são crenças), têm o mesmo modo psicológico, mas o conteúdo representacional não é o mesmo. Numa concepção mais recente, chamada de representacionalismo (ou intencionalismo) *impuro*, o objeto intencional é determinado pelo conteúdo representacional junto ao modo psicológico. Assim, uma crença representa seu objeto como um fato, enquanto um desejo com o mesmo conteúdo representa seu objeto como um estado de coisas meramente possível.

A expressão "objeto representado" é ambígua. Uma das contribuições mais interessantes de Twardowski ([1894] 1977) foi justamente chamar a atenção sobre essa ambiguidade e os problemas que ela causa. Devemos marcar cuidadosamente a diferença entre a paisagem real que o pintor quer representar e a paisagem na tela, fruto do trabalho do pintor, que representa a paisagem real. Twardowski, um aluno de Brentano, chama a paisagem real de "objeto primário" e a paisagem reproduzida pelo pintor de "objeto secundário". *O objeto intencional é o objeto primário.* Às vezes, o objeto primário não existe. Muita gente morreu à procura do Eldorado. Acontece que não existe nenhuma cidade de ouro. No entanto, os conquistadores tinham em mente a representação de uma cidade de ouro (objeto secundário) como parte do conteúdo representacional de uma crença falsa.

Um objeto intencional é um tipo especial de objeto? Os objetos intencionais não têm uma natureza própria e distinta dos outros. Observamos que alguns objetos intencionais não existem: sereias, Pégaso, o Eldorado, muitos de nossos sonhos (desejos) nunca se realizam e pessoas podem passar a vida toda tentando realizá-los. Os objetos intencionais não formam uma classe ou conjunto no sentido da teoria matemática dos conjuntos, pois uma mesma classe não pode abrigar elementos que existem ao lado de outros que não existem. Posso imaginar um unicórnio, conceber uma propriedade que nunca foi instanciada (como a propriedade de viajar mais rápido do que a luz), pensar num estado de coisas abstrato (se o número 247 é ou não um número primo), posso também perceber uma laranja (ou qualquer objeto de tamanho médio) etc. A única característica comum dos objetos intencionais é a característica *extrínseca* de ser objeto do pensamento ou objeto dos atos, estados e eventos mentais. Meu computador tem, neste momento, a propriedade de *ser visto por mim*, mas essa propriedade extrínseca e relacional não serve para determinar a natureza do objeto e não seria apropriada em qualquer classificação científica.

Karl von Linnée (1701-1778 — criador da classificação científica das espécies e "pai da taxonomia") certamente nunca pensou em usar propriedades, como *ser uma espécie que já vi nas férias com a família* ou *ser uma espécie da qual me lembrei anteontem*, para classificar as espécies do reino animal ou vegetal. Tal classificação seria ridícula e nada teria de científico. Os objetos intencionais, portanto, *são simplesmente objetos de nossas atitudes, de nossos pensamentos, de nossos atos, eventos e estados mentais*. A Segunda Guerra mundial não é um objeto em nenhum sentido substancial (como uma árvore ou uma bola), mas posso pensar sobre ela, pesquisar o assunto etc. A noção de objeto aqui não tem nada de substancial, como a noção de objeto "material" ou de objeto "abstrato". A ideia de objeto intencional é a ideia de objeto num sentido *esquemático*, comparável ao sentido gramatical de "objeto" quando falamos do "objeto direto de um verbo transitivo". O verbo "cortar" é transitivo; podemos cortar grama, cortar bolo, cortar a energia, cortar a palavra, cortar o orçamento etc. Não há uma natureza comum aos complementos do verbo "cortar". Isso vale dos objetos intencionais: eles não têm uma natureza comum.

O *movimento fenomenológico*[12] e o *movimento analítico* são os dois principais movimentos filosóficos que nasceram no século XX. Mas, neste último, a noção de Intencionalidade entrou em cena só no final da década de 50, com o filósofo estadunidense Roderick M. Chisholm (1916-1999). Chisholm (1957) procurava na linguagem uma marca lógico-linguística do mental, isto é, critérios para determinar se uma frase descreve ou atribui um estado mental. Infelizmente, esse projeto de encontrar tal marca linguística do mental fracassou: frases como "Pedro *vê* um cachorro", "Ponce de León *acreditava* que a Fonte de Juventude se encontrava na Flórida", "Édipo *queria* casar com a Rainha de Tebas" e outras similares contendo verbos denotando atos, eventos ou estados mentais, ou não possuem uma característica comum, ou essa característica inclui frases que não têm nada de psicológico. No entanto, Chisholm mostrou que havia certa relação entre a intencionalidade dos estados mentais e a *intensionalidade* (com "s") das frases que relatam (ou descrevem, ou atribuem) estados mentais. Sistematicamente, frases que descrevem fenômenos mentais são intensionais.[13]

---

[12] Movimento criado por E. Husserl, continuado por M. Heidegger, J.-P. Sartre e M. Merleau-Ponty.

[13] A intensionalidade é uma característica lógica de frases que *não satisfazem* os critérios de extensionalidade. Esses critérios são: a substituição *salva veritate* de termos correferenciais, a generalização existencial e a vero-funcionalidade. Frases que contêm verbos denotando crenças, desejos, intenções etc. são intensionais. Assim, de "Édipo quis casar com a Rainha de Tebas" (verdadeiro) e de "A Rainha de Tebas é sua mãe" (verdadeiro) não podemos inferir por substituição: "Édipo quis casar com sua mãe" (falso). A generalização existencial é uma inferência imediata que autoriza a passar de "F(a)" para "∃x F(x)". Assim, a partir de "Ponce de León acreditava que a Fonte de Juventude ficava na Flórida", não podemos inferir "∃x (Ponce de Léon acreditava que x ficava na Flórida)". Finalmente, essa última frase sobre Ponce de León é uma verdade histórica: ele realmente acreditava isso. Mas a verdade da frase como um todo não é uma função de verdade da frase embutida "a Fonte de Juventude fica na Flórida", a qual é falsa.

Na tradição analítica, a teoria da Intencionalidade se enriqueceu de novas questões, novos temas e debates. Vamos agora examinar algumas dessas questões que emergiram nas últimas décadas, particularmente a questão de saber se a Intencionalidade é a característica mais fundamental da consciência, como pensavam Brentano e Husserl.

(iii). Todo ato, estado ou evento mental é intencional? A tese de Brentano é verdadeira? Alguns filósofos, como Searle, acreditam que nem todo estado ou evento mental é intencional. Seria o caso das experiências sensoriais. Uma dor é dor de quê? É acerca de quê? Um mal-estar difuso, por exemplo, é uma experiência sensorial e, como toda experiência sensorial consciente, ela não seria (ou não parece ser) *acerca de algo*. Meu mal-estar é mal-estar de quê? É acerca de quê? Se assim for, como experiências sensoriais são claramente "mentais", a tese de Brentano seria falsa: pelo menos alguns fenômenos mentais não seriam intencionais. O que chamamos de "consciência fenomenal" ou de "mente fenomenal" reúne as sensações visuais, táteis, auditivas, gustativas, todos os aspectos qualitativos e subjetivos dos quais somos conscientes (ou dos quais *podemos* nos tornar conscientes, como a pressão difusa, não específica, que o peso de meu corpo exerce sobre meus pés, dentre outros). Tudo isso invalidaria a tese de Brentano, na medida em que não temos aí, pelo menos aparentemente, um objeto intencional representado (existente ou "inexistente").

Outros filósofos analíticos, como Michael Tye e Tim Crane, acreditam que a dor e as experiências sensoriais em geral são intencionais, pois elas envolvem um tipo diferente de representação: *representações sensoriais*. Representações sensoriais representam estados físicos internos do corpo, mais precisamente, *mudanças* desses estados. Assim, por exemplo, a dor seria uma representação sensorial de danos ou desordens corporais que estão ocorrendo ou que ocorreram recentemente *num lugar determinado do corpo*. Nesse sentido, a dor é uma representação "topográfica", como diz Tye (1996). Segundo eles, as experiências sensoriais em geral *indicam algo* ou *apontam para algo*, por exemplo, para uma localização no corpo onde a dor é sentida.

Uma dor de cabeça é uma representação sensorial, e ela é bem diferente da representação sensorial que corresponde a uma dor no joelho ou àquela que corresponde a um prazer intenso, como o orgasmo. Nesse último caso, temos uma representação sensorial de mudanças na região genital com variações rápidas de intensidade. Esses conteúdos *não são conceituais*, não são representações mentais que se aplicam a vários itens do mesmo tipo e que podemos manipular à vontade, mas são "conteúdos" mentais mesmo assim. Nós distinguimos os diversos prazeres e as dores pelo conteúdo (não conceitual) da mesma maneira que distinguimos pelo conteúdo conceitual ou proposicional uma crença de outra, um desejo de outro etc.

Temos duas boas razões de pensar que as experiências sensoriais são, afinal, intencionais. A primeira tem a ver com a experiência do *membro fantasma*, a de continuar a sentir dor ou coceira em um membro que foi amputado. Isso fortalece essa visão da intencionalidade das experiências sensoriais, pois, da mesma forma que podemos procurar coisas que não existem (como o Eldorado), podemos sentir dor em um membro amputado já faz algum tempo. Assim, a dor é sentida como localizada em um lugar, o do membro amputado, enquanto o membro em questão não existe mais.

A segunda razão vem da lógica e tem a ver com o verbo "sentir".

Vejamos agora o seguinte raciocínio:

1. Eu sinto uma dor na ponta do dedo.
2. Meu dedo está na minha boca.

Logo, sinto uma dor na boca.

Esse raciocínio (o exemplo é de Ned Block), claramente, não é válido! E a melhor explicação é a do verbo "sentir" criar um contexto *intensional* que não autoriza a substituição de termos correferenciais (ver nota 13)[14]. Isso parece indicar que a experiência sensorial é tão intencional quanto as atitudes proposicionais (crença, desejo, intenção etc.), pois os relatos linguísticos de experiência sensoriais apresentam a mesma característica que os relatos linguísticos de atitudes proposicionais: ambos são intensionais.

A experiência visual, por sua vez, representa superfícies externas com certas qualidades, e nosso aparelho visual construiria mecanicamente representações dessas qualidades (cores, contrastes de luminosidade, brilho etc.), de acordo com as mudanças no ambiente imediato (variações de distâncias, de iluminação etc.). A informação sobre o ambiente não é fornecida conceitualmente, e sim diretamente por meio de um processo de *covariação causal*. Assim, por exemplo, de noite, se andamos na direção de uma fonte luminosa, as coisas vão aparecendo com seus contornos mais bem definidos, suas cores aparecem com mais nitidez, e o oposto acontece quando andamos na direção oposta à luz. A variedade e a riqueza dessas informações é tal que nem os melhores poetas às vezes conseguem capturá-las.

---

[14] Ver Tye (1996, p. 33) para a colocação do problema e as páginas 111-112 para sua solução.

Se Tye e Crane estiverem certos, a tese de Brentano, segundo a qual todos os atos, estados e eventos mentais são intencionais, e a tese de Husserl que faz da Intencionalidade uma característica fundamental da consciência ainda continuam firmes e verdadeiras.

Outro aspecto da experiência sensorial merece destaque: é sua continuidade e sua organização temporal. Sem sucessão, sem organização em sequência, nem haveria sensação nem percepção. Na filosofia moderna, Hobbes ([1651] 1966) foi o primeiro a insistir sobre isso. Sua fórmula (em latim) que expressa essa ideia ficou famosa: sentir sempre o mesmo e não sentir nada dá no mesmo (*sentire semper idem, et non sentire, ad idem recidunt.*). Entre os filósofos contemporâneos que trataram desse aspecto, dois nomes devem ser mencionados: William James (1961) e Edmund Husserl (2002). James cunhou a expressão "fluxo de consciência" (*stream of consciousness*), e Husserl, que leu parte da obra de James, usa uma expressão equivalente em alemão (*Bewusstseinsstrom*). O fluxo da consciência fenomenal é contínuo, sem interrupção, a não ser quando caímos num sono profundo, ou em coma, ou quando sofremos uma anestesia geral. Começa pela manhã quando acordamos e cessa quando caímos de novo num sono profundo sem sonhos. O que James chama de "presente sensível", o momento presente que vivemos, não deve ser comparado a um ponto sem dimensão numa linha geométrica. Ele tem certa espessura, tem franjas. A cada momento de nossa experiência sensorial, o momento anterior é retido e o momento seguinte, antecipado. Husserl descreve essas estruturas de retenção e protensão de nossa experiência sensorial como uma forma de intencionalidade, uma intencionalidade operando a um nível infrapessoal, de maneira passiva. Essa forma de intencionalidade aparece com clareza quando o objeto intencional é um objeto temporal, como uma melodia. Para formar a consciência de uma melodia, para ter a melodia como objeto intencional, devemos ouvir todas as notas; mas isso, é claro, leva certo tempo. Se as notas ouvidas no momento da impressão sensorial desaparecessem imediatamente do horizonte temporal do presente sensível, nunca poderíamos formar a consciência da melodia; e se as notas que serão ouvidas não fossem constantemente antecipadas, cada nova nota apareceria como uma surpresa, sem ligação com as precedentes. Não poderíamos perceber as harmonias. O momento da impressão sensorial *aponta para* o objeto (nota) do momento anterior e *aponta para* a nota que está para vir. Somos constantemente "empurrados" para o próximo momento. Duas coisas conferem unidade e organização à nossa experiência sensorial: 1) todos os trechos contínuos pertencem a uma mesma perspectiva em primeira pessoa, uma mesma biografia; e 2) as semelhanças que percebemos a cada novo momento com os momentos anteriores prevalecem sempre amplamente sobre as diferenças.

Figura 4 – O *Reticulum* do tempo de Husserl

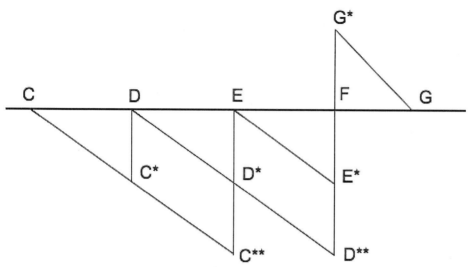

Nota: a linha horizontal C-G representa a sucessão dos momentos de impressão sensível; embaixo da linha temos a retenção das notas ouvidas anteriormente; C* é a retenção de C, e C** a retenção de C* etc. F é a nota ouvida no momento atual e G* (acima da linha horizontal) é a protensão ou antecipação de G a ser ouvido logo depois.

Fonte: domínio público

A partir do que foi explicitado aqui sobre a Intencionalidade, podemos agora discutir outro aspecto de nosso terceiro problema: haveria estados *inconscientes* (crenças, desejos) que poderiam ser descritos como intencionais?

Consideramos também como mentais certas *disposições*, como capacidades (reconhecer rostos), habilidades (falar uma língua, dirigir um carro, adicionar, multiplicar mentalmente etc.). Como vimos, formamos constantemente intenções de fazer algo num futuro não tão próximo (uma viagem à China ou qualquer coisa que requer um planejamento em longo prazo); formamos regularmente crenças sobre os mais variados assuntos ou quando ficamos desejando uma coisa por muito tempo, o estado mental correspondente (intenção, crença, desejo) também permanece, durante certo intervalo de tempo como disposição. Essas crenças, desejos e intenções são inconscientes?

A psicanálise ensina que temos desejos inconscientes. Um desejo inconsciente seria certamente intencional, mas não "consciente" (pelo menos não o tempo todo). Deveríamos, por causa disso, considerar a tese de Husserl ("Toda consciência é consciência de algo") como falsa?

As disposições não são conscientes, apesar de poderem determinar estados conscientes quando recebemos um estímulo apropriado e relevante num contexto — por exemplo, se alguém afirmasse na minha frente que 5 + 7 = 10, uma reação possível seria formar de novo, quase como um reflexo, a crença de que 5 + 7 = 12, provavelmente para corrigir o erro. Uma crença que se torna consciente dessa forma é uma crença *ocorrente*; o resto do tempo, ela é *disposicional*.

Disposições pressupõem uma base física e causal para existir. A fragilidade do vidro e a solubilidade do açúcar existem na estrutura molecular do vidro e do açúcar. Da mesma forma, nossas habilidades, capacidades, competências e aptidões existem nas estruturas de nossos cérebros. Quando deixo de pensar ativamente que 5 + 7 = 12, o que acontece com essa crença? Ela deixa de ser consciente para permanecer como está no inconsciente, numa espécie de limbo entre a neurofisiologia e a psicologia? Ou o cérebro simplesmente toma conta dela como disposição "física" até o próximo estímulo relevante "acordá-la" para ser usada de acordo com nossos fins? Os filósofos da mente, hoje, tendem a rejeitar a primeira alternativa. No entanto, há filósofos que pretendem precisamente o oposto[15], isto é, que as neurociências confirmam a psicanálise.

O sentido da palavra "consciência" que nos interessa aqui foi esclarecido pelo filósofo estadunidense Ned Block (1942-). Quando estamos acordados e nossa mente nos representa o mundo ambiente, somos conscientes no sentido da consciência-F (consciência fenomenal), diferentemente da consciência de acessibilidade (consciência-A). A consciência-F remete às experiências ou representações sensoriais e "irredutivelmente subjetivas". Um estado mental é *A-consciente* quando ele é acessível à consciência da pessoa ou quando ela pode fazer dele um uso cognitivo, isto é, usá-lo no controle racional da ação. Tal estado *A-consciente* pode, a princípio, ser verbalizado e seu conteúdo pode entrar como premissa no raciocínio de um agente cognitivo. Todo nosso conhecimento proposicional (como saber que 2 + 2 = 4) é desse tipo, é consciente nesse sentido.

Em resumo, a tese de Brentano de que a Intencionalidade é a marca do mental e a tese de Husserl de que toda consciência é consciência de algo não são realmente ameaçadas. A consciência fenomenal é também

---

[15] *Cf.* Pommier (2004).

intencional, como vimos; e as crenças, desejos e outras atitudes podem ser concebidas como disposições ou hábitos que são *A-conscientes* e podem se tornar conscientes (como atitudes ocorrentes) em circunstâncias apropriadas. Resta, no entanto, um problema a resolver: para Brentano, tudo o que é mental é intencional, e nada do que é "não mental" exibe essa característica; mas, como veremos na próxima seção, certas coisas que claramente não são mentais são, no entanto, intencionais.

Unidade 1.4
Intencionalidade originária e intencionalidade derivada

Há várias controvérsias na Filosofia da Mente em torno da possibilidade de haver uma intencionalidade originária ou intrínseca. Por intencionalidade originária se entende uma intencionalidade capaz de conferir intencionalidade (a capacidade de representar) a outras representações, como frases, desenhos, gráficos, partituras, mapas etc., mas que tira, por assim dizer, de seu próprio fundo, a capacidade de representar. As representações mentais (crenças, desejos, intenções, lembranças etc.) teriam essa capacidade de representar por si só, enquanto outras representações, em geral representações físicas e públicas (enunciados, partituras, fotografias, desenhos, gráficos etc.), derivariam a capacidade de representar dessa intencionalidade intrínseca ou originária da mente. Se, de um lado, alguns eventos mentais não parecem, *prima facie*, intencionais (como as dores e outras experiências sensoriais), por outro lado, enfrentamos agora um problema diametralmente oposto: *coisas que não são mentais* exemplificam a propriedade de *serem acerca de algo* e, assim, são *intencionais*. Exemplos de tais coisas são: palavras e frases, gráficos, partituras, retratos, fotografias, desenhos, mapas, sequências de sinais em código Morse, dentre muitos outros. Assim, o nome "Dilma Rousseff" refere-se à Dilma Rousseff, a palavra "cadeira" refere-se às cadeiras, a curva de um gráfico impresso no jornal pode representar o aumento da intenção de voto em um determinado candidato a governador; e uma fotografia em preto e branco de minha casa é acerca de minha casa. Como isso é possível? Como coisas físicas podem *se lançar fora de si* em direção a outros objetos?

A resposta mais óbvia é que a intencionalidade dessas representações físicas é *derivada* da intencionalidade *originária* ou *intrínseca* da mente que as concebeu, as construiu e as usa. A fotografia de minha casa é uma representação física e pública, mas o que existe realmente é um pedaço de papel e tinta distribuída em pontos pretos na superfície branca do papel. Minha casa não está realmente na fotografia em branco e preto, mas ela está representada nela *para quem olha e tem recursos conceituais suficientes para identificar uma casa particular.*

As representações físicas e públicas pressupõem capacidades representacionais de agentes cognitivos e seus estados, atos e eventos mentais. Dizer acerca desses estados, atos e eventos mentais que eles são *intrinsecamente* intencionais pode ser uma maneira de evitar uma regressão infinita (a capacidade de representar de certas representações não pode depender *sempre* da capacidade de representar de outras representações). Já mencionamos "o problema de Brentano", que deve ser lembrado aqui. Ele pode ser assim formulado: *como um sistema físico, um organismo, digamos um cérebro ou sistema nervoso completo, pode produzir e manter estados que são acerca de outras coisas?* De onde vem a capacidade dos estados mentais de representar, de ser acerca de algo ou de ter um objeto representado como conteúdo? Uma resposta possível é que essa capacidade resulta, em última instância, da atividade eletroquímica do cérebro.

Os fisicistas, sejam eles reducionistas (que identificam o mental com a atividade neuronal) ou emergentistas (que não acreditam nessa identificação), propõem uma explicação "de baixo para cima", dos neurônios para os estados mentais intencionais. Porém nada do que acontece no cérebro pode ser descrito como sendo *acerca de algo.* O cérebro é um produto da evolução e o que acontece nele são eventos e fatos brutos e cegos, uma complexa atividade eletroquímica.

A ideia de que existe uma intencionalidade intrínseca que depende da atividade neuronal foi fortemente criticada por Hilary Putnam (1926-2016), que assemelha essa maneira de ver a uma versão da *concepção mágica da linguagem.* Nós vemos regularmente, no cinema, mágicos recitando fórmulas, usualmente em línguas mortas, e a pronúncia, o som produzido, tem poderes causais extraordinários, desencadeia processos que desafiam as leis da física. As palavras que usamos são compostas de sons ou marcas gráficas que têm propriedades intrínsecas. Uma propriedade intrínseca é uma propriedade que, digamos, determina do que uma coisa é feita, e assim determina seus poderes causais. Ser feito de ouro é uma propriedade intrínseca de meu anel de casamento. Posso escrever a palavra "Lua" num quadro com um pedaço de giz; a soma de todas as moléculas de giz tem, de fato, certa massa, e outras propriedades que os físicos e químicos poderiam descrever. No entanto, nenhuma dessas propriedades determina as condições normativas de aplicação do termo

"Lua" (seu sentido, o que compreendemos quando compreendemos a palavra "Lua"), e o fato de essa palavra ter o único satélite natural da Terra como referente.

A relação entre um nome (uma representação pública) e o que ele designa é contingente, convencional, *a posteriori*[16], e não depende em nada das propriedades intrínsecas de uma inscrição concreta sonora ou gráfica do nome em questão. Por que seria diferente com as representações mentais? Como Donald Davidson (2001) observa, a palavra "serpente" passou a ser usada para referir a serpentes simplesmente porque ela foi usada em contextos onde serpentes estavam presentes. Portanto, o que confere um significado ou a capacidade de representar a uma representação física e pública são relações causais com elementos no ambiente e o fato dessas representações serem usadas regularmente e de forma padronizada por agentes cognitivos. *A tese dos externistas em Filosofia da Mente, como Putnam e Davidson, é que o mesmo vale para as representações mentais privadas e subjetivas.* Para os externistas, não há, portanto, intencionalidade intrínseca: toda representação, física ou mental, adquire sua capacidade de representar por meio de relações causais envolvendo um agente cognitivo e objetos (elementos, substâncias) do meio ambiente.

Muitos de nossos pensamentos envolvem relações causais diretas ou indiretas com objetos ou substâncias no ambiente. Os filósofos chamam esses pensamentos de "pensamentos *de re*" (latim para "da coisa") ou "pensamentos demonstrativos". Eles envolvem o próprio objeto e não uma representação dele. Posso querer um barco específico que eu vi recentemente na marina da minha cidade ou posso querer um barco que ainda não existe, aquele que eu gostaria de construir um dia. No segundo caso, meu desejo tem um caráter geral: algo, certo barco que ainda não existe, é qualquer X que poderia satisfazer meu desejo de ter um barco com certas características gerais. No primeiro caso, a situação é totalmente diferente: o barco existe, eu o vi, é *esse* que eu quero, não qualquer um que poderia satisfazer certas condições. O que temos aqui é a motivação para a distinção tradicional entre atitudes *de re* e atitudes *de dicto* (latim para "da palavra" — ou frase ou conceito). Uma crença ou desejo *de dicto* é geral e tem conteúdo meramente conceitual, enquanto uma crença ou desejo *de re* envolve o próprio objeto da crença ou do desejo. De maneira geral, o desejo amoroso é do tipo *de re*: qualquer pessoa apaixonada ficaria muito decepcionada em descobrir que, certa noite, namorou não a pessoa

---

[16] *A posteriori* significa que depende da experiência, enquanto *a priori* significa o mesmo que independente da experiência.

amada, mas um clone ou uma sósia! A identidade do estado mental nesse caso depende diretamente da identidade do objeto.

Vamos imaginar alguém visitando um museu com um amigo e diante da tela de um grande mestre holandês, bem ao lado do amigo que está olhando a mesma tela, diz: "Impressionante!". O amigo sabe imediatamente qual é o objeto intencional, o foco da emoção. O conteúdo representacional do estado mental, nessa situação, envolve uma relação direta, visual, com o objeto, e não por meio de um conceito ou conteúdo representacional. É fácil imaginar uma situação em que alguém refere a algo sem querer; depois de um dia difícil, por exemplo, eu penso e digo: "Hoje foi um dia difícil". Sem saber, formei essa crença e essa afirmação alguns segundos depois de meia-noite e passei, sem saber, a me referir ao dia seguinte. Alguns filósofos (Searle, 1983; Chisholm, 1981) acreditam que toda referência a um objeto sempre pressupõe um conteúdo representacional completo, isto é, um conteúdo proposicional, e que toda atitude é sempre *de dicto*. Outros seguem Burge (1977) e admitem atitudes *de re*. Por enquanto, essa discussão está ainda em aberto, com certa vantagem para os partidários das atitudes *de re* e da referência direta. As crenças e desejos *de re* representam uma forma mais primitiva de intencionalidade que nos coloca mais diretamente em interação com o mundo.

RESUMO

Em síntese, nesta primeira parte, delimitamos o domínio do mental, isto é, os itens que nós chamamos sem hesitação de "mentais". Delimitamos também o terreno da Filosofia da Mente, em relação aos seus vizinhos, à psicologia e às ciências cognitivas. Depois, tratamos da Intencionalidade como característica fundamental da mente. No primeiro tópico, Intencionalidade e consciência, três questões guiaram nossa exposição: (i) O que é a Intencionalidade? (ii) Quais são os componentes essenciais dos atos e estados intencionais? (iii) É a Intencionalidade uma característica da consciência ou se alguns estados inconscientes não seriam também intencionais? No último tópico, examinemos as formas de Intencionalidade originária e derivada e uma crítica importante à própria ideia de Intencionalidade intrínseca ou originária. Consideramos também uma forma de relação mais direta a um objeto, que não envolve necessariamente conceitos. O debate sobre Intencionalidade na filosofia contemporânea evoluiu levantando essas questões.

REFERÊNCIAS

ARISTÓTELES. **De anima**. Tradução inglesa de Hugh Lawson-Tancred. Londres: Penguin Books, 1986.

BENOIST, Jocelyn. **Sens et sensibilité**. L'Intentionnalité en contexte. Paris: Les Editions du Cerf, 2009.

BLACKMORE, Susan. **Consciousness**. A Very Short Introduction. Oxford: Oxford University Press, 2005.

BLOCK, Ned *et al.* (org.). **The Nature of Consciousness**. Cambridge (MA): MIT Press, 1995.

BRENTANO, Franz. [1874]. **Psychologie d'un point de vue empirique**. Paris: Aubier-Montaigne, 1944.

BRÜNTROP, Godehard & Jaskolla, Ludwig (org.), Panpsychism. **Contemporary Perspectives**. Oxford: O.U.P., 2017.

BURGE, Tyler. Belief *de re*. **Journal of Philosophy**, [*s. l.*], v. 74, n. 6, p. 338-362, jun. 1977.

CHALMERS, David. The Representational Character of Experience. *In*: LEITER, Brian (org.). **The Future of Philosophy**. Oxford: Oxford University Press, 2004, 153-181.

CHISHOLM, Roderick. **Perceiving**: A Philosophical Study. Ithaca: Cornell University Press, 1957.

CHISHOLM, Roderick M. **The First Person**: An Essay on Reference and Intentionality. Minneapolis: University of Minnesota Press, 1981.

CHURCHLAND, Paul. **Matéria e Consciência**. São Paulo: Unesp, 2004.

COSTA, Cláudio. **Filosofia da Mente**. Rio de Janeiro: Zahar, 2005.

CRANE, Tim. **Elements of Mind**. Oxford: O. U. P., 2001.

CRANE, Tim. Intentionalism. *In*: CRANE, Tim. **Aspects of Psychologism**. Cambridge: Harvard University Press, 2014, 149-169.

CRANE, Tim. Intentionality as the Mark of the Mental. *In*: O'HEAR, A. (org.). **Contemporary Issues in the Philosophy of Mind**. Cambridge: C. U. P., 1998. p. 229-251.

DAVIDSON, Donald. **Subjective, Intersubjective, Objective**. Oxford: Oxford University Press, 2001.

DENNETT, Daniel. [1981]. **Brainstorm** – Ensaios Filosóficos sobre a Mente e a Psicologia. Tradução de Luiz de Araújo Dutra. São Paulo: Unesp, 2006.

DRETSKE, Fred. **Naturalizing the Mind**. Cambridge (MA): MIT Press, 1995.

HOBBES, Thomas. [1651]. Leviathan, or the Matter, Form and Power of a Commonwealth, Ecclesiastical, and Civil. *In*: MOLESWORTH, W. (ed.). **English Works of Thomas Hobbes**. Londres: John Bodin; second impression in Germany, Scientia Verlag Aalen, 1966. v. III.

HUSSERL, Edmund. [1901]. **Investigações Lógicas**. Rio de Janeiro: Forense Universitária, 2012.

HUSSERL, Edmund. [1929]. **Méditations cartésiennes**. Paris: Librairie Philosophique Vrin, 1969.

HUSSERL, Edmund. **Leçons pour une phénoménologie de la conscience intime du temps**. Ed. by M. Heidegger in 1928. Paris: PUF, 2002.

JACOB, Pierre. **L'Intentionnalité**. Problèmes de philosophie de l'esprit. Paris: Odile Jacob, 2004.

JACOB, Pierre. **What Minds Can Do**. Intentionality in a non-intentional world. Cambridge: C. U. P., 1997.

JAMES, William [1892]. **Psychology**. The Briefer Course. New York: Harper & Row, 1961.

LECLERC, André. Compêndio em linha de Problemas de Filosofia Analítica. *In*: BRANQUINHO, J.; SANTOS, P. (org.). **Intencionalidade**. Lisboa: Centro de Filosofia da Universidade de Lisboa, 2015.

MONTAGUE, Michelle. Recent Work on Intentionality. **Analysis**, [*s. l.*], v. 70, n. 4, p. 765-782, out. 2010.

POMMIER, Gérard. **Comment les neurosciences démontrent la psychanalyse**. Paris: Flammarion, 2004.

PUTNAM, Hilary, **Reason, Truth and History**. Cambridge, C. U. P., 1981.

RÜNTROP, G.; JASKOLLA, L. **Panpsychism**. Contemporary Perspectives. Oxford: O.U.P., 2017.

RYLE, Gilbert. **The Concept of Mind**. Londres: Barnes & Noble, 1949.

SEARLE, John. **Intentionality**. An Essay in the Philosophy of Mind. Cambridge: C. U. P., 1983.

TEIXEIRA, João de Fernandez. **Mente, Cérebro & Cognição**. Petropolis: Vozes, 2000.

TWARDOWSKI, Kasimir [1894]. **On the Content and Object of Presentations**. Haia: Martinus Nijhoff, 1977.

TYE, Michael. **Consciousness Revisited**: Materialism without Phenomenal Concepts. Cambridge (MA): MIT Press, 2009.

TYE, Michael. **Ten Problems of Consciousness**. Cambridge (MA): MIT Press, 1996.

SEGUNDA PARTE

O PROBLEMA CORPO-MENTE E AS PRINCIPAIS CORRENTES

Qual é a relação entre a mente e o corpo vivo? Qual é a natureza dos estados mentais? Como os estados mentais influenciam o comportamento? As diversas respostas a essas perguntas determinaram as principais correntes e posições em Filosofia da Mente que serão expostas nesta Segunda Parte.

Nossas percepções atingem as estrelas. Em nossa imaginação, cabem aglomerados de galáxias, e mais. Às vezes, sentimos uma forte emoção diante de uma sublime paisagem, de uma obra de arte, de uma poesia, ou percebendo a simplicidade de uma demonstração geométrica. Matemáticos de tradição platonista afirmam que, em nossos pensamentos, podemos manipular números cardinais transfinitos, conjuntos infinitos de diversos tamanhos (como o conjunto dos números reais e o conjunto, menor, dos números naturais), ou a raiz quadrada de números negativos (números imaginários), ou ainda pensar e falar sobre o *contínuo*[21] etc. Como pensamentos tão elevados e desprendidos podem depender diretamente da atividade eletroquímica do cérebro, de algo que não parece ter nada a ver com esses pensamentos? Como pensamentos como esses poderiam ser causados pela agitação cega de neurônios? Esse último problema é conhecido hoje como o problema da *lacuna explicativa*[17].

A situação é ainda mais incompreensível quando se trata da *mente fenomenal*, das sensações e experiências sensoriais qualitativas e subjetivas. Mesmo os avanços mais espetaculares das neurociências não parecem indicar uma pista que poderia ajudar a entender por que uma picada de mosquito é sentida de uma maneira tão específica e por que a sensação é tão diferente quando se trata de uma queimadura ou de uma carícia. O efeito sentido subjetivamente, em primeira pessoa, é muito diferente nos dois casos. Há algo *como* é[18] *(what it is like)* ver o vermelho

---

[17] Uma linha reta contínua é constituída de uma infinidade de pontos tais que entre qualquer par de pontos, há sempre pelo menos um ponto.

[18] É assim que pretendo traduzir a expressão inglesa introduzida por Thomas Nagel (1979) em "What is it like to be a Bat?", ("Que efeito isso faz ser um morcego?", ou "Como é ser um Morcego?").

de um tomate maduro ou sentir o cheiro do café fresco. Os morcegos constroem uma representação do mundo ambiente a partir do eco dos sons que eles mesmos emitem. Mas nunca saberemos que efeito isso faz (subjetivamente, em primeira pessoa) ser um morcego e representar o mundo ambiente dessa forma. Mesmo o conhecimento mais completo possível da neurofisiologia dos morcegos não ajudaria a responder à questão: como é sentir o mundo dessa forma? Algumas espécies de pássaros migradores orientam-se pelo campo magnético terrestre. Eles sentem o campo magnético, são sensíveis a ele. Que efeito isso faz, subjetivamente, não sabemos e nunca saberemos com precisão.

Como nossa experiência subjetiva pode provir de um cérebro objetivo? Esse problema foi descrito e identificado como o *Problema Difícil da Consciência*[19] (*the Hard Problem of Consciousness*), em oposição aos outros problemas "fáceis". Um problema é "fácil", em comparação, quando podemos já vislumbrar uma possível explicação de fenômenos mentais em termos de mecanismos computacionais ou neuronais. Muitos fenômenos mentais podem ser explicados satisfatoriamente quando se trata de *funções* mentais, operações ou tarefas, por exemplo, como usar informações sobre o meio ambiente para controlar nossas ações, ou como relatar nossos próprios estados mentais, ou ainda como conseguimos fixar nossa atenção sobre algo em nosso ambiente. Nesses casos, basta identificar um mecanismo subjacente à tarefa ou à função e descrevê-lo em termos neuronais e computacionais, como uma série de passos que nosso cérebro (ou, melhor, um subsistema dele) pode efetuar, criando assim um modelo que ajuda a entender como dependem do cérebro certas funções ou operações que um sistema cognitivo pode desempenhar. Assim, a mente seria como um programa de computador, e o cérebro, como os circuitos que processam as informações. O problema com os *qualia* (as qualidades subjetivas) e a consciência em geral é que não se trata de funções ou tarefas cognitivas, e para esses casos, nenhum modelo pensado em termos de tais mecanismos subjacentes, computacionais e neuronais, aparece como uma possível explicação da relação metafísico.

De um lado, temos a convicção de que a mente é algo que pertence ao mundo natural, produto de uma evolução de bilhões de anos e que as outras espécies animais também têm mentes parecidas como as nossas. Portanto, a princípio, deve ser possível explicar os fenômenos mentais em termos que se encontram no vocabulário das ciências da natureza, como

---

[19] Assim chamado por David Chalmers (1995), em "Facing Up to the Problem of Consciousness". Ver também, do mesmo autor, *The Character of Consciousness* (2010).

defendem os *naturalistas*. Por outro lado, é ainda muito difícil entender como é possível que toda nossa vida mental, com toda a sua incrível variedade, possa depender e ser explicada a partir dos fatos brutos e movimentos cegos da matéria que constitui nosso cérebro. Como o cérebro, algo que tem a aparência de um velho pedação de queijo esquecido numa gaveta, pode explicar toda nossa vida mental? E que tipo de explicação podemos esperar? Tenho agora uma lembrança da minha mãe. Se alguém me dissesse: "Sua lembrança corresponde a nada mais do que a liberação de acetilcolina pelas fendas sinápticas de um grupo de neurônios em tal parte de seu cérebro", minha reação seria provavelmente algo como: "É mesmo? Como pode minha representação, com todos os detalhes, depender disso?".

Diante desse problema — hoje chamado de "lacuna explicativa"—, alguns filósofos, como Descartes, estimam que a mente é algo tão "especial", tão diferente do resto do mundo físico, que ela não pode ser explicada a partir dele. A mente, em particular a experiência subjetiva e consciente, seria um "efeito" que demanda uma causa diferente de tudo o que é conhecido como físico. A mente seria, para os dualistas, substancialmente e qualitativamente distinta do sistema nervoso, e para explicá-la e preencher a lacuna explicativa (para assim ter uma explicação completa e satisfatória), seria preciso apelar para algo ainda desconhecido — ou não muito bem conhecido — no mundo físico ou algo "extrafísico" e metafisicamente distinto do mundo descrito pela física, a química e a biologia, como fizeram os metafísicos dualistas do século XVII.

A posição dualista sempre agradou pessoas com inclinações religiosas. Ela representa o sentimento de uma grande parte da população em muitos países. Ela mantém aberta a possibilidade de que a mente (a "alma") possa sobreviver ao corpo. Em oposição aos dualistas, encontramos a maioria dos filósofos da mente, que podemos chamar, em uma palavra só, de "naturalistas", que tentam explicar a diversidade de nossa vida mental sem apelar para qualquer coisa que não seja de natureza física ou biológica. Para os naturalistas, a lacuna explicativa será preenchida um dia com os avanços de nossos conhecimentos sobre o cérebro; nossa mente ou é idêntica ao nosso cérebro ou é estritamente "amarrada" ao cérebro. Toda explicação do mental deveria pressupor como base somente as ciências da natureza.

Há uma variedade de dualismos. Ao lado do dualismo das substâncias, também chamado de "dualismo cartesiano", encontramos o dualismo das propriedades e dos predicados, bastante comum hoje em dia, mas que é compatível com versões do naturalismo. O epifenomenalismo clássico, às vezes classificado, erradamente, como uma forma de dualismo, é na verdade uma forma de naturalismo. Do lado oposto ao dualismo, existe uma variedade de posições naturalistas: o behaviorismo, o materialismo ou teoria da identidade Mente-Cérebro, o funcionalismo, o monismo anômalo, o eliminismo, o naturalismo biológico e o fisicismo. Veremos primeiro a posição dualista clássica (Descartes), depois, o epifenomenalismo clássico e, finalmente, em oposição ao dualismo, a variedade das posições naturalistas. Muitas posições mais ou menos compatíveis com o naturalismo adotam o *dualismo das propriedades* ou dos predicados, como veremos no decorrer desta Segunda Parte.

Podemos distinguir na história da filosofia três paradigmas ou modelos para conceber a relação corpo-mente: o hilemorfismo aristotélico, o Dualismo das Substâncias (Platão, Descartes) e o Monismo naturalista ou monismo materialista/fisicista.[20] Como nosso objetivo é apresentar, sobretudo, a Filosofia da Mente contemporânea e como já falamos brevemente do hilemorfismo na Introdução, vamos nos concentrar agora sobre o dualismo na versão de Descartes e depois nas diversas versões associadas ao paradigma materialista/fisicista.

Unidade 2.1
O dualismo das substâncias e outros dualismos

Por muito tempo, filósofos não acreditavam que o cérebro e o resto de nosso sistema nervoso pudessem produzir nossa vida mental, em particular produzir pensamentos cuja verdade é necessária e *a priori* (que não dependem da experiência), como as verdades da geometria e da aritmética. Como a concepção de verdades universais e *necessárias*[21] poderia depender dos *acontecimentos cegos e contingentes* da matéria dentro de um cérebro, localizado na cabeça de um sujeito? Um todo é sempre maior do que qualquer uma de suas partes, quando se subtrai uma mesma quantidade de duas quantidades iguais, a igualdade permanece, e outras verdades do mesmo tipo parecem imutáveis, eternas. Nossa capacidade de conceber essas verdades *a priori* parece ter algo de divino. Isso parece possível porque encontramos em nossas mentes as primeiras noções *ina-*

---

[20] Ver Crane e Patterson (2000). Ver a Introdução dos organizadores.

[21] Necessário é o que é verdadeiro em todas as situações possíveis; contingente é o que não é nem necessário, nem impossível.

tas, que não foram adquiridas com base na experiência. Portanto, elas são presentes de nosso Criador, pensavam Descartes e outros *racionalistas*[22] da mesma época.

Figura 5 René Descartes

Fonte: domínio público

Descartes (1596-1650) é considerado como o fundador da filosofia moderna em razão de uma tese que ele desenvolveu com insistência: *a subjetividade é a fonte do conhecimento mais seguro que temos*. Seu método da "dúvida hiperbólica" revela precisamente isso. Podemos duvidar de tudo o que aprendemos pelos sentidos. Posso até encontrar razões para duvidar que tenho um corpo, que existe uma terra; posso duvidar de todas as minhas percepções e lembranças, que elas são realmente confiáveis. Mas eu, que duvido de tudo isso, não posso não existir, pois duvidar é pensar, e para pensar é preciso ser; se penso, existo. *Cogito, ergo sum* (penso, logo eu sou, existo). Posso estar dormindo e sonhando o tempo todo — sonhar é uma forma de pensamento — ou estar sob a influência de um gênio maligno muito poderoso que me engana o tempo todo, mas não posso me enganar quanto a isso: penso, logo existo. Minha existência não pode ser uma mera ilusão. Assim, um sujeito poderia, segundo Descartes, duvidar que tem um corpo, mas não pode duvidar da existência de sua própria mente. A primeira verdade que resiste ao ceticismo mais radical, o conhecimento mais seguro que existe, é um subproduto da dúvida mais radical que se possa imaginar. Assim, o método da dúvida estabelece que a

---

[22] Os racionalistas acreditam nas ideias inatas como fonte de conhecimento, enquanto os empiristas negam que haja na mente ideias ou princípios inatos.

mente ou *coisa pensante* é mais fácil de se conhecer do que qualquer coisa extensa (qualquer corpo) ocupando um espaço tridimensional.

Tudo bem, até agora, pensa Descartes. Minha própria existência é inegável. Mas, pergunta ele, "O que é que eu sou?". Sem justificar muito bem a sua resposta, Descartes dá o seguinte passo: sou "uma coisa que pensa. Mas o que é uma coisa que pensa? Isto é, uma coisa que duvida, que concebe, que afirma, que nega, que quer, que não quer, que imagina também e que sente."[23] Portanto, para Descartes, *eu sou* uma coisa pensante, eu sou minha própria mente.

A mente ou o intelecto é a verdadeira fonte de conhecimento para Descartes, e não os sentidos. Os sentidos e a imaginação são modos da "coisa pensante" que dependem da *união substancial* com o corpo e não permitem uma concepção "clara e distinta" das coisas. Nossos sentidos nos enganam de várias maneiras. E nossa imaginação é fraca. É muito difícil imaginar uma figura geométrica regular de mil lados, um quiliógono. O resultado é uma imagem mental confusa; é impossível contar os lados um por um, por exemplo. Mas o meu conceito de quiliógono é perfeitamente claro e distinto. Posso, a partir dele, formular e demonstrar teoremas. A *intelecção*, a atividade de formar e conceber conceitos e verdades de todo o tipo, é a verdadeira fonte de conhecimento, não os sentidos. A princípio, no entanto, o que é imaginável é concebível e o que é concebível é possível.

Se julgarmos sempre de acordo com conceitos claros e distintos, e não só com base nos sentidos, nossas chances de chegar a um conhecimento sólido e definitivo seriam muito maiores. A ilusão de Müller-Lyer oferece um bom exemplo disso. Sabemos e julgamos que as duas linhas retas têm exatamente o mesmo comprimento. Mas a percepção continua nos apresentando a ilusão de que a linha de cima é mais longa do que a de baixo, contrariando nosso melhor juízo.

---

[23] Para uma discussão rigorosa desse assunto, ver Yablo (2008). Para muitos filósofos contemporâneos, água é necessariamente H_2O; mas podemos imaginar ou conceber que a água tenha outra composição química. Portanto, nessa perspectiva essencialista, nem tudo o que é concebível é possível.

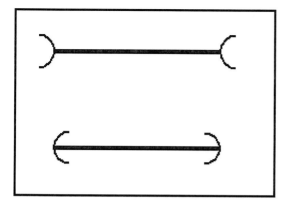

Figura 6 – Ilusão de Müller-Lyer: qual das duas retas é a mais comprida? Saber que elas são iguais não altera o que vemos
Fonte: domínio público

Para Descartes, os conceitos mais básicos e simples que temos são *inatos*. Eles não provêm da experiência; a mente os encontra no seu próprio fundo, por assim dizer. Já estavam na mente no nascimento, esperando só uma estimulação apropriada para se manifestar. Eles são também os mais claros, os mais confiáveis. São entre eles os conceitos ou atributos essenciais de *pensamento* e *extensão espacial*. Cada substância não pode ter mais do que um atributo essencial (Rocha, 2006). Esses atributos determinam por completo dois tipos de coisas: o mundo, segundo Descartes, é feito de coisas pensantes e de coisas extensas. Seguindo o raciocínio de Descartes, Deus, que criou todas as substâncias (pensantes e extensas), também colocou em nós essas ideias inatas. E Deus, que reúne todas as perfeições de acordo com os teólogos, não é enganador, pois se Ele fosse enganador, Ele seria imperfeito, e, portanto, não seria Deus.

Descartes não foi o primeiro a medir a enorme distância que separa, de um lado, as propriedades ou atributos, as qualidades ou características das coisas extensas (que ocupam certo espaço no mundo e que podem ser descritas com precisão pelas ciências da natureza com a ajuda da geometria), das propriedades e relações que, por outro lado, caracterizam a nossa vida mental. Descartes, no entanto, foi o primeiro a pensar sistematicamente o abismo que separa as duas substâncias. Ele encontrou uma oposição radical entre corporeidade (ou extensão) e mentalidade (ou pensamento). O conceito de uma coisa extensa determina algo completamente distinto do que é determinado pelo conceito de uma coisa pensante. Inicialmente, constatamos que as coisas *extensas* (que ocupam certo espaço tridimensional no mundo) têm certas propriedades em comum: todas são públicas, espaciais, materiais, divisíveis e corruptíveis por serem compostas de partes materiais igualmente divisíveis; os corpos materiais são publicamente observáveis e são sujeitos a "geração e a corrupção", como dizia Aristóteles. Elas são submetidas às leis da física.

As coisas *pensantes* são privadas (cada um tem acesso imediato apenas à sua própria mente), simples, incorruptíveis, não espaciais, imateriais e indivisíveis. Elas não são, portanto, submetidas às leis da física. Nenhuma das características das coisas extensas se aplica às nossas sensações e pensamentos. O cheiro de café fresco ou a dor que sinto agora nas costas não podem ser medidas com uma fita e divididas em partes iguais. Isso vale ainda mais para os pensamentos abstratos. Nenhuma das características das coisas pensantes se aplica às coisas extensas. E nenhuma das características das coisas extensas se aplica às coisas pensantes. O que é extenso não pensa; o que pensa não é extenso. O conceito de extensão espacial captura o que há de comum (a essência) a todos os corpos existentes; o conceito de pensamento captura o que há de comum (a essência) a todas as coisas pensantes. Esses conceitos são claros e distintos, e a regra de Descartes é que podemos considerar verdadeiro tudo o que é *concebido* clara e distintamente.

O raciocínio de Descartes que leva à conclusão de que o corpo e a mente são entidades distintas pode ser reconstruído da seguinte maneira:

1. Podemos imaginar que nossa mente existe sem o nosso corpo (isso foi estabelecido pela experiência da dúvida hiperbólica que mostra que a existência do corpo pode ser colocada em dúvida, mas não a da mente).

Portanto,

2. É concebível que nossa mente possa existir sem nosso corpo (pois tudo o que é imaginável é concebível, mas o oposto não vale).

Portanto,

3. É possível que nossa mente possa existir sem o nosso corpo (pois o que é concebível é possível).[24]

Ora,

4. Deus, que não é enganador, colocou em nós as ideias inatas, claras e distintas, de pensamento e extensão (de outro modo, se a mente e o corpo não fossem distintos, Ele seria enganador).

---

[24] Para uma discussão rigorosa desse assunto, ver Yablo (2008). Para muitos filósofos contemporâneos, água é necessariamente H2O; mas podemos imaginar ou conceber que a água tenha outra composição química. Portanto, nessa perspectiva essencialista, nem tudo o que é concebível é possível.

Portanto,

5. Nossa mente é uma entidade distinta de nosso corpo, pois Deus, que não é enganador, garante que tudo o que concebemos com clareza e distinção é verdadeiro.

Essa doutrina, por mais impressionante que seja, gera imediatamente um conjunto de problemas espetaculares. Se o corpo e a mente são substâncias tão distintas, como explicar a percepção e a ação? Como explicar, noutras palavras, a *causação mental*, o fato de que nossa mente recebe, na percepção, influências das coisas extensas ao nosso redor e que nossos desejos, nossas crenças e intenções façam nosso corpo se mover de acordo com nossas vontades?

Descartes tentou amenizar as consequências de sua doutrina da separação entre as substâncias pensantes e as substâncias extensas com a tese da *união substancial*. Cada pessoa é composta de duas substâncias: uma pensante, outra extensa. As duas substâncias são intimamente ligadas no corpo inteiro, de tal maneira que nenhuma parte do corpo é desprovida de sensibilidade, e muitas partes do corpo (os membros, os olhos, a língua, a cabeça etc.) são submetidas imediatamente à vontade do agente. Percepção e vontade são os dois principais modos da coisa pensante, da mente. As duas substâncias interagem causalmente o tempo todo. Essa doutrina foi chamada de *interacionismo*. Ela é própria do senso comum. Acreditamos espontaneamente que nossa mente representa o mundo ao nosso redor tal como ele é porque nossas percepções, em geral, são confiáveis, e acreditamos também que nossas intenções, vontades e nossos desejos contribuem para mudar nosso ambiente com nossas ações. Descartes acreditava, com base nos seus estudos de fisiologia, que a mente (ou alma) tinha uma conexão causal concreta e efetiva com o corpo por meio de uma pequena glândula na base do cérebro, a glândula pineal. Mas nunca conseguiu explicar como a mente imaterial podia mover uma glândula material, de modo a fazer o corpo se mover de acordo com as vontades do sujeito. Ele chegou a sugerir que a força com a qual a mente move a glândula é comparável à gravidade que não requer o toque e faz cair os corpos em direção ao centro da terra, mas não convenceu.[25]

---

[25] Essa tentativa de Descartes, no entanto, é muito interessante. É uma maneira de negar a homogeneidade dos processos causais. Ele parece estar dizendo que nem todos os processos causais são "mecânicos" ou envolvem o toque ou a aplicação de uma força. Descartes sugere à princesa Elizabeth que a relação causal entre a mente e o corpo não é mecânica, e sim comparável à gravidade. Sobre a negação da homogeneidade dos processos causais, ver Crane (1995) e Garber (2000).

Uma última doutrina de Descartes merece ser mencionada aqui. É a doutrina dos *animais-máquinas*. Nosso corpo, por ser uma coisa extensa, não pensa. O corpo dos animais também não pensa, pela mesma razão. Mas existe uma diferença enorme entre eles e nós: eles não têm mente! São meras máquinas ou autômatos sem mente. Eles não são compostos de duas substâncias como nós. Para quem convive com animais (gatos, cachorros, cavalos etc.), essa doutrina tem algo de chocante. O que pode justificar tal posição?

O mundo visível das coisas extensas é concebido por Descartes em termos mecânicos, da circulação sanguínea ao movimento dos planetas. Nesse modelo mecanicista, os corpos vivos, dos homens e dos animais, são máquinas. A fisiologia para Descartes é só um capítulo do grande mecanismo universal. Mas por que negar aos animais uma mente como a nossa ou parecida com a nossa?

As razões, segundo Pierre Bayle ([1697] 1974, p. 178-197), no famoso artigo "Rorarius", são mais teológicas do que propriamente filosóficas. Existem, por exemplo, miríades de insetos efêmeros que vivem apenas algumas horas. Vimos que a doutrina aristotélica do hilemorfismo aceita a ideia de que insetos, esponja e qualquer espécie animal têm uma alma. Ora, não seria uma grande crueldade por parte de Deus criar almas para cada um desses insetos para eles viverem só algumas horas e depois precipitá-los no nada, no "não ser"? Se cada alma imortal, para os teólogos, é uma alma a salvar, há um paraíso e um inferno para essas pobres almas de insetos? Negar aos animais uma mente, nesse horizonte intelectual, pode salvar muita dor de cabeça...

Descartes dá uma razão positiva para aceitar a sua estranha doutrina. O animal mais bem feito de sua espécie, particularmente entre os grandes primatas que mais se parecem como nós, é incapaz de falar como nós fazemos, enquanto o ser humano mais estúpido consegue. A capacidade de falar uma língua é, para Descartes, o melhor critério para discernir e reconhecer, entre as coisas extensas, quais são as coisas pensantes. Uma coisa extensa (um corpo humano, por exemplo) é também uma coisa pensante se ela consegue falar. O uso normal, corriqueiro, da linguagem, para comunicar os pensamentos e se ajustar a uma infinidade de situações de fala para responder ao sentido das palavras pronunciadas em qualquer contexto, é a prova de que um corpo é habitado por uma mente racional.[26] Como os animais não conseguem falar como nós, eles não têm mente e não passam, portanto, de máquinas ou autômatos.

---

[26] Ver a Quinta Parte do *Discurso sobre o Método*, de Descartes ([1637] 1966).

O dualismo das propriedades e dos predicados

Vamos introduzir aqui um pouco de vocabulário lógico que irá facilitar a nossa vida para tratar de questões ontológicas. Um predicado é uma entidade linguística (que sempre pertence a uma língua determinada) e que pode aplicar-se a vários indivíduos, que é "predicável de muitos", como diziam os medievais. Um nome próprio, como "Dilma", aplica-se a um só indivíduo, enquanto um predicado como "x é avó" aplica-se a todas as mulheres cujos filhos(as) tiveram crianças. Assim, um predicado como "x é brasileiro" (onde "x" é uma variável) aplica-se a qualquer indivíduo nascido no Brasil ou que obteve a nacionalidade brasileira. Chamamos o conjunto desses indivíduos (nesse caso, os brasileiros) de *extensão* do predicado ("extensão" aqui no sentido lógico não deve ser confundido com a extensão espacial das "coisas extensas" da *ontologia*[27] cartesiana). O que determina se um indivíduo pertence ou não a um conjunto é uma propriedade ou característica que ele possui. A propriedade no mundo (ou o conceito correspondente na mente) constitui a *intensão*[28] (com "s", e não com "c") do predicado, nesse caso *ter obtido a nacionalidade* (por nascimento ou de outro modo). Um predicado pode expressar uma relação, como "x é mais alto que y", "x fica entre y e z" etc. Chamamos de "atributo" em geral um predicado que expressa uma propriedade ou uma relação. Um atributo caracteriza um objeto ou indivíduo. Quando um atributo expressa uma propriedade que certas coisas têm necessariamente, dizemos que o atributo em questão representa a essência ou a natureza dessas coisas.

O dualismo das substâncias é uma posição logicamente mais forte do que o dualismo das propriedades. O dualismo das substâncias implica o dualismo das propriedades; quem adota o dualismo das substâncias deve também adotar o dualismo das propriedades. É o caso de Descartes, por exemplo. Aceitar o dualismo das substâncias fornece imediatamente uma boa razão para aceitar o dualismo das propriedades. Como vimos, todas as propriedades das coisas pensantes são distintas das propriedades das coisas extensas (e *vice-versa*), e isso se deve ao fato de elas caracterizarem coisas absoluta e ontologicamente distintas. Mas o inverso não vale: quem adota o dualismo das propriedades não precisa adotar o dualismo das substâncias. Uma mesma coisa ou substância pode ter propriedades radical e ontologicamente distintas.

---

[27] A Lógica cuida da validade das inferências; a Ontologia cuida do que é, o que existe no mundo.

[28] A distinção entre intensão e extensão foi introduzida por Leibniz no século XVII e usada de novo de maneira sistemática a partir de Rudolf Carnap no século XX.

O dualismo das propriedades diz o seguinte: existem, no mundo, coisas constituídas por dois tipos de propriedades radicalmente distintas, as mentais (ou psicológicas) e as físicas (entendidas num sentido amplo que inclui a biologia), e as propriedades mentais não são redutíveis às propriedades físicas (ou não se explicam a partir delas). As criaturas providas de mentalidade, como nós e os mamíferos superiores, teriam essencialmente propriedades desses dois tipos. Assim, uma pessoa é caracterizada, essencialmente e simultaneamente, por propriedades físicas, como ocupar certo espaço tridimensional, estar sentado, ter um metro e oitenta de altura, ter cabelo curto ou possuir um determinado código genético, *e* por propriedades mentais, como se lembrar de sua mãe, ter a expectativa de ser bem recebido numa festa, ter a intenção de viajar à China, acreditar que a seleção vai ganhar a próxima Copa do Mundo etc. Algumas criaturas, portanto, não podem ser descritas completamente e satisfatoriamente sem mencionar esses dois tipos de propriedades.

O dualismo dos predicados é uma posição ainda mais fraca. A tese diz que, para descrever completa e satisfatoriamente o mundo, precisamos, em nossa linguagem, possuir dois tipos de predicados: os predicados mentalistas e os predicados fisicistas, e os primeiros não podem ser redefinidos nos termos dos últimos. Donald Davidson (2002) é o filósofo mais famoso a defender essa visão. Somos seres materiais, mas para dizer o que somos e descrever o que fazemos, precisamos de dois tipos de predicados. Um predicado mentalista, como "x acredita que vai chover", não pode ser redefinido ou traduzido, sem perda de sentido, usando só predicados que têm na sua extensão apenas coleções de comportamentos publicamente observáveis ou estados neuronais. Quem aceita o dualismo das propriedades deve aceitar o dualismo dos predicados; para denotar cada tipo de propriedade univocamente, devemos usar predicados distintos, como se faz nas ciências da natureza, mas podemos ter predicados distintos que não correspondem a propriedades distintas, como "x é esférico" e "x tem a forma de um balão de futebol". Esses dois predicados correspondem à mesma propriedade, e não a duas propriedades distintas.

Como veremos mais à frente, o dualismo das propriedades é bastante comum entre os filósofos da mente que rejeitam o dualismo das substâncias a favor de uma versão ou outra de naturalismo e que não aceitam uma redução do mental ao físico. O mental é assim estreitamente amarrado ao físico, mas não se reduz a ele.

O epifenomenalismo clássico

Figura 7 Thomas Huxley
Fonte: domínio público

Thomas Henry Huxley (1825-1895) publicou, em 1874, um texto lembrando e citando Descartes, intitulado: "Sobre a Hipótese de que Animais são Autômatos e sua História" (Huxley, 1874). O texto teve certa repercussão. A proposta do autor é simples: o comportamento é causado pela contração dos músculos, e esta, por sua vez, é causada por impulsos neurais provindo do sistema nervoso central ou de órgãos dos sentidos; *a mente não tem nenhum papel causal na produção do comportamento.* Ela é "causalmente inerte", não faz acontecer nada. Noutras palavras, os estados mentais não têm poderes causais. Huxley compara a mente ao apito de uma locomotiva a vapor, que usa o vapor da locomotiva para produzir um som, mas o som não contribui em nada para fazê-la avançar. Os fenômenos mentais são, nesse sentido, *epifenômenos*, quer dizer, fenômenos que ficam na dependência de outros fenômenos (físicos, biológicos), como uma sombra cuja existência é inegável, mas que depende totalmente da presença de um objeto no caminho de uma fonte de luz. A mente é causada pela atividade eletroquímica do cérebro, mas, por sua vez, não causa nada, como uma sombra. Ao contrário do interacionismo de Descartes, a causação não vai nas duas direções, da mente para o corpo e do corpo para a mente. Ela vai só do corpo para a mente. Os eventos e atos mentais não têm nenhum efeito no mundo físico. Nossa convicção firme de que agimos movidos por nossas intenções, nossos desejos e planos não passa de uma ilusão. As únicas explicações aceitáveis do comportamento humano são explicações dadas em termos neurofisiológicos.

A principal motivação para aceitar essa doutrina estranha e muito contraintuitiva parece ser a seguinte: de um lado, não parece sensato negar a existência do mental, de nossa vida mental; por outro lado, só um evento físico pode causar outro evento físico. O mundo físico é *"causalmente fechado"*. Uma causa de natureza não física não pode causar mudanças num sistema físico. A introdução de uma "causa mental" (uma intenção ou um desejo) num sistema físico representaria uma violação das leis da física.

Para o epifenomenalista, a mente corresponde, como pensava Descartes, a uma substância diferente do corpo? A resposta não é tão clara. De fato, o epifenomenalismo é regularmente classificado como uma forma de dualismo parecida com a de Descartes. Mas uma leitura atenta do texto de Huxley não permite essa conclusão. Huxley cita Descartes como a sua principal fonte e quer não só defender, mas reforçar a tese cartesiana de que os animais são máquinas, autômatos. Porém Huxley não nega a consciência aos animais, e não concebe os fenômenos mentais como modos de uma substância, como Descartes. Huxley disse várias vezes no texto que os estados mentais são causados por "mudanças moleculares" (*molecular changes*) no cérebro e que eles acompanham os acontecimentos no corpo sem ter a menor influência causal sobre eles. Isso parece compatível com uma visão naturalista da mente que rejeita a ideia de que o mental é um domínio totalmente independente do mundo físico. Ademais, Huxley era um naturalista convencido e grande defensor da teoria da evolução de Charles Darwin. De fato, o que é comum a todos os filósofos que defendem a posição epifenomenalista é a tese da *inércia causal do mental*.

Como veremos mais na frente, o dualismo cartesiano e o epifenomenalismo são os dois espantalhos dos filósofos da mente contemporâneos de tendência naturalista. Todos tentam evitar um compromisso com estados mentais que não sejam estritamente "amarrados" ao físico — algo que as ciências da natureza não podem aceitar — e todos tentam fugir do epifenomenalismo para resgatar e preservar a eficácia causal do mental.

Unidade 2.2
Os behaviorismos: metodológico, ontológico e lógico

Figura 8 – John Broadus Watson (1878-1958) é considerado na história da psicologia como o pai do behaviorismo (ou comportamentalismo)
Fonte: domínio público

Watson rejeitava a *introspecção*[29] como fonte confiável de conhecimento sobre os estados e eventos mentais. A psicologia era, para ele, uma ciência da natureza e, como qualquer outra ciência da natureza (física, química, biologia etc.), ela deve basear-se exclusivamente na observação cuidadosa de fatos e eventos intersubjetivamente observáveis e controláveis. Para satisfazer essas exigências epistemológicas, o psicólogo deve limitar-se à observação do comportamento animal e humano, como *respostas* aos *estímulos* do ambiente imediato. A mente não pode ser observada diretamente; não podemos observar literalmente os desejos e crenças dos outros ou sentir as dores ou prazeres dos outros. A mente é como uma *caixa-preta* que não podemos abrir nunca.

Cada um sabe quais são seus próprios estados mentais, mas o psicólogo científico não pode confiar num relato que a própria pessoa faz de seus estados mentais. Resta descartar a caixa-preta e examinar as correlações entre estímulos e respostas comportamentais, as famosas *correlações S-R* (para "*Stimuli*" e "*Responses*", em inglês). O fisiologista russo Ivan Pavlov, por exemplo, mostrou como era possível induzir um comportamento reflexo condicionado: um cão tem reação natural de salivação diante de sua ração; cada vez que a ração era apresentada ao

---

[29] Introspecção é a observação que um sujeito faz de seus próprios estados mentais.

cão, Pavlov tocava um sino. Depois de certo tempo, bastava tocar o sino para observar a reação de salivação do cão. Nessa perspectiva, a "mente" se reduz ao comportamento e às disposições a se comportar. Esse é o *behaviorismo metodológico.*

Os psicólogos behavioristas foram muito criticados, nem sempre com boas razões. Ao descartar o conteúdo da "caixa-preta", eles foram acusados de tentar fazer psicologia sem "*psyché*" (o grego para alma e que também significa borboleta) e de obrigar a fingir uma espécie de anestesia geral e permanente, como se o que nós sentimos e toda nossa vida mental não fizessem nenhuma diferença para nós mesmos em primeira pessoa e nunca pudesse ser objeto de um relato de experiência confiável. Daí as piadas sobre behavioristas como a seguinte, bem conhecida: um casal de psicólogos behavioristas tem uma relação sexual; logo depois, um dos dois pergunta: "Para você foi ótimo! Mas, para mim, como foi?". E se a mente se reduz ao comportamento observável, o que pensar de um soldado espartano treinado desde a infância para não expressar a dor que sente? Nada no seu comportamento deixa saber que ele está sofrendo, mas ele está. Ou, inversamente, o que pensar de um ator capaz de fingir um comportamento de dor extrema de modo muito convincente, mas sem sentir nenhuma dor.

Apesar das críticas, o behaviorismo como programa de pesquisa científica nunca foi abandonado e continuou a se desenvolver até hoje, depois de B. F. Skinner (1904-1990), G. Ainslie e H. Rachlin. Skinner fez contribuições notáveis com a noção de "comportamento operante", enquanto Ainslie e Rachlin estudaram a "economia comportamental".[30]

O *behaviorismo ontológico* é mais radical. O behaviorismo metodológico não quer abrir a "caixa-preta", que só contém o que não pode ser observado cientificamente. Watson e seus seguidores não precisaram negar a existência dos estados, atos ou estados mentais. Basta dizer que eles são irrelevantes para a psicologia científica que só admite relatos objetivos em terceira pessoa (como "ela gritou e fez careta de dor") e deveria dispensar relatos subjetivos em primeira pessoa ("senti uma dor aguda no estômago, como uma queimadura ou uma facada"). O behaviorismo ontológico vai mais longe e defende que os atos, eventos e estados mentais vividos em primeira pessoa não existem! Uma boa razão de não abrir a caixa-preta é que ela não contém nada! Existe uma diferença entre:

---

[30] O comportamento operante é a seguinte ideia: as consequências de um comportamento podem influenciar a probabilidade de esse acontecer de novo. Se a consequência for agradável, a probabilidade vai aumentar, se a consequência não for agradável, a probabilidade irá diminuir. O reforço pode ser positivo ou negativo. A economia comportamental tem a ver com autocontrole e escolhas que fazemos ao longo de nossas vidas.

A) A dor causou gritos e caretas e

B) A dor é gritos e caretas, e nada além disso.

No primeiro caso (A), a dor tem um papel causal na gênese do comportamento; é a maneira de ver do senso comum e da *psicologia popular*[31]. No caso (B), não existe nada além do próprio comportamento de dor. O behaviorismo ontológico é uma forma de eliminismo do mental em prol do comportamento. Veremos mais à frente que existe outra forma de eliminismo que nega a existência do mental em prol da atividade eletroquímica do cérebro. É precisamente essa última versão de eliminismo que costumamos chamar de "eliminismo", aquele defendido pelo casal Paul e Patricia Churchland. Nas duas versões (behaviorista e neurofisiológica), o problema da relação corpo-mente é assim resolvido eliminando um dos termos da relação: a mente.

O behaviorismo ontológico é mais uma possibilidade teórica do que uma corrente defendida por ilustres representantes. Mesmo assim, vale a pena refletir sobre essa possibilidade.

$$* * *$$

O behaviorismo dos filósofos, chamado de *behaviorismo lógico*, é bastante diferente. Ele corresponde a um programa de tradução das expressões e conceitos que nós usamos para falar sobre a mente, em frases condicionais que não contêm mais nenhuma referência a estados ou eventos mentais.

Já mencionamos Gilbert Ryle, o principal representante do behaviorismo lógico. Quando Ryle fala da "doutrina oficial" sobre a mente, ele pensa no dualismo cartesiano. Como já mencionamos, o dualismo é admitido pela imensa maioria das pessoas religiosas e estas compõem uma boa parte dos povos da Terra. No entanto, muitas crenças populares caíram no decorrer da história da ciência e da filosofia: que a Terra é achatada e ocupa o centro do universo, que o mundo foi criado há 6000 anos apenas, que os cometas são sinais anunciando catástrofes, e outras do mesmo tipo. Os estadunidenses formam uma das nações tecnologicamente mais avançadas do mundo. Mesmo assim, uma pesquisa de 2014 (U.S. belief [...], 2013) revela que 72% dos estadunidenses acreditam em milagres e 64% acreditam na imortalidade da alma.

---

[31] Psicologia popular: um conjunto de práticas de atribuição de crenças, desejos, intenções, que nós usamos para explicar ou predizer o comportamento uns dos outros.

No dualismo das substâncias, a mente é uma substância não espacial, imaterial e indestrutível, cuja essência consiste exclusivamente em pensar. Ela comanda misteriosamente o corpo, mas sua presença nele é indetectável. Descartes, o campeão do dualismo das substâncias, acreditava que o corpo era como uma máquina. Assim, a mente aparece como um "fantasma numa máquina" (*a ghost in a machine*), como diz Ryle na sua obra clássica, *O conceito de mente* (1949). Quando observamos o cérebro, com os instrumentos mais sofisticados de hoje, nunca encontramos crenças, desejos, intenções, dores, percepções, lembranças, juízos e outros estados, eventos ou atos mentais. Nenhuma ciência da natureza tem algo a dizer sobre uma mente imaterial concebida à maneira dos dualistas. Para quem acredita que a ciência é a forma mais acabada de conhecimento que temos, isso é motivo suficiente para tentar rever as categorias que usamos para refletir sobre a mente.

Ryle repensou todas essas questões num contexto diferente e em um tom muito mais sóbrio do que o da metafísica do período clássico. Ele apresenta o dualismo cartesiano como "doutrina oficial" e critica toda essa tradição, oferecendo como alternativa uma forma de *behaviorismo lógico*, parecido com o que Rudolf Carnap e Carl Gustav Hempel defenderam antes dele, só que Ryle foi mais longe e mais sutil na sua abordagem. Russell, Carnap, Hempel e, sobretudo, Ryle, foram os primeiros filósofos analíticos de destaque a virar as costas para a tradição cartesiana e a afirmar a necessidade de estudar a mente cientificamente, como algo que pertence à ordem causal do mundo. Ryle criticou os erros categoriais dos cartesianos, e mostrou como traduzir (ou melhor, parafrasear) enunciados que parecem referir a (ou pressupor a existência de) entidades mentais, em enunciados que referem exclusivamente ao comportamento público e a disposições.

Antes de apresentar uma alternativa ao dualismo cartesiano, Ryle tentará mostrar que a doutrina oficial é absurda e indefensável. A filosofia, diz Ryle, é a substituição de categorias habituais por categorias disciplinadas. O primeiro passo, então, consiste em mostrar os *erros categoriais* contidos no legado de Descartes, na "doutrina oficial". E o objetivo da nova doutrina é corrigir a "geografia conceitual" da mente, isto é, reorganizar os conceitos que nós usamos para descrever a mente e o comportamento inteligente e para atribuir a nós mesmos e aos outros estados mentais.

Vamos imaginar a seguinte situação. Recebemos a visita de um amigo do exterior que quer ver a universidade onde trabalhamos. Começamos a circular no campus. "Aqui está a Reitoria, meu amigo". E continuamos. "Lá, está vendo a biblioteca". Depois, mostramos-lhe o restaurante universitário, o Instituto de Ciências Humanas, de Engenharia etc. No final da visita ao campus, o visitante pergunta: "Pois bem, vocês me mostraram a Reitoria, a biblioteca, o restaurante, e vários institutos, mas vocês prometeram me mostrar a Universidade! Quando é que vão me mostrar a Universidade?". A reação correta a essa última observação seria, simplesmente, explicar ao amigo que ele não domina bem o conceito de UNIVERSIDADE, que a Universidade é a organização administrativa e unitária de todas as faculdades e institutos em uma só entidade. A Universidade não é mais uma entidade ao lado e no mesmo nível que a biblioteca, o restaurante, a Faculdade de Ciências Humanas etc. A palavra "universidade" representa um conjunto de unidades administrativas (biblioteca, Reitoria, faculdades etc.), ela não é uma dessas unidades. Da mesma maneira, acharíamos ridículo uma pessoa entrar numa loja de sapatos para fazer o seguinte pedido: "Por gentileza, quero um sapato para meu pé esquerdo, um sapato para meu pé direito e gostaria de um par de sapatos". A palavra "par" remete justamente a dois elementos previamente selecionados, e fica ridículo colocar no mesmo nível o par e os elementos que o constituem. Isso é confundir os *tipos lógicos*[32]: um par, por exemplo, não é do mesmo tipo lógico que seus elementos.

É isso que Ryle chama de "erro categorial": fazer um uso errado de uma palavra ou categoria e aplicá-la a um tipo de objeto enquanto deveria ser aplicada a outro. É descrever uma entidade usando um vocabulário apropriado para outra entidade. *Tratar a mente como uma coisa ao lado e no mesmo nível que outra coisa (o corpo) é cometer um erro categorial.* Isso destrói a ideia do interacionismo cartesiano, isto é, que existem relações causais entre a mente e o corpo. Normalmente, quando uma frase da forma A causa B é verdadeira, é porque A e B pertencem à mesma categoria (por exemplo, eventos) ou a categorias compatíveis.

Afirmar que existe um dualismo do punho e da mão aberta seria tão ridículo quanto afirmar que existe um dualismo envolvendo um par de sapatos, de um lado, e os dois sapatos (um para o pé esquerdo e outro para o pé direito), de outro lado, como se o par fosse uma entidade misteriosa,

---

[32] A teoria dos tipos lógicos invocada por Ryle foi concebida por Bertrand Russell, na primeira década do século XX para resolver um paradoxo na teoria dos conjuntos. Segundo Russell, há uma *hierarquia de tipos lógicos* começando pelos indivíduos (tipo 0), as propriedades de indivíduos (tipo 1), como ser branco, ser rápido etc., as propriedades de propriedade de indivíduos (tipo 2) — uma propriedade que caracteriza um conjunto de propriedades, como ser um bom general, ter uma forte personalidade — e assim por diante. A teoria dos tipos lógicos aplica-se a objetos e propriedades, ou a conceitos, ou ainda a predicados. Para evitar paradoxos e fórmulas malformadas, um predicado (ou conceito, ou propriedade) de tipo **n** deve aplicar-se a uma entidade de tipo **n-1**.

separada, com existência independente dos dois sapatos. Num sentido bastante claro, podemos afirmar sem mistério que o punho e a mão aberta são uma coisa só, e não duas coisas distintas. O que muda é a configuração, a posição dos dedos etc. A diferença está na *maneira*; a diferença é, por assim dizer, *adverbial*. Assim, por exemplo, dizer que a ação de uma pessoa foi *intencional* é dizer que ela agiu *voluntariamente, consistentemente, cuidadosamente*. Esses advérbios não designam eventos mentais ocultos anteriores ou simultâneos à ação. Da mesma maneira, a mente não é uma entidade distinta, mas a maneira como a pessoa se *comporta* de acordo com as suas *disposições* e outras tendências. A mente para Ryle não é uma espécie de *teatro interior*, com um espectador olhando passar no palco atos, eventos e estados mentais, assim como pensava Descartes e o escocês David Hume (1711-1776). *A mente de um organismo — animal ou humano — é a organização de suas disposições a se comportar de certa maneira em certas circunstâncias.*

Disposições não são coisas. Uma disposição é algo que tende a se manifestar em circunstâncias apropriadas. Existem disposições na natureza e as ciências da natureza lidam com elas sem problemas. Assim, a prata tem a propriedade disposicional de ser um excelente condutor de eletricidade; da mesma forma, o vidro é quebrável, o açúcar é solúvel e a cicuta é nociva. Dizer sobre um pedaço de açúcar que ele é solúvel não é lhe atribuir uma misteriosa propriedade oculta ou não observável; é dizer, simplesmente, que *se o pedaço de açúcar fosse colocado na água, então iria se dissolver.* Ryle acredita que todas as frases que usamos para descrever ou atribuir estados mentais e que contêm termos que supostamente referem a episódios mentais escondidos, não observáveis, podem ser traduzidas em frases condicionais que não contêm mais esses termos e que descrevem somente eventos observáveis.

Os termos disposicionais psicológicos são muito numerosos: "capacidade" (por exemplo, reconhecer os rostos, ter ouvido absoluto, correr 100 metros em menos de 12 segundos etc.), "habilidade" (saber dirigir carros, fazer solos de guitarra, calcular mentalmente a enésima decimal de π etc.), "conhecimento" (saber que o Pico da Neblina é a montanha mais alta do Brasil, saber que 2 + 2 = 4 etc.), "aptidões" (ser apto a votar, a dirigir etc.), "inclinações" (preferir Bruckner a Mahler, feijoada ao cozido etc.), "competência" (saber falar uma língua, dirigir uma orquestra etc.), "gostos" (gostar de chocolate, de queijo de cabra etc.) e muitos outros termos da mesma família. É da natureza de uma disposição não se manifestar o tempo todo, mas somente em circunstâncias convidativas. Dizer que X é mentiroso não é o mesmo que dizer que ele mente o tempo todo; é dizer que se as circunstâncias são favoráveis, X tentará tirar proveito da situação mentindo. Dizer que X é fumante é o mesmo que dizer que se alguém lhe oferecer um cigarro, X irá aceitar (e não que ele fuma o tempo todo). Dizer de X que ele é claustrófobo é dizer que se X se encontrar em um lugar exíguo, começará a manifestar certos sintomas como aceleração do pulso, sudação, nervosismo etc. Da mesma forma, dizer que X *acredita* que vai chover é o mesmo que dizer o seguinte: se X tem de sair, então irá pegar seu guarda-chuva; e se as janelas estão abertas, então irá fechá-las; e se tiver qualquer coisa preciosa fora de casa, digamos um telefone ou um computador, irá pegar e guardar esses objetos etc. Na "tradução" do behaviorista lógico, o termo "acreditar" desaparece; fica só uma descrição das circunstâncias relevantes e de comportamentos atuais ou possíveis.

Roderick M. Chisholm, responsável pela introdução, na filosofia analítica, da tese de Brentano sobre a intencionalidade do mental, mostrou, nos meados dos anos 1950, que o programa de tradução do behaviorismo lógico enfrentava realmente um problema insolúvel: a redução semântica das frases de crença para frases sobre comportamento pressupõe sempre um desejo, e a redução semântica de frases sobre o desejo para frases sobre comportamento o pressupõe sempre uma crença. Se aceitarmos a seguinte *redução*[33]: "X acredita que vai chover =def. se X tem que sair, então irá pegar seu guarda-chuva; e se as janelas estão abertas, então irá fechá-las; e se tiver qualquer coisa preciosa fora de casa, digamos um telefone ou um computador, irá pegar e guardar esses objetos etc." É que pressupomos o tempo todo que X *não gosta* de chuva! Não gostar de algo é o mesmo que, por exemplo, *desejar não* estar por perto de algo, desejar não provar etc. Se X gosta de chuva, a análise redutiva cai por terra. Para ter sucesso no seu programa de redução da mente ao comportamento, o behaviorista lógico deve providenciar análises que eliminam completamente os termos mentalistas do lado direito do símbolo de definição "=def.". Uma *definição* (ou *análise*, nesse caso), é um enunciado composto de dois elementos: do lado esquerdo do símbolo "=def.", temos o *definiendum* (ou *analysandum*), isto é, o que é para ser definido ou analisado; e do lado direito, temos o *definiens* (ou *analysans*), aquilo que define ou analisa. Numa definição ou análise bem-sucedida, o *definiendum* ou *analysandum* não deve reaparecer, mesmo implicitamente, no *definiens* (ou *analysans*). Como acabamos de ver, a estratégia behaviorista para redefinir conceitos

---

[33]   Reduzir significa descrever e redefinir algo em termos diferentes de outra teoria seguindo princípios rigorosos, e identificar algo, por exemplo, a temperatura de um gás, com outra coisa, como a energia cinética média das moléculas do gás.

mentalistas em termos comportamentais fracassa: ela não permite uma eliminação completa dos termos mentalistas. Portanto, as definições do behaviorista são *circulares* e a circularidade é um defeito grave. Se alguém me pergunta: "O que é uma frase metafórica?", eu poderia responder: "É uma frase não literal". Agora se essa mesma pessoa pergunta: "Mas o que é uma frase não literal?", evidentemente eu não posso responder: "É uma frase metafórica", sem cair na circularidade e no ridículo. Eu não ensinei nada!

Alguns filósofos, como o grande lógico alemão Gottlob Frege, dizem que a verdade não pode ser definida sem circularidade, porque, se tentarmos, teremos de pressupor a verdade da própria definição. Assim, teríamos de pressupor o que está em jogo. O que Chisholm mostrou, de maneira geral, é que *não podemos sair do círculo das noções intencionais*. Noutras palavras, quando tentamos traduzir ou redefinir frases contendo termos referindo a crenças, desejos, intenções etc., encontramos sempre do lado direito do símbolo de definição outra noção intencional, implícita ou explicitamente. A redução, portanto, fracassa e não elimina a referência ao mental. Além do mais, na visão behaviorista, a ação humana parece ser tratada como uma simples reação, como a ativação de uma disposição cuja causa estaria sempre fora do agente. Se nossas intenções são reduzidas a comportamentos, não podemos mais explicar, sem circularidade, o comportamento invocando as intenções de agir, pois o behaviorista não admite estados internos como causa do comportamento.

O Conceito de Mente é certamente um dos livros de filosofia mais importantes do século XX. É uma obra forte, instigante, muito bem escrita, que abriu o caminho para a constituição da Filosofia da Mente como disciplina institucionalmente reconhecida. Sobretudo, nesse livro, Ryle mostrou que havia uma saída para os impasses do dualismo cartesiano e que uma concepção da mente cientificamente aceitável era possível.

Unidade 2.3
O Materialismo ou a Tese da Identidade Mente-Cérebro

No final da década de 1950, os problemas do behaviorismo levaram um grupo de filósofos a dar um novo sentido à ideia de "caixa-preta". Esses filósofos favoreciam uma concepção científica do mundo e eram, pelo menos inicialmente e na maioria, australianos. Dessa vez, a caixa-preta é o crânio, e seu conteúdo é a atividade eletroquímica do cérebro, as configurações neurais. A mente, agora, reduz-se àquilo que acontece na cabeça, literalmente. A mente é o cérebro ou sistema nervoso central. Os estados, atos e eventos mentais *são* processos e estados neurais.

Essa *teoria materialista da identidade mente-c*érebro, como é chamada, representou uma verdadeira revolução na Filosofia da Mente. No entanto, até para o senso comum, ela não se apresenta como uma grande surpresa, pois sabemos que uma forte pancada pode afetar diretamente certas funções cognitivas (como a memória), que o uso de drogas ou o álcool afeta também nosso desempenho cognitivo. Somos muito menos confiáveis depois de sete vodca martinis! A embriaguez diminui a acuidade de nossa percepção, nossa capacidade de raciocinar, nossa memória, sem falar do equilíbrio e da coordenação motora! As evidências nesse sentido são inegáveis e extremamente numerosas. Portanto, a ideia de que o cérebro tem tudo a ver com a mente não deveria causar espanto, mesmo entre as pessoas que acreditam na imortalidade da alma. A tese materialista da identidade reaparece constantemente nos debates das últimas décadas e ganhou força com os avanços das neurociências. Porém, poucos anos depois de suas primeiras formulações por Ullin T. Place, Herbert Feigl, J. J. C. Smart e David M. Armstrong, ela foi criticada e abandonada temporariamente pela maioria dos filósofos da mente. Veremos em breve o porquê.

Figura 9 – John Jamieson Carswell Smart (1920-2012), conhecido como Jack Smart ou J. J. C. Smart, foi um precursor da famosa teoria da identidade Mente-Cérebro
Fonte: domínio público

A tese da identidade Mente-Cérebro afirma que, *para entender a mente e seu funcionamento, devemos considerar o que está literalmente "dentro da cabeça"*. O que é relatado por um sujeito que afirma sentir uma dor aguda no joelho? A tese de J. J. C. Smart é simples: o que o sujeito em questão relata é um evento mental desagradável *idêntico a* um evento neural. Não temos duas coisas, portanto, mas uma só. Como todos nós, o sujeito entende muito bem de dor e provavelmente nada de neurofisiologia. Não importa, a dor sofrida é a inervação de certas fibras nervosas do tipo C. Não precisamos saber o que acontece em nossa cabeça quando sofremos ou sentimos dor, pois isso não importa quanto à natureza do que é relatado ou quando expressamos nossa dor com gritos, caretas e palavrões. Qualquer indivíduo desde a mais alta antiguidade e cada um de nós desde o nascimento sabe muito bem o que é dor. Nem por isso sabemos como ela é produzida no cérebro. O mesmo vale para os torturadores cuja perícia, desde a Antiguidade, nunca dependeu de aulas de neurociências. Da mesma maneira, muita gente não sabe que a fórmula química da água é $H2O$ ou que a temperatura de um gás é a energia cinética média das moléculas que o compõem. Os gregos na Antiguidade, que representavam Zeus segurando raios na sua mão, sabiam muito bem o que é um relâmpago, mas não conheciam sua verdadeira natureza. Um relâmpago é uma descarga elétrica na atmosfera. Outras identidades científicas bem conhecidas podem ser mencionadas aqui: a luz é radiação eletromagnética, genes são sequências de moléculas de ADN, Aids é infecção pelo vírus HIV etc. A inspiração dos materialistas da teoria da identidade Mente-Cérebro vem justamente dessas identificações bem-sucedidas que a ciência produziu no decorrer de sua história.

É possível conhecer *a priori*, isto é, independentemente da experiência, a verdade de uma infinidade de identidades. Na matemática, por exemplo, sabemos que $7 + 5 = 12$ sem precisar fazer nenhuma observação empírica. Podemos provar e determinar o valor de verdade (se é o verdadeiro ou o falso) de uma equação sem precisar observar nada no mundo ou montar uma experiência em um laboratório. Uma caneta e um pedaço de papel bastam para construir uma prova. Porém muitas das verdades mais importantes para nós são conhecidas somente *a posteriori*, com base na experiência, na observação. Elas são *contingentes* (nem necessárias, nem impossíveis), como a verdade da frase "está chovendo". Para saber se está chovendo ou não, é preciso olhar pela janela ou esticar o braço fora dela e apelar para a experiência. As identidades científicas que mencionamos até agora, como água = $H2O$, luz = radiação eletromagnética etc., foram descobertas empíricas importantes da ciência; elas foram, portanto, conhecidas *a posteriori* e são consideradas, por isso, contingentes. E por serem contingentes, é possível pelo menos estipular, conceber ou imaginar uma situação ou mundo possível tal que essas identidades poderiam não ser verdadeiras. A ideia de Jack Smart, Herbert Feigl e outros materialistas é que o mesmo vale para identidades envolvendo eventos mentais como dor = inervação de fibras nervosas do tipo C, sensação de bem-estar = aumento da dopamina entre as conexões sinápticas e outras identidades semelhantes para os demais eventos e estados mentais. Sabemos ainda pouco sobre a neurofisiologia de muitos de nossos eventos e estados mentais, mas esse caminho sugerido pela teoria da identidade parece pelo menos promissor.

Mas o que significa aqui "identidade"? A noção de identidade é uma das mais fundamentais em lógica desde a Antiguidade. Ela é regida por um princípio, às vezes chamado de Lei de Leibniz ou Lei da Indiscernibilidade dos Idênticos, que diz o seguinte: *para qualquer x e qualquer y, se x e y são idênticos, então para qualquer propriedade P, x tem P se e somente se y tem P*.[34] Noutros termos, para mostrar que x não é idêntico a y (x ≠ y), basta encontrar uma propriedade de x que não seja uma propriedade de y ou *vice-versa*. Como veremos, essa será uma das armas dos inimigos da teoria da identidade. Outra consideração importante é que a teoria da identidade Mente-Cérebro vem em duas versões: a versão "tipo-tipo" e a versão "ocorrência-ocorrência" (em inglês: "*type-type*" e "*token-token*"). Algumas explicações preliminares são aqui necessárias.

Muitas coisas são suscetíveis de repetições ou reproduções: palavras, frases, livros, carros, ações, partituras, sinfonias etc. Vamos considerar a palavra "moça" no quadro cinza.

M o ç a M o ç a Moça	Há quantas palavras no quadrado azul, à esquerda? Uma ou três?

Quantas vezes ela aparece? Quem insiste em responder que lá têm três palavras está pensando em ocorrências ou exemplares, inscrições concretas ocupando certo espaço. Esses exemplares (ou *tokens*) podem ser apagados, são realizações concretas de um modelo. Quem insiste em responder que no quadro há uma só palavra está pensando justamente no modelo ou padrão *abstrato*, no tipo (*type*) ou na *propriedade* que todos os exemplares devem ter em comum para serem exemplares do *mesmo* tipo e para serem reconhecidos como tal. Podemos referir de maneira geral à nona sinfonia de Beethoven sem pensar em uma apresentação particular, executada por uma orquestra sob a direção de um determinado regente,

---

[34] Em símbolos da lógica dos predicados com identidade:

numa data e numa sala de concerto determinadas. O oposto é igualmente possível: podemos referir à interpretação singular da nona sinfonia sob a direção de Arturo Toscanini com a orquestra da NBC, em Nova Iorque, no dia 3 de abril de 1948.

Uma propriedade é comumente associada a um predicado, como "x é vermelho". A propriedade de ser vermelho pode ser instanciada pelo tapete, pela cortina, pela bandeira da China etc. Quando falamos de um tipo ou propriedade mental (como acreditar que vai chover, sentir dor no joelho, ter uma sensação de bem-estar, se lembrar de sua mãe etc.), falamos de propriedades (ou, nesse caso, de estados mentais de caráter abstrato) que podem ser exemplificadas por vários indivíduos ao mesmo tempo ou pelo mesmo indivíduo em diversos momentos. Se eu acredito que a Seleção brasileira vai ganhar a próxima Copa do Mundo e se meu vizinho acredita que a Seleção brasileira vai ganhar a próxima Copa do Mundo, então exemplificamos (ou instanciamos) a mesma propriedade ou tipo mental. No entanto, minha instanciação dessa propriedade é distinta da instanciação de meu vizinho, e cada um tem sua crença ocorrente (*token*) como evento mental particular. Da mesma maneira, o cérebro (ou sistema nervoso central) de vários indivíduos pode exemplificar a mesma propriedade ou tipo neural (por exemplo, ter fibras nervosas C excitadas ou ter uma assembleia de neurônios produzindo dopamina pelas fendas sinápticas etc.), ou o mesmo indivíduo exemplificar a mesma propriedade neural a diferentes momentos.

O que a teoria da identidade Mente-Cérebro de J. J. C. Smart afirma é o seguinte: *um tipo mental (type) ou propriedade mental (sentir dor ou bem-estar etc.) é idêntico a um tipo neural ou propriedade do cérebro (ter tal grupo de neurônios disparando, produzir tal neurotransmissor etc.).*

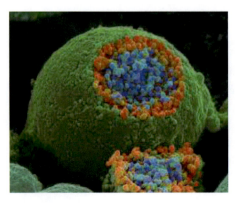

Figura 10 Neurônio e bolsas de neurotransmissores
Nota: este é um neurônio aumentado milhares de vezes que sofreu um corte deixando aparecer as pequenas bolsas (azuis e verdes) contendo neurotransmissores. Nosso cérebro contém por volta de 100 bilhões de neurônios de vários tipos (piramidais, estrelados, neurônios espelho etc.) e uma longa lista de substâncias químicas (neurotransmissores). Estamos só começando a descobrir a assombrosa complexidade do cérebro.
Fonte: domínio público

A outra versão da teoria da identidade, que identifica a ocorrência de evento mental particular à ocorrência de um evento neural particular (chamada em inglês de *token-physicalism*), é uma teoria muito mais fraca. Enquanto a primeira versão tipo-tipo de J. J. C. Smart tentava estabelecer relações sistemáticas entre tipos ou propriedades mentais e tipos ou propriedades neurais com a intenção de *reduzir* o mental ao físico, a versão "ocorrência-ocorrência", simplesmente, limita-se a afirmar a identidade entre um evento mental particular e um evento neuronal particular. Um evento mental particular poderia ser idêntico a um evento neuronal qualquer. Não há aqui uma tentativa de reduzir as propriedades mentais às propriedades físicas. O grande filósofo estadunidense Donald Davidson adotou essa versão da teoria da identidade.

Uma das vantagens da teoria da identidade é que ela oferece uma solução simples e direta ao problema da causação mental: se minha intenção de levantar o braço é identicamente um estado neural, este sendo parte da ordem causal do mundo, ela pode, por sua vez, interagir causalmente com outros estados ou eventos dentro do corpo e assim causar o movimento do braço. Não há mais nenhum mistério aqui. Já vimos que o dualismo cartesiano torna a causação mental totalmente incompreensível, pois a mente para Descartes é imaterial e não é parte da ordem causal do mundo. O epifenomenalismo concebe o mental como causalmente inerte. O behaviorismo não pode invocar nenhuma causa interna ou princípio mental interno ao organismo. Portanto, a teoria da identidade representa nesse quesito um avanço muito importante.

Como já mencionei, a primeira onda da teoria da identidade demorou pouco, só os últimos anos da década de 1950. Uma primeira crítica formulada por Hilary Putnam no início dos anos 60 e conhecida como o *argumento da realizabilidade múltipla* foi devastador. Se a teoria da identidade tipo-tipo de Smart, Armstrong e Feigl estiver correta, organismos com uma biologia diferente da nossa, como moluscos ou répteis, não poderiam sentir dores! Se o tipo dor é idêntico ao tipo neural inervação de fibras nervosas C, essa identidade só pode valer para *um cérebro pertencendo à espécie homo sapiens*, pois um molusco ou um réptil não pode exemplificar o mesmo tipo neural. Portanto, eles não podem sentir dor! Nossa biologia é baseada no carbono, mas podemos imaginar extraterrestres com uma biologia à base de silício. Eles também não poderiam exemplificar o tipo neural inervação das fibras C de um cérebro humano.

Assim, a tese de Smart e dos materialistas equivale a uma forma de *chauvinismo biológico*. Não podemos definir os tipos mentais somente relativos à biologia de nossa espécie. Essa crítica será muito importante para o nascimento do programa funcionalista em Filosofia da Mente, como veremos mais na frente.

Outra linha de ataque contra a teoria da identidade consiste em aplicar a Lei de Leibniz e encontrar propriedades de um tipo de estado mental que não podem ser propriedades de um tipo neural. Para identificar nossas dores, usamos termos que expressam propriedades ditas *fenomenais*, as características qualitativas de nossas experiências subjetivas que encontramos anteriormente. Assim, por exemplo, um estado mental do tipo dor pode ser agudo ou intenso, mas parece absurdo dizer que o tipo neural correspondente também é agudo ou intenso. Um tipo de estado mental é uma propriedade instanciada por organismos providos de mentalidade, e essa propriedade pode, por sua vez, ser mais ou menos específica. O tipo dor é muito geral; já o tipo dor agudo é mais específico, e mais ainda uma dor aguda e lancinante. Parece absurdo defender que existem tipos ou propriedades neurais com as características de ser agudas e lancinantes. Portanto, aplicando a Lei de Leibniz, parece que a teoria da identidade tipo-tipo não consegue, afinal, reduzir o mental ao físico como prometido. Tipos neurais não possuem propriedades mentais fenomenais e subjetivas, como ser agudo, cortante, pulsante, penoso, angustiante etc. No entanto essa crítica não se aplica no caso da teoria da identidade ocorrência-ocorrência. Nessa última versão, um evento mental concreto é identificado com um evento neural concreto e este, simplesmente, possui características mentais irredutíveis. Um evento descrito como uma dor aguda e pulsante seria, na ocasião, idêntico a um evento neural. O mesmo evento, simplesmente, tem propriedades mentais e físicas. Afinal, a identidade é uma relação simétrica: se a = b, então b = a. Nesse caso, devemos admitir que, se o mental é físico, também parte do que é físico é mental. Assim, o mesmo evento concreto (*token*) pode ter propriedades físicas e propriedades mentais irredutíveis, como o mesmo evento, digamos um terremoto, pode ser descrito como uma enorme tragédia humanitária ou como o encontro de duas placas tectônicas. As duas descrições se aplicam ao mesmo evento, mas não há tentativa de reduzir ou redefinir "tragédia" em termos geológicos.

Outra crítica formulada por Saul Kripke no início da década de 1970 consiste em colocar em dúvida o caráter *contingente* das identidades científicas envolvendo propriedades ou eventos mentais de um lado, e propriedades ou eventos neuronais, do outro. A tese de Smart, Feigl e Armstrong é que a frase "Dor = excitação de fibras nervosas C" é verdadeira *de fato*, mas poderia ter sido falsa. Para entender a objeção de Kripke, precisamos introduzir a noção de *designador rígido*. Um designador rígido é uma expressão que nomeia o mesmo indivíduo em todas as situações possíveis. Nomes próprios, de modo geral, são designadores rígidos. Assim, "Dilma Rousseff" designa a mesma pessoa não importa a situação ou o curso da história. "Dilma Rousseff" sempre designa Dilma Rousseff. Assim, na frase: "Dilma Rousseff poderia ter sido governadora de Minas Gerais", algo que nunca aconteceu, o nome "Dilma Rousseff" refere a mesma pessoa. Mas a descrição "a única mulher presidenta na história do Brasil até 2016" não é um designador rígido, porque o curso da história poderia ter sido diferente e a presidenta 2016 poderia ter sido outra mulher, digamos Marina Silva ou Marta Suplicy. Podemos facilmente imaginar situações em que a frase "Dilma Rousseff é a única mulher presidenta na história do Brasil até 2016" seja falsa (ela poderia ter perdido as eleições em 2010 e 2014), mas em nenhuma situação possível, "Dilma Rousseff é Dilma Rousseff" é falsa. Uma frase verdadeira em todas as situações possíveis (ou "mundos possíveis", como dizem os lógicos) é necessariamente verdadeira. Designadores não rígidos são expressões que podem designar diferentes coisas em diferentes situações ou mundos possíveis. A tese de Kripke é que toda frase da forma a = b, quando verdadeira, é necessariamente verdadeira se "a" e "b" são designadores rígidos.

Agora a questão é: "dor" e "excitação de fibras nervosas C" são designadores rígidos? Se a resposta for "sim", então a identidade entre dor e excitação de fibras nervosas C seria necessária, e não contingente. A expressão "excitação de fibras nervosas C" poderia designar algo diferente num mundo possível diferente do mundo atual? Podemos imaginar um mundo no qual nenhum evento do tipo excitação de fibras nervosas C acontece, mas não um mundo no qual a expressão em questão designa algo diferente. O mesmo parece valer para "dor". Se o caráter penoso e desagradável da dor constitui um traço que a define essencialmente, parece implausível que "dor" possa designar algo que não seja desagradável ou penoso em qualquer situação ou mundo possível. Se *dor* e *excitação de fibras nervosas C* têm essências distintas que não são essências do mesmo objeto, como poderia ter identidade? Smart e Armstrong tentaram recorrer à estratégia de usar uma linguagem *neutra* usando descrições não rígidas do tipo: (Smart) "Algo está acontecendo em Ernesto que é como acontece quando um alfinete é enfiado no seu polegar e ele fica segurando seu polegar, gemendo" ou (Armstrong) "Ernesto está em um estado interno que pode ser causado quando um alfinete é enfiado no seu polegar sendo assim suscetível de causar o comportamento de segurar o polegar gemendo". Nesse caso, podemos conceber que várias coisas possam satisfazer o papel causal da dor em diferentes mundos possíveis. É difícil estabelecer um veredito concludente sobre o valor dessa estratégia de recorrer a descrições neutras (*topic-neutral*) que não implicam que os estados internos sejam materiais ou mentais. Se ela não der certo, um partidário da teoria da identidade tipo-tipo poderia aceitar, afinal, que as identidades em questão são necessárias? Nesse caso, tal partidário deveria dizer que a identidade (dor = excitação de fibras nervosas C) vale em todas as situações possíveis. Mas isso parece contraintuitivo. Podemos imaginar ou conceber que não seja assim. Descartes, lembramos, acreditava que era plausível ou concebível que ele mesmo fosse um ser puramente mental (uma substância que só pensa) independente de qualquer corpo. Tal possibilidade pode parecer chocante para cientistas hoje em dia, mas, metafisicamente, ela não pode ser eliminada sem argumento. No entanto, estudos recentes tendem a mostrar que o que é imaginável ou concebível nem sempre é possível. Portanto, o que podemos imaginar ou conceber não é um guia muito confiável em metafísica ou Filosofia da Mente.

Unidade 2.4
Os funcionalismos: a mente como máquina de Turing ou como estrutura causal

O argumento da realizabilidade múltipla conduz a conclusão seguinte: *quanto* à *natureza dos estados mentais, se é razoável pensar que seres com uma constituição física ou uma biologia diferente da nossa podem sentir dor, então, o que importa, afinal, não é em que tipo de matéria os estados mentais são realizados fisicamente, mas o que eles fazem.* O que importa é a *função*. Assim nasceu o Funcionalismo na década de 1960, que representou na história recente da Filosofia da Mente, a mais importante corrente, contando com a liderança de Jerry Fodor, Daniel Dennett, David Lewis e muitos outros. A identidade de um estado mental não depende do tipo de material (se é biológico, à base de carbono e proteínas, ou à base de silício, ou qualquer outra matéria orgânica, ou se é uma estrutura de circuitos eletrônicos, como a dos computadores atuais, ou ainda uma estrutura mecânica, como a das antigas calculadoras). A identidade dos estados mentais depende i) de relações causais entre as experiências sensoriais (a entrada – *input*), ii) de relações causais entre estados internos do organismo e iii) o comportamento causado (a saída – *output*).

Uma das teses mais importantes do funcionalismo é que a mente pode ser descrita em três níveis distintos: 1) o nível da psicologia popular, que denomina e atribui estados mentais, como crenças, desejos, intenções, dor, lembrança etc.; 2) o nível computacional, que corresponde aos "programas", que explica a sucessão dos estados mentais e descreve a organização funcional dos processos mentais; e 3) o nível da neurobiologia. Dessa forma, como veremos mais na frente, o funcionalismo preserva a *autonomia* da psicologia como *ciência especial*.

O funcionalismo se apresenta em duas versões. A primeira é baseada em uma *metáfora proporcional*: a mente está para o cérebro como os programas (*softwares*) estão para a máquina, isto é, computador ou processador (*hardware*).

$$\frac{\text{MENTE}}{\text{CÉREBRO}} = \frac{\text{PROGRAMAS}}{\text{COMPUTADOR}}$$

Figura 11 – Hilary Putnam (1926-2016), filósofo estadunidense cujas ideias estão na origem do funcionalismo e de outras concepções interessantes em Filosofia da Mente e da linguagem, como o externismo. O argumento da realizabilidade múltipla é dele
Fonte: domínio público

Iremos em breve apresentar a noção de *máquina de Turing* e mostrar como podemos chegar à conclusão de que possuir uma mente é análogo a processar um programa de computador apropriado. É aqui que a inteligência artificial (IA) entra no debate sobre a mente. Seguindo a definição de Marvin Minsky do Massachusetts Institute of Technology (o famoso M.I.T.), a IA é a disciplina que tem como objetivo construir máquinas para executar tarefas que, de outro modo, iriam requerer a inteligência humana.

O matemático britânico Alan Turing está na origem desse movimento. Existem dois principais modelos na IA: o modelo computacional clássico de manipulação de símbolos e o modelo conexionista, que imita as redes neurais do cérebro humano. O primeiro é que está associado ao funcionalismo e que nos interessa agora. O segundo é associado ao materialismo eliminista, como veremos em breve. O interesse da IA para o debate é óbvio: não podemos realizar certos experimentos, por razões éticas, em seres humanos, como a de manipular seus cérebros, mas o cérebro humano pode ser visto como um tipo de máquina biológica, fruto da evolução, e podemos construir, à vontade, máquinas que simulam, cada vez melhor, as operações da mente humana e o comportamento inteligente.

A outra versão, mais geral, do funcionalismo apresenta a mente como uma arquitetura ou estrutura causal especificada, de maneira a evitar um problema grave afetando o funcionalismo: o problema da circularidade. Se os estados mentais são definidos por suas relações com as experiências sensoriais, o comportamento, e com *outros estados mentais*, não parece possível definir o que é um estado mental sem apelar para outros estados mentais e assim pressupor na definição o que está para ser definido. A ideia básica do funcionalista é que um estado mental é *o ocupante de um papel causal* que pode ser representado, como veremos, por um lugar determinado em um fluxograma. Agora, imagine que você quer explicar a um leigo o que é um estado mental. De que adianta responder que um estado mental é algo que mantém relações causais com outros estados mentais? De que adianta dizer que a natureza de um estado mental consiste em relacionar-se com outros estados mentais?

Vimos que um problema similar (a circularidade) afeta também o programa do behaviorismo filosófico. David Lewis mostrou como evitar esse problema, usando um método criado pelo filósofo inglês que morreu com somente 26 anos de idade, Frank P. Ramsey. Antes disso, vamos ver como o funcionalista identifica os estados mentais.

Vimos que definir a dor em termos de inervação das fibras nervosas de tipo C, como faz o materialista da teoria da identidade, conduz a uma espécie de chauvinismo biológico: só criaturas com uma biologia igual à nossa poderiam sentir dor. Répteis, moluscos ou extraterrestres (se existir) não poderiam sentir o que chamamos "**dor**". O behaviorista identifica a dor com o comportamento de dor e as disposições a adotar esse comportamento em certas circunstâncias (quando sofremos uma ferida: queimadura, picada, corte etc.). O que o funcionalismo oferece em primeiro lugar é uma maneira diferente de identificar e definir os tipos mentais (crença, dor, desejo, lembrança etc.). Como o materialista e o behaviorista, o funcionalista estima que o cérebro tem uma importância decisiva na geração do comportamento inteligente; e como o behaviorista, ele também fala de entrada e saída, *input* e *output*, ou estímulos e respostas. Para o funcionalista, um conceito mentalista é algo que corresponde a um *intermediário causal* entre a excitação dos órgãos sensoriais (entrada) e o comportamento público (saída). Um termo mentalista representa um *papel causal* na geração do comportamento. Um exemplo aqui vai ajudar. Um estado mental é um "intermediário causal" no seguinte sentido: meu olhar cruza no céu com cúmulos-nimbos, e isso causa a experiência visual correspondente; essa experiência causa a crença de que vai chover, que causa a lembrança de que as janelas estão abertas, que causa, por sua vez, o desejo de fechar as janelas, que causa a intenção de fechá-las, que finalmente causa o comportamento apropriado (fechar as janelas). A crença de que vai chover é esse estado interno causado pela percepção e que interage causalmente com outros estados internos para produzir o comportamento apropriado. Portanto, as propriedades que importam para a identificação dos estados mentais são as propriedades *funcionais* e não as propriedades físicas ou químicas.

Esses estados internos do organismo podem ser vistos como disposições que contribuem causalmente para a geração do comportamento. A diferença entre o behaviorista e o funcionalista quanto às disposições reside na atitude realista do funcionalista. O behaviorista (é o caso de Ryle) não acredita que as disposições tenham uma existência independente e que elas possam causar realmente o comportamento inteligente. Não tratar as disposições como algo real equivale a adotar uma atitude teórica *instrumentalista*[35]. Postular e invocar disposições serve para prever e explicar o comportamento; elas são instrumentos ou ficções úteis, por assim dizer, e nada além disso. O funcionalista não pensa assim; ele não tenta reduzir os estados mentais internos a comportamentos, traduzindo, como o behaviorista, os enunciados com termos mentalistas em enunciados condicionais que referem a eventos observáveis. Para o funcionalista, os estados disposicionais e internos são reais, não precisam ser reduzidos, e os termos que referem a esses estados nem precisam ser traduzidos. As disposições (estados como crenças, desejos, intenções, inclinações, gostos etc.) causam o comportamento. O funcionalista tem uma atitude *realista*[36] em relação às disposições.

---

[35] O instrumentalismo é a tese de que as teorias científicas são bons instrumentos para fazer predições; elas não precisam ser caracterizadas como verdadeiras ou falsas.

[36] Ao contrário do instrumentalista, o realista acredita que as teorias são *grosso modo* verdadeiras, e os termos teóricos que elas usam não são fictícios, eles referem a algo que existe independentemente de nós.

Figura 12 – Alan Mathison Turing (1912-1954), matemático inglês, criador das "máquinas de Turing", a base da informática contemporânea
Fonte: domínio público

Como a primeira versão de funcionalismo aqui examinada, afirma que *somos criaturas providas de mentalidade porque somos máquinas de Turing*, faz-se necessário examinar o próprio conceito de máquina de Turing. Uma máquina de Turing é um dispositivo abstrato e elaborado matematicamente (mas suscetível de ser implementado em vários tipos de máquinas concretas como computadores), constituído basicamente por dois elementos: 1) uma fita dividida em quadrados e ilimitada à esquerda e à direita e 2) um cabeçote que lê, apaga ou imprime símbolos na fita, podendo se deslocar de um quadrado ou mais nas duas direções (direta e esquerda), de acordo com um conjunto pré-estabelecido de instruções.

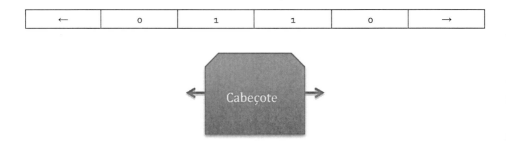

Dois símbolos bastam: "0" e "1". Um simples dispositivo como esse pode executar qualquer operação aritmética. Por exemplo, somar 2 + 2 se faz da seguinte maneira:

0	1	1	+	1	1	0	0

A máquina executará as seguintes instruções:

1. mova até encontrar o símbolo "+" (poderíamos usar um "0" no lugar de "+");

2. depois, apague "+" e coloque "1" no lugar;

3. depois, vá pela direita até encontrar o último "1", apague-o e coloque "0" no lugar;

4. depois disso, pare.

O resultado será:

0	1	1	1	1	0	0	0

Ou seja, encontramos na fita uma série de quatro "1" consecutivos, a soma de 2 e 2. A máquina pode somar, subtrair, multiplicar, dividir etc. É importante lembrar desde já que seres humanos também executam essas mesmas operações, como computadores e calculadoras de todo o tipo.

Uma máquina de Turing pode ser identificada a um conjunto de instruções, também chamado de *tabela de instruções* (ou tabela de ação, ou ainda tabela de transição). As instruções de 1) a 4) são um exemplo disso. Duas máquinas de Turing são idênticas se e somente se suas tabelas de instruções são as mesmas. É importante, portanto, não pensar numa máquina de Turing como algo concreto, e sim como algo abstrato que saiu da imaginação de um matemático, mas que pode ser realizado fisicamente de várias maneiras.

Nosso cérebro recebe informações das mais diversificadas pelos órgãos sensoriais (sensações visuais, táteis, auditivas, propriocepções etc.), mas tudo é "traduzido", por assim dizer, em impulsos nervosos, sinapses, neurônios que disparam ou não disparam. *Tudo se reduz a isso na verdade: neurônios disparam ou não disparam, 1 ou 0.* Não há símbolos no cérebro comparáveis aos "0s" e "1s" da fita da máquina de Turing, mas nossos neurônios apresentam algo equivalente e se comportam de maneira que pode ser descrita em termos "computacionais". Nessa atividade eletroquímica, os vários estados neurais pelos quais passa o cérebro determinam o comportamento que o organismo irá adotar. Também, o que a máquina de Turing "lê" num quadro da fita infinita pode ser comparado a um estímulo sensorial, ao *input*; o resultado da operação processada é comparável a uma ação ou atividade realizada (comportamento). Finalmente, as instruções da tabela determinam os estados internos da máquina. O que faz de um estado mental o estado que é, para o funcionalista, é seu papel causal relativo ao *input* (ativação de algum órgão sensorial), ao *output* (o comportamento) e aos outros estados mentais. Da mesma maneira, o que torna um estado físico (do cérebro ou de um dispositivo eletrônico) uma realização física de uma determinada máquina de Turing são as relações causais que esse estado físico mantém com o *input* do sistema físico, com o seu *output*, e com os outros estados internos do sistema. Seja S um sistema físico (um computador ou um organismo vivo). Vamos supor que dispomos de um vocabulário adequado para descrever a entrada e a saída do sistema. Diremos que *M* é uma descrição-máquina de S se e somente se S *realiza fisicamente M* relativamente a suas entradas e saídas. Podemos encontrar, no cérebro, por exemplo, uma sequência de eventos neuronais que servem de intermediários causais entre a entrada e a saída. Quando existe uma descrição-máquina correta ou adequada de um sistema físico, dizemos que a máquina *tem uma realização física*. É nesse sentido que os funcionalistas olham para as máquinas de Turing como modelos da mente. Ser um organismo provido de mentalidade ou ter uma psicologia (ter vários estados mentais de diferentes tipos) é o mesmo que ser a realização física de máquinas de Turing. Mais uma vez, *o que importa são as propriedades funcionais ou computacionais, não as propriedades físicas do material biológico ou físico que realiza ou "operacionaliza" fisicamente a máquina.* Noutras palavras, nosso cérebro é nossa mente, não porque ele é feito de tal e tal material orgânico, mas porque ele é um computador. São com essas ideias que nasceu o "modelo computacional da mente". A mente é uma espécie de dispositivo de manipulação de símbolos, e nesse dispositivo, os tipos de estados mentais são identificados com os estados de uma máquina.

Figura 12 – Jerry Alan Fodor (1935-2017) é uma das figuras mais dominantes da Filosofia da Mente e das ciências cognitivas
Fonte: domínio público

Jerry Fodor defende uma versão do funcionalismo conhecida como Teoria Representacional da Mente, a qual é baseada na famosa hipótese do "mentalês", da Linguagem do Pensamento (*the Language of Thought Hypothesis*). Se a mente é um dispositivo que manipula símbolos, então só o cérebro pode disponibilizar e registar de alguma forma esses símbolos.

É claro que não adianta procurar no cérebro símbolos comparáveis àqueles que colocamos no papel com uma caneta ou na tela do computador. No cérebro, eles têm outra forma: atividade elétrica ou química, conexões neurais, ativações de redes de neurônios etc. Como esses "símbolos" têm uma forma física e são partes da rede causal do mundo, a hipótese do mentalês permite uma explicação simples e direta da causação mental. Fodor também defende a *teoria modular da mente*; com efeito, podemos imaginar que nossa mente é constituída de vários "módulos" independentes cada um dos outros, um para a percepção, outro para o reconhecimento dos rostos, outro para o juízo e as crenças e assim por diante. Vamos considerar agora os módulos para as crenças e para os desejos. É uma convicção de senso comum que nossas crenças e nossos desejos causam o comportamento. Crenças e desejos são atitudes proposicionais, estados mentais com conteúdos conceituais ou proposicionais. Esses conteúdos, segundo a hipótese de Fodor, são frases do mentalês, constituídos de símbolos que têm uma forma particular no cérebro e que podem iniciar processos motores específicos, resultando em comportamentos e ações inteligentes. Aqui, a solução ao problema da causação mental é muito parecida como a da teoria materialista da identidade.

O que importa para o funcionalista são as propriedades funcionais. Um coração artificial feito de titânio e plástico pode substituir por um bom tempo um coração feito de tecidos orgânicos; o que importa, afinal, é a *função própria*, isto é, bombear o sangue nas artérias. Os artefatos também são definidos pela sua função própria: uma cadeira pode ser feita de madeira, de plástico, de metal ou qualquer outro material, o que importa é que possa servir para sentar com relativo conforto. Posso usar, por um tempo, uma cama como cadeira, mas a função própria da cama não é essa. Na identificação dos estados mentais, é a função própria que importa. Como elas podem ser realizadas de diversas maneiras em diversos tipos de materiais, as propriedades funcionais não são suscetíveis de uma redução, de uma identificação a algo de natureza física, química ou biológica. Consequentemente, a psicologia e as outras "ciências especiais" são autônomas. A validade da psicologia como ciência não depende de uma possível redução à física, que seria uma ciência mais bem fundamentada, mais "sólida". Na visão reducionista combatida por

Fodor, todas as demais ciências deveriam ser reduzidas à física; a redução à física seria a prova de que uma ciência especial (como a psicologia) é uma ciência séria, confiável. Fodor defende a distinção entre a leis fundamentais, que se encontram só na física, e as leis *ceteris paribus*[37] das ciências especiais. As leis da física, muitas delas, são leis fundamentais, matematizadas, que se aplicam incondicionalmente e de maneira irrestrita em qualquer parte do universo e em qualquer momento do tempo; enquanto as leis das outras ciências aplicam-se sempre pressupondo certas condições, são leis *ceteris paribus*. Podemos tomar como exemplo a lei da gravitação universal de Newton como lei fundamental que se aplica em qualquer lugar e a qualquer momento. Um exemplo de lei *ceteris paribus* seria a seguinte: todo organismo sofrendo um ferimento procura imediatamente fugir de sua causa e controlar a dor.[38] Mas essa lei vale só se o organismo, por exemplo, não foi anestesiado. Assim, a ecologia, a biologia, e a psicologia, por exemplo, têm suas próprias leis com domínio e condições de aplicação restrita (*ceteris paribus*), e essas disciplinas não precisam prestar contas à física. Elas são autônomas e podem se desenvolver independentemente da física. Não existe redução das leis da ecologia ou da psicologia para as leis da física. Na teoria materialista da identidade, tudo o que é mental depende, em última instância, de uma teoria da matéria, portanto, da física. Os funcionalistas adotam, assim, uma postura *não reducionista*: as propriedades funcionais que identificam os estados mentais, bem como as leis da psicologia, não são suscetíveis de uma redução à física ou não podem ser redefinidas em termos físicos.

Um primeiro problema surge quando queremos comparar os estados internos de uma máquina de Turing com os estados mentais de um organismo vivo, como um ser humano. Os estados internos da máquina de Turing num determinado momento são sempre estados *totais*; uma vez descrito em termos de instruções a processar, não há mais nada a acrescentar sobre o estado de uma máquina. O estado mental de um ser humano, normalmente, não é "total" nesse sentido. Nossos estados mentais não funcionam em isolamento; como vimos, para o funcionalista, os estados mentais são definidos pelo papel causal, em particular pelas relações causais com outros estados internos. Para dois sujeitos, X e Y, estar no mesmo estado mental significaria não somente realizar a mesma máquina de Turing, mas também que a psicologia de X (o conjunto dos estados mentais de X no momento T) é igual à psicologia de Y. Mas isso é altamente improvável! Pior: lembrando a crítica do funcionalista à teoria da identidade Mente-Cérebro, usando o argumento da realizabilidade múltipla; parece agora que o funcionalista

---

[37] *Ceteris paribus* significa: o resto permanecendo como está.

[38] A distinção entre as leis fundamentais e as leis *ceteris paribus* foi seriamente contestada por Cartwright (1994).

está caindo no mesmo buraco. Uma lula não poderia sentir dor, a não ser que sua psicologia seja idêntica a nossa! Assim, nunca poderíamos dizer sobre indivíduos que pertencem a outras espécies que eles sentem dor. Parte da resposta a essa crítica, que parece parcialmente correta, consiste em dizer que uma psicologia completa envolve a realização de um grande número de máquinas de Turing, e para ter o direito de afirmar que X e Y estão no mesmo estado mental, basta que haja alguma máquina de Turing que seja a descrição correta do cérebro de X e Y quando a dor aparece na descrição como um dos estados internos da máquina.

Uma máquina de Turing *deve ser dotada de uma complexidade apropriada* para ser a descrição correta da psicologia de uma pessoa. A máquina que descrevemos para adicionar números inteiros era de uma simplicidade infantil. Qual deve ser o grau de complexidade de máquinas de Turing para ser uma descrição correta e completa da psicologia de um indivíduo? Como decidir se um sistema físico (computador ou organismo vivo) tem complexidade suficiente para ser considerado um ser "pensante" capaz de comportamento inteligente? Para responder a essa questão difícil e evitar respostas arbitrárias, o próprio Alan Turing propôs um teste: o famoso *teste de Turing.* A situação do teste é a seguinte: o sujeito da experiência, S, tem um terminal de computador à sua disposição e sabe que, do outro lado da parede, há um terminal ocupado por outra pessoa e um computador programado para enganá-la. A tarefa de S é tentar descobrir qual do humano ou do computador está se comunicando com ele. Se o computador entrar em ação e o sujeito não conseguir descobrir a identidade de seu interlocutor (isto é, se o computador o engana sistematicamente por um bom tempo), então S deveria honestamente reconhecer que a máquina *pensa*, que ela é provida de mentalidade como nós, apesar de não ter metabolismo e capacidade de locomoção e de interação com o ambiente comparável à nossa. Quem joga xadrez hoje em dia provavelmente já testou suas habilidades jogando contra um computador. Jogamos com a máquina exatamente como nós o faríamos com um jogador humano. Jogamos como se a máquina tivesse o desejo de vencer, com a crença de que a posição lhe é favorável, a intenção de forçar o abandono de seu adversário etc. A ideia de Turing é que se um computador pudesse conversar conosco (numa espécie de "*chat*" ou bate papo) durante um bom tempo e nos enganar, então deveríamos reconhecer que ele pensa e tem uma mente, não importa seu grau de complexidade. No entanto, como teste para determinar se um sistema físico (computador ou organismo vivo) é provido de mentalidade, ele é bastante limitado, pois não pode ser aplicado aos animais sem linguagem — e que não deixam de ter uma mente por isso. Além do mais, o teste deixa de lado os aspectos qualitativos das sensações, experiências e percepções, que constituem, como vimos, uma dimensão muito importante da mentalidade. O modelo computacional da mente coloca a manipulação de símbolos no centro de suas preocupações. Quando se trata de dor e outras experiências sensoriais, o funcionalista importa-se somente com as relações causais. Por isso, ele não acomoda facilmente a mente fenomenal (a consciência e os *qualia*). A consciência, no funcionalismo das máquinas, aparece como algo "não essencial" para ter uma mente. Aparentemente, poderíamos ser zumbis! Para os funcionalistas, a consciência parece algo que se acrescenta misteriosamente de fora a operações como perceber, pensar e desejar, e não algo intrínseco e indissociável a qualquer criatura provida de mentalidade.

Figura 13 – O teste de Turing

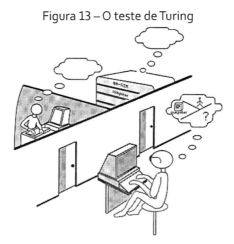

Fonte: domínio público

Um argumento famoso contra o funcionalismo das máquinas é devido ao filósofo estadunidense John Searle (1932-). Ele é conhecido como o argumento do Quarto Chinês. O argumento pressupõe uma distinção importante nas ciências da linguagem: a distinção entre sintaxe e semântica. A sintaxe é a disciplina que trata dos signos fazendo abstração do significado e do seu uso. A semântica trata do significado dos signos, fazendo abstração só do uso. O conteúdo de nossas crenças, intenções e outros estados mentais é como um significado. Esse conteúdo mental tem constituintes que referem, representam coisas do mundo. Nossa mente é impregnada de significados. Apreender os sentidos das expressões, compreender, interpretar, considerar um juízo, uma frase, uma crença como verdadeira: tudo isso tem a ver com a semântica. Mas computadores são máquinas sintáticas, e os programas são conjuntos de instruções para a manipulação de símbolos descritos de maneira puramente formal e sintática, desconsiderando o significado. Searle nos convida a imaginar o seguinte dispositivo. Um quarto é construído de tal maneira que por uma fenda de entrada sequências de ideogramas chineses são colocados em uma ordem precisa; na parede oposta, há outra fenda de saída por onde saem outras sequências de símbolos do chinês. Dentro do quarto, há só uma mulher muito habilidosa, que não sabe chinês, mas que dispõe de um grande livro de instruções sobre como manipular símbolos do chinês, e pilhas de milhares de ideogramas. O livro é um conjunto de instruções sintáticas. Nada é dito sobre o significado dos símbolos. Quando uma sequência de símbolos entra no quarto, ela consulta o livro (escrito em português) que diz exatamente que símbolos pegar nas pilhas e em que sequência os colocar na fenda de saída. Para quem olha o quarto de fora, parece que o dispositivo como um todo compreende chinês ou sabe chinês. Mas isso é uma ilusão. O conhecimento dos significados não está presente e não se faz necessário. A sintaxe não é suficiente para a semântica, mas a semântica é um componente essencial para qualquer concepção adequada da mente. Como vimos, computadores são máquinas sintáticas; eles não têm sua própria semântica. Computadores processam programas que são instruções escritas formalmente; a máquina reconhece séries de "0" e "1", e o que importa é que os símbolos sejam distintos. O significado vem, por assim dizer, de fora, é imposto pelos usuários do computador. Portanto, o modelo computacional da mente não pode ser adequado. Programas não são mentes, como diz Searle, pensando na metáfora proporcional que apresentei no início desta seção.

A resposta do funcionalista a essa objeção é simples: nossa compreensão de frases, por exemplo, pressupõe mecanismos subjacentes responsáveis por nossa compreensão, mas esses mecanismos, eles mesmos, não compreendem. Podemos dizer, portanto, que o quarto chinês compreende frases do chinês, mas os componentes do quarto chinês (por exemplo, a mulher manipulando ideogramas), considerados isoladamente, não compreendem.

Anos depois de apresentar seu argumento do Quarto Chinês, Searle deu um passo à frente e radicalizou seu argumento inicial. Resumidamente: da mesma maneira que a sintaxe não é suficiente para a semântica, a física (ou biologia) não é suficiente para a sintaxe. Coisas como signos e palavras têm um significado porque *nós* as percebemos assim. Ao contrário de propriedades como ter certa massa, certo cumprimento, ou ser feito de ouro — que são propriedades que objetos possuem por si só independentemente de qualquer observador —, ter um significado não é uma propriedade que uma coisa (uma palavra, um signo) tem independentemente dos usuários e observadores. Propriedades que dependem do observador não são *intrínsecas* aos objetos que as possuem. São propriedades extrínsecas. Uma nota de

R$20 é feita de papel e tinta. Ser feita de tal papel e tal tinta são propriedades intrínsecas que a nota tem, mesmo quando esquecida numa gaveta. Mas o poder aquisitivo que ela representa é uma propriedade extrínseca (ela pode variar com o tempo, a inflação etc.) e ela depende das crenças das pessoas e de convenções vigentes entre nós. Em um mundo pós-apocalíptico sem economia organizada, ninguém se importaria com uma nota de R$20. O novo argumento de Searle é que o mesmo vale para a sintaxe. Propriedades sintáticas, como ser um símbolo de certa categoria sintática ou poder ser combinado com outro símbolo numa sequência bem formada, e outras propriedades desse tipo que são importantes para formular as regras de computação também são propriedades que dependem do observador. *Nada na natureza* é intrin*secamente "sintático" ou "computacional"*.

Um computador é um artefato e os artefatos são definidos por propriedades funcionais, por uma função própria. Assim, uma cadeira é um instrumento que tem por função permitir que pessoas possam se sentar com certo conforto; um carburador é um artefato que tem por função misturar ar e gasolina na proporção exata etc. Uma rocha, se tiver a forma apropriada, pode servir de cadeira. O cérebro não é um artefato. Nosso cérebro é produto de uma longa evolução e a evolução é um processo natural e cego.

O programa de pesquisa dos funcionalistas é muito importante e pode ainda contribuir e se revelar produtivo. Mas, como acontece com os outros programas, eles devem lidar com seus problemas, anomalias e objeções.

$$* * *$$

Voltamos agora ao problema da circularidade, já encontrado entre os behavioristas, e que também afeta o funcionalismo. Se um estado mental é identificado pelas relações causais que mantêm com *outros estados mentais*, nunca saímos do círculo das noções intencionais.

Na filosofia da ciência, os termos teóricos são termos que denotam entidades que não são direta ou indiretamente observáveis. As noções intencionais (crenças, desejos, intenções etc.) são um tipo de termos teóricos, pois denotam entidades que não são observáveis (lembramos aqui as objeções do behaviorista que simplesmente rejeita essas noções e desconsidera o conteúdo da caixa preta). David K. Lewis, inspirado no trabalho de Frank Plumpton Ramsey, ofereceu uma estratégia interessante para identificar os estados mentais sem apelar para outras noções intencionais como fazemos na psicologia popular. A estratégia, como veremos, consiste simplesmente em especificar simultaneamente, de uma só vez, os "nós" numa rede causal, sem usar os nomes habituais desses estados na língua comum.

Figura 14 – David Kellog Lewis (1941-2001), filósofo estadunidense, fortemente influenciado pelos materialistas australianos em Filosofia da Mente, foi um dos filósofos analíticos mais influentes da segunda metade do século XX
Fonte: domínio público

Vamos imaginar um detetive que elabora uma teoria com base nas evidências encontradas na cena do crime e em outros lugares. O detetive ainda não sabe a identidade dos assassinos do Sr. Fria, mas sabe que este tinha feito uma viagem a Moscou no mês anterior. Com base nas evidências disponíveis, ele suspeita que eram dois os cúmplices, vinculados à máfia russa, que colaboraram para cometer o crime. Ele resolve chamar de "X" quem puxou o gatilho, fez contato com a vítima e forneceu o dinheiro para executar o plano e de "Y" quem comprou a arma e as munições no mercado negro e forneceu o veículo para se livrar do corpo. À noite, na delegacia, o detetive reconstitui os eventos e apresenta para seus assistentes a seguinte teoria:

> X encontrou Y no dia 7 de janeiro no bar Barnabé & Barbosa onde X deu o dinheiro a Y (confirmado por testemunhas que viram dois homens falando russo dentro do bar). Y comprou no dia seguinte a arma e as munições no apartamento do Sr. Beretta. Depois, Y comprou uma kombi na cidade vizinha que foi vista perto da casa do Sr. Fria no dia do crime. X fez contato com Fria na véspera do crime e marcou um encontro na casa dele sabendo que estaria sozinho naquele horário. Depois, X e Y deixaram o corpo no rio, perto da ponte, onde foram encontradas marcas de pneus idênticas àquelas encontradas na frente da casa do Sr. Fria.

Essa descrição pode ser vista como uma teoria que explica uma série de eventos. Os indivíduos designados por "X" e "Y" nunca foram vistos pelo detetive e sua equipe e podem ser comparados aqui a dois termos teóricos. Esses termos são introduzidos e definidos na curta narrativa do detetive pelos papéis causais que desempenham. X e Y fazem certas coisas: dar dinheiro, comprar armas, se livrar do corpo etc. Eles são *ocupantes de papéis causais*. Não importa quem eles são, o que importa para o detetive e os agentes da lei nessa fase da investigação é o que eles *fizeram*. Naturalmente, o detetive acredita que existem dois indivíduos e não mais do que dois indivíduos que fizeram exatamente isso. Chamamos de quantificador existencial o símbolo "∃", que significa o mesmo que "há pelo menos um" ou "Existe pelo menos um". A nova versão da teoria do detetive seria algo como: "∃X ∃Y tal que X deu dinheiro a Y, e X puxou o gatilho etc., e Y comprou a arma, e Y comprou a Kombi etc.".

Essa formulação é chamada de *enunciado de Ramsey de uma teoria*. O que o enunciado afirma é, simplesmente, que existe certo indivíduo X e existe certo indivíduo Y que fizeram o que a teoria do detetive atribui a cada um.

Vamos agora elaborar uma pequena teoria (T) da dor.

> (T): Para qualquer x, se x sofre um ferimento (aranhão, corte, quei- madura etc.) e x *está normalmente alerta*, então x *sente dor*; se x está acordado, então x *está normalmente alerta*; se x *sente dor*, então x faz careta, geme e *está num estado de desconforto*; se x sofre uma ferida, então x forma o *desejo de aliviar a dor aplicando pomada ou esparadrapo*.

Os trechos em itálicos representam os estados mentais que correspondem a nossos termos teóricos. Iremos substituir esses termos pelas variáveis M1, M2, M3, M4, respectivamente, e vamos formar assim o enunciado de Ramsey de nossa teoria da dor:

$$\exists M_1 \exists M_2 \exists M_3 \exists M_4 \exists x \,[(x \text{ sofre um ferimento e está em } M_1$$
$$\to x \text{ está em } M_2) \,\&\, (x \text{ está acordado} \to x \text{ está em } M_1) \,\&\,$$
$$(x \text{ está em}$$
$$M_2 \to x \text{ faz careta e geme } \&\text{ está } M_3) \,\&\, (x \text{ sofre uma ferida} \to$$
$$\text{entra no estado } M_4)].\,_{39}$$

Os termos teóricos desapareceram e no lugar temos variáveis ligadas a quantificadores. Todos os estados M1 a M4 aparecem juntos, em bloco, por assim dizer. O que importa é a arquitetura ou estrutura causal que aparece. Podemos resumir a teoria da seguinte forma:

$$\exists M_1 \exists M_2 \exists M_3 \exists M_4 \,[T\,(M_1, M_2, M_3, M_4)];$$

---

[39] O símbolo "∀x" é o quantificador universal e significa "para todos os x" ou "para qualquer x"; "x" é uma variável que cobre o domínio das criaturas providas de mentalidade e que podem sentir dor; "→" representa a implicação material, o conectivo "se... então"; e "&" representa a conjunção "e".

A parte entre colchetes representa as relações causais destacadas pela teoria T entre os estados M1 a M4, e o prefixo afirma a existência de cada um desses estados. Agora podemos definir a dor sem risco de circularidade da seguinte maneira:

$$x \text{ sente dor} =_{def.} \exists M1 \exists M2 \exists M3 \exists M4 \,[T(M1, M2, M3, M4)] \,\&\, x \text{ está em } M2.$$

A definição diz que papel causal a dor desempenha na estrutura. Noutras palavras, sentir dor é o mesmo que estar num estado mental que mantém certas relações causais especificadas pela teoria com os outros estados mencionados em bloco na teoria. Da mesma maneira:

$$x \text{ deseja aliviar a dor aplicando pomada ou esparadrapo} =_{def.} \exists M_1 \exists M_2 \exists M_3 \exists M_4 \,[T(M_1, M_2, M_3, M_4)] \,\&\, x \text{ está em } M_4.$$

Cada estado é definido pelo seu papel causal na estrutura especificada pela teoria. Podemos representar a estrutura ou arquitetura causal descrita pela teoria usando um fluxograma:

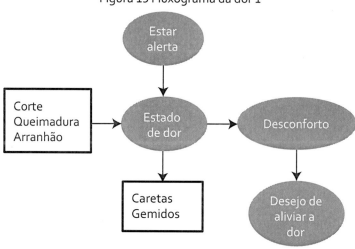

Figura 15 Fluxograma da dor 1

Fonte: o autor

No fluxograma, os balões cinzas representam estados mentais e os retângulos pretos representam comportamentos na entrada e na saída. O que a técnica de Ramsey-Lewis nos autoriza a fazer é o seguinte:

Figura 16 Fluxograma da dor 2

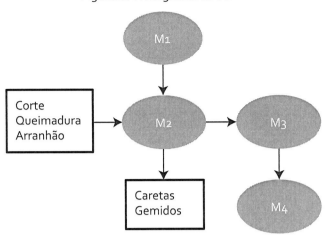

Fonte: o autor

Podemos acrescentar outros estados mentais internos e comportamentos de saída, mas isso basta como exemplo. O que importa, mais uma vez, é a arquitetura ou estrutura causal ou ainda a organização funcional que aparece como um todo no fluxograma e como é determinada a passagem de um estado para o seguinte. A descrição "o estado mental M1 é o ocupante do papel causal M1", na visão de Lewis, corresponde ao que Smart e Armstrong chamavam de "descrição neutra", que não pressupõe nada quanto à natureza do estado mental em questão. Quando os neurocientistas descobrem um estado físico F1 que ocupa o mesmo papel causal, podemos estabelecer a identidade M1 = F1. A identidade seria contingente, porque o ocupante do papel causal pode variar, não só entre as espécies animais, mas também de uma situação possível para outra. Teríamos assim uma *redução funcional*. A posição de Lewis em Filosofia da Mente tem muitos outros aspectos interessantes que não serão expostos aqui. Ela pode ser vista como uma combinação de materialismo reducionista e de funcionalismo. Apresentei aqui somente a sua solução ao problema da circularidade na definição dos estados mentais, que afeta outras correntes em Filosofia da Mente, como o behaviorismo. A solução de Lewis, como sempre em filosofia, não é absolutamente satisfatória. Se o funcionalismo quer descrever uma arquitetura funcional relacionando entrada e saída e se a entrada é vista como percepção e a saída como ação, a solução de Lewis deixa de ser a correta, pois a percepção já é algo mental que envolve conceitos e identificação do que é visto e o mesmo vale para a ação que envolve sempre um estado mental do tipo intenção. Portanto, a solução de Lewis deve prever maneiras alternativas de descrever em termos não intencionais (que não envolve noções mentalistas) as entradas e saídas do sistema funcional, isto é, da mente humana.

Unidade 2.5
O materialismo eliminista

A concepção filosófica mais radical sobre a relação Mente-Corpo é certamente o materialismo eliminista, ou simplesmente "eliminismo" (*eliminativism* em inglês), pois ela consiste em não reconhecer a existência de um dos termos da relação: a mente. Mais precisamente, é a tese de que nossa compreensão de senso comum da mente está pro- fundamente errada, e a maioria, senão todos os estados mentais reconhecidos pelo senso comum, na verdade, não existem. O alvo dos eliministas parece ser a mente imaterial dos dualistas, e não a mente dos materialistas. No entanto, haveria uma completa incompatibilidade entre o mental e o físico, isto é, o mental não poderia ser físico, como pretendem os materialistas da teoria da identidade e filósofos de outras tendências como John Searle. Mas essa questão não é ainda muito clara, e voltaremos a isso no final desta seção.

Não se elimina o que não existe; portanto, o que os eliministas sugerem é eliminar, pela crítica, as teorias ou concepções que reconhecem a existência da mente e dos estados, eventos e atos mentais. Essas teorias são falsas, dizem os eliministas, e os termos mentalistas ("crenças", "desejos", "intenções", "dores", "percepções" etc.) não têm referentes, são termos cuja extensão é vazia, como "Eldorado" ou "Fonte de Juventude". As únicas explicações cientificamente aceitáveis do comportamento humano e animal são (e serão) baseadas nas neurociências, o resto aparece como práticas pré-científicas ou, pior, como algo folclórico. Essas concepções pré-científicas são chamadas, resumidamente, de "psicologia popular" (*folk psychology*).

Figura 17 – Patricia Smith Churchland (1943-) é canadense e popularizou a expressão "neurofilosofia"; Paul Churchland (1942-), filósofo estadunidense e principal representante do materialismo eliminista
Fonte: domínio público

Patricia e Paul Churchland, um casal de filósofos, são os principais representantes dessa corrente. Existe uma versão um pouco menos radical do eliminismo: os estados mentais, particularmente as atitudes proposicionais (crenças, desejos, intenções), tal como elas são habitualmente identificadas (com um modo psicológica e um conteúdo representacional), podem existir ou não, isso não importa. Eles são simplesmente *irrelevantes* para uma explicação realmente científica do comportamento.

Outras posturas em Filosofia da Mente são próximas do eliminismo. São os casos do Monismo Anômalo de Donald Davidson e do instrumentalismo na teoria da Intencionalidade de Daniel Dennett. Falarei brevemente do Monismo Anômalo, na próxima unidade. Aqui, antes de explicar a posição dos Churchlands, tratarei um pouco do instrumentalismo de Dennett.

Já vimos o que o instrumentalismo é: não precisamos aceitar as teorias científicas como verdadeiras; para ser aceitáveis, basta que elas sejam úteis, que elas consigam "salvar os fenômenos", o importante sendo a realização de boas predições. Muitos filósofos e cientistas adotam essa postura (é o caso do prêmio Nobel de física, Niels Bohr, e de sua famosa interpretação da mecânica quântica, conhecida como a "interpretação de Copenhague"). Dennett faz algo parecido com a teoria da mente. Ele acredita que adotamos uma postura uns para com os outros que é parecida com o que fazemos em relação a outros animais e às máquinas. Lembram-se do exemplo do jogo de xadrez com um computador? Quando jogamos com a máquina, adotamos uma postura ou atitude que Dennett chama de "postura intencional" (*intentional stance*). Atribuímos uns aos outros crenças, desejos, intenções e outros estados, eventos e atos mentais, para explicar, compreender ou iluminar nossos comportamentos; entramos naturalmente nesse jogo aceito por nossa comunidade, pelo hábito, pela prática. Passamos a acreditar que há crenças, desejos, intenções, ou simplesmente "fazemos de conta".

O resultado é o mesmo: o fato de praticar o jogo não significa nada em termos de verdade ou falsidade da concepção popular ou da existência dos estados mentais. O importante são as consequências práticas. Interpretamos o comportamento dos outros (incluindo crianças, animais e máquinas) praticando o jogo da atribuição de atitudes proposicionais e outros estados mentais, usando umas regras de racionalidade como: os agentes normalmente são consistentes, escolhem meios apropriados para seus fins, são capazes de tirar consequências lógicas válidas e úteis etc. Mas esse jogo de atribuir crenças, desejos e intenções não implica nada quanto à existência dos estados mentais atribuídos. O que importa é a eficácia do jogo, a acurácia das previsões que podemos fazer com base nele. Podemos ser instrumentalistas ou antirrealistas e continuar o jogo.

Podemos também ser indiferentes quanto à existência dos estados mentais, e considerá-los irrelevantes para uma explicação científica do comportamento. No mínimo, os eliministas duvidam que os estados mentais identificados pelo senso comum e nomeados nas línguas naturais, possam encontrar uma *base neural* que permite a sua redução e sua "justificação". Quando isso acontece, descobrimos um "sucessor" de uma noção mentalista de senso comum. Os estados mentais aos quais não corresponde nenhuma base neural deveriam ser considerados como algo fictício e de utilidade meramente prática. Essa versão do eliminismo pode ser chamada de *eliminismo metodológico*.

Finalmente, a versão mais radical é o *eliminismo ontológico*, de Paul e Patricia Churchland. A estratégia dos Churchlands consiste em reconstruir o conjunto de nossas práticas explicativas de atribuição de atitudes como uma "teoria". Essa teoria "popular" (a *folk psychology*) é falsa, segundo os Churchlands, e, por ser falsa, ela deveria seguir o mesmo destino que outras teorias científicas cuja falsidade foi reconhecida e que foram "eliminadas" junto às entidades que elas postulam. Durante séculos, muitos povos e os doutos da Igreja acreditaram na existência de feiticeiras e queimaram milhares de mulheres, sob a acusação de serem responsáveis por calamidades como a peste, incêndios, inundações etc. Com o tempo, formularam-se explicações adequadas desses fenômenos e a crença na feitiçaria desapareceu. Hoje, sabemos que a feitiçaria nunca explicou nada e não pode jogar nenhum papel na explicação de fenômenos naturais. Será que o mesmo destino espera a psicologia popular?

Uma teoria científica se propõe explicar e predizer fenômenos de certo domínio da realidade por meio da formulação de leis e de medidas exatas desses fenômenos. Algumas dessas leis contêm termos teóricos. Termos teóricos são termos que remetem a entidades que não são direta ou indiretamente observáveis. Na ciência de hoje, "elétron", "quark", "pósitron" são tais termos, aceitos por boa parte dos cientistas e filósofos. Teorias científicas antigas e hoje obsoletas e abandonadas postulavam entidades como os orbes celestes, o flogístico, o calórico, o éter luminífero etc. Os termos teóricos da psicologia popular, como "crença", "desejo", "intenção" etc., também não correspondem a nada observável e entram nas explicações do comportamento que encontramos ou produzimos o tempo todo. Uma explicação é uma resposta a uma pergunta começando pela palavra "por que". Assim, por exemplo, alguém poderia perguntar:

"Por que José K. votou pelo partido P?". Uma resposta adequada, nos termos da psicologia popular, seria:

1. José K. *deseja* mais justiça social para seu país;

2. José K. *acredita* que o partido P tem o melhor programa para promover a justiça social;

3. José K. *acredita* que votar para o partido P irá contribuir a realizar seu desejo.

Eis por que José K. votou para o partido P.

Essa explicação, chamada de raciocínio prático ou silogismo prático, faz entender, esclarece e explica por que José K. votou no partido P. A explicação propriamente dita consiste nas três premissas 1) a 3); ela oferece uma resposta à questão "por quê?". É possível, segundo os Churchlands, reconstruir a psicologia popular como uma teoria científica e formular as suas leis. Assim, teríamos uma lei da seguinte forma: "para qualquer indivíduo x, se x *deseja* realizar o objetivo O, e se x *acredita* que M seria um meio adequado para realizar O, então x *desejará* M, *ceteris paribus*."

Haveria muitas outras leis desse tipo envolvendo estados mentais. O problema, para os Churchlands, é que não existe base neural para as entidades postuladas na psicologia popular. O princípio é simples: *o que não pode ser reduzido (isto é, identificado a algo no cérebro) deve ser eliminado*, e até agora, a redução de noções intencionais, como a de crença ou desejo, simplesmente, não levou a lugar nenhum. Essas noções mentalistas do senso comum, quando não têm base neural, são fictícias e não têm futuro na ciência. Uma futura neurociência completa ou terá um "sucessor" (com uma base neural) para as noções de senso comum ou não terá e, quando não terá, o senso comum deverá inclinar-se diante da imagem científica do mundo que a ciência está construindo e aceitar a progressiva eliminação de suas noções. É aqui que a comparação da psicologia popular com as teorias do flogístico ou do calórico se torna relevante. Essas teorias, desenvolvidas no século XVIII, postulavam entidades, o flogístico e o calórico, que se revelaram não existentes. A teoria do flogístico foi desenvolvida por Georg E. Stahl no início do século XVIII para explicar o fenômeno da combustão. Quando certa quantidade de material orgânico, madeira, por exemplo, queima, a combustão corresponderia, de acordo com a teoria, à liberação de flogístico no ar. Quanto mais inflamável um corpo, maior a quantidade de flogístico contido nele. A descoberta (acidental) do oxigênio, umas décadas depois, por Joseph Priestley e, simultaneamente, por Antoine Lavoisier, no nascimento da química científica, mostrou que a teoria do flogístico estava errada. Esse não correspondia a nenhum dos elementos conhecidos cuja existência era bem confirmada experimentalmente; como o oxigênio dava uma explicação muito mais satisfatória da combustão, logo, a teoria do flogístico foi abandonada e o próprio flogístico foi se juntar à lista das ficções científicas obsoletas. Trocamos a teoria do flogístico para a teoria, muito superior, de Priestley e Lavoisier, que oferece uma explicação muito mais satisfatória da combustão. A ciência evolui passando por revoluções científicas, trocando uma teoria por outra. A teoria de Copérnico substituiu a de Ptolomeu, a teoria de Einstein substituiu a de Newton, a teoria de Darwin substituiu as concepções de Aristóteles etc. Essas mudanças teóricas podem ser de dois tipos: *ontologicamente conservativa* (as entidades postuladas na teoria antiga, ou algumas delas, são retidas na nova teoria) ou a mudança é radical e elimina as entidades postuladas na antiga teoria. Um exemplo do primeiro caso é a passagem do geocentrismo para o heliocentrismo de Copérnico que preservou os orbes celestes (mas que serão eliminados mais tarde a partir de Kepler), e um exemplo do segundo caso é a teoria de flogístico, o qual foi eliminado definitivamente a partir de Lavoisier. Agora, a questão é: em que categoria se enquadra a psicologia popular e suas crenças, desejos etc.?

Em Filosofia da Mente, não existe uma postura mais anticartesiana do que o eliminismo. Para Descartes, a mente é o que há de mais bem conhecido, seu conhecimento é direto; não existe nada mais íntimo para nós do que nossa própria vida mental, e Descartes não hesita a declarar que *somos* nossas mentes. Os Churchland diriam que a mente não pode ser conhecida, pois ela não existe, e que somos corpos de uma maravilhosa complexidade. Com o tempo, as explicações científicas irão suplantar definitivamente as explicações da psicologia popular. Isso não quer dizer que teremos de mudar nossa maneira de falar e que, ao invés de dizer: "vou te fazer mudar de ideia!", diremos: "vou mudar o peso de suas conexões neuronais!"; ao invés de dizer: "vou te reconfortar", diremos: "vou aumentar a produção de dopamina nas suas fendas sinápticas" ou coisas do gênero. Séculos depois de Copérnico, continuamos a dizer que o Sol se põe e se levanta, e isso é sem consequência, pois sabemos que são somente maneiras de falar.

Uma das teses dos eliministas consiste em apostar no sucesso do modelo conexionista em IA. Como vimos brevemente na seção anterior, o modelo conexionista inspira-se diretamente das redes neurais do cérebro. A capacidade de processamento em paralelo é uma característica do cérebro humano. Várias partes do cérebro podem trabalhar simultaneamente, e quando nosso cérebro executa uma tarefa, várias redes neurais são ativadas simultaneamente. Máquinas construídas a partir do modelo conexionista conseguem já simular situações simples de aprendizado, e não sabemos onde isso irá parar. Talvez, daqui a poucas décadas, tais máquinas conexionistas conseguirão simular perfeitamente o comportamento inteligente. O modelo clássico (máquinas de Turing) é um modelo sequencial, que executa as tarefas passo a passo, uma após a outra, e manipula símbolos que são unidades discretas, bem delimitadas. O modelo conexionista coloca a contribuição redes neurais inteiras e tem um carácter *holístico*[40], não *discreto*. Ora, as atitudes proposicionais envolvem como conteúdo proposições, que são símbolos discretos. O modelo clássico preserva as atitudes (crenças, desejos, intenções) que são representações mentais discretas. A tese dos eliministas é a seguinte: se o modelo conexionista for bem-sucedido num futuro próximo, então deveríamos concluir que as atitudes proposicionais não existem.

As reações ao eliminismo são múltiplas e às vezes suscitam paixões. É suicídio cognitivo? O eliminismo é autodestrutivo ou se autorrefuta? A psicologia popular é mesmo uma teoria que pode ser comparada a outras teorias científicas? A psicologia popular é mesmo dualista e concebe a mente como algo imaterial? As explicações em termos neurofisiológicos são sempre superiores ou preferíveis às explicações de senso comum?

Como um eliminista poderia me convencer de que a mente não existe? Ou me convencer de que a proposição de que a mente não existe é verdadeira? *Acreditar* que algo é o caso é o mesmo que *aceitar* uma proposição, isto é, *considerar* uma proposição como verdadeira. São estados mentais. O eliminista parece acreditar que a mente não existe, parece aceitar a proposição de que a mente não existe e considerar essa proposição como verdadeira. Não estaria ele pressupondo implicitamente o que ele nega explicitamente? Uma saída para o eliminista consiste em dizer que ele não tem escolha: para se fazer entender, ele tem de usar a linguagem que já está em uso para apontar na direção de algo que a neurociência futura só será capaz de revelar. Só a neurociência poderá encontrar "sucessores" cientificamente respeitáveis, se tiver alguns, para as noções de senso comum como crença, desejo etc. Mas qual seria o sucessor da noção de crença? Quando o eliminista afirma que o senso comum está massivamente errado sobre os estados mentais, não está ele pressupondo uma grande

---

[40] Holístico é relativo ao todo; discreto significa bem delimitado e separado do resto.

quantidade de juízos errados, isto é, atos mentais de certo tipo? A resposta do eliminista nesses casos consiste em virar a mesa e apontar para uma petição de princípio do objetor: é ele, o objetor, que está pressupondo o que está em jogo! A proposição de que a mente não existe não tem nada de contraditório ou de incoerente. O que o objetor faz é chamar a atenção sobre uma ação do eliminista, a de *afirmar* essa proposição. Para afirmar sinceramente uma proposição, diz o objetor, é preciso acreditar a proposição que é o conteúdo da afirmação. Mas essa concepção da afirmação, diz o objetor, exige a existência dos estados mentais. O eliminista, no entanto, não precisa aceitar essa concepção da afirmação e pode apostar em outra concepção do ato de afirmar (um "sucessor") que a neurociência do futuro irá eventualmente fornecer.

A psicologia popular é mesmo uma teoria comparável a outras teorias científicas plenamente desenvolvidas? Se for o caso, como explicar que ela não está evoluindo após milênios como as outras teorias científicas? E se ela é falsa, como explicar seu sucesso? O senso comum concebe mesmo a mente como algo imaterial, a maneira dos dualistas? Normalmente, uma teoria científica evolui e, no decorrer do tempo, modificando hipóteses auxiliares, ela consegue fazer predições cada vez mais acuradas, torna-se empiricamente mais adequada. Não parece ser o caso da psicologia popular. Para os eliministas, isso significa que ela é uma teoria ruim, falsa. Mas é possível ver nisso uma evidência de que ela *não* é uma teoria, e, sim, um conjunto de práticas, de técnicas que usamos com mais ou menos habilidade, mais ou menos sucesso, para prever o comportamento, ou corrigir o comportamento, ou prevenir certos comportamentos etc. Estudos recentes[41] mostram como a leitura de mente (*mindreading*) é eficiente e começa muito cedo entre os seres humanos. A partir de 18 meses, os bebês começam a identificar a intenção e os objetivos dos agentes mais familiares ao seu redor. O aprendizado dessas práticas e técnicas começa cedo porque é de grande importância para a espécie, para a sobrevivência.

Quando os eliministas usam a palavra "teoria", é em um sentido pouco preciso, algo como: uma hipótese que descreve algo que vai além da observação e que serve para explicar fenômenos. Mas os filósofos da ciência, quando usam a palavra "teoria", pensam em algo muito mais preciso, como um conjunto de teoremas ou uma família de modelos. Será que comparar uma teoria "popular" (no primeiro sentido) com teorias científicas elaboradas (como conjunto de teoremas ou família de modelos) é um jogo honesto? Afinal, as teorias científicas usam linguagens arregimentadas da

---

41 Particularmente Goldman (2006).

lógica e da matemática justamente para formular as predições com uma precisão tal que os testes possam ser considerados significativos. É por isso que a matemática, que é entendida da mesma maneira por todos, é tão importante na ciência. A língua comum na qual formulamos nossas explicações do comportamento não têm toda essa precisão.

Será que o senso comum ou a psicologia popular é dualista? É, no mínimo, duvidoso. O dualismo cartesiano favorece a religião, fortalece a crença na vida após a morte e na imortalidade da alma, mas o dualismo, em si, não é uma tese religiosa. Segundo os psicólogos do desenvolvimento, as crianças por volta de 3 a 4 anos adotam uma "teoria representacional da mente", que as torna capazes de atribuir quaisquer atitudes proposicionais, até crenças falsas. Mas seria um exagero afirmar que as crianças têm uma inclinação natural para a religião e que entre 3 e 4 anos todas se tornam dualistas! Portanto, é duvidoso que a psicologia popular seja dualista no sentido cartesiano, pois isso requer um esforço reflexivo intenso e o senso comum não tem essas preocupações metafísicas.

Será que as explicações em termos neuronais são sempre superiores às explicações da psicologia popular? Isso também é duvidoso. Vejamos de novo o exemplo de José K. e das razões que motivaram seu voto. Vamos imaginar que na saída do local de votação, alguém pergunta para José K. como votou e o porquê. Imaginamos agora que a resposta seja a seguinte: "Entrei na cabine de votação e fiquei na frente da urna eletrônica, e aí aconteceu algum evento neuronal no meu hipotálamo que me fez votar para o partido P". Isso seria uma resposta adequada? Certamente, não é a resposta que se espera normalmente em tais circunstâncias. O que se espera é uma resposta citando crenças, desejos ou intenções, as razões que levaram o cidadão a votar como ele votou. Só esse tipo de resposta pode iluminar, fazer entender ou explicar a ação do agente. Portanto, há contextos em que as respostas em termos neurofisiológicos não são adequadas ou são até irrelevantes.

Finalmente, há uma ambiguidade no materialismo eliminista entre duas posições: 1) não há estados mentais, só estados cerebrais; e 2) há estados mentais, mas eles não são nada além de estados cerebrais e é assim que nós os veremos no futuro. A primeira corresponde melhor ao materialismo eliminista, mas parece contraintuitiva, pois obriga a negar a existência de nossas sensações, percepções, lembranças etc. A segunda corresponde ao fisicismo reducionista, como veremos em breve.

Unidade 2.6
O Monismo Anômalo

Figura 18 – Donald Davidson (1917-2003) foi um dos filósofos mais importantes e influentes da segunda metade do século XX, em filosofia da linguagem, da ação e da mente
Fonte: domínio público

    Donald Davidson é uma das figuras mais importantes e influentes da filosofia contemporânea. Ele chamou sua posição original sobre o problema Corpo-Mente de "*Monismo Anômalo*"[42], uma expressão que pode parecer um tanto obscura, mas que ficará bem mais clara depois de expor o raciocínio que leva às seguintes conclusões: somos seres materiais, os conceitos mentalistas que nós usamos não são redutíveis aos conceitos da física ou das ciências da natureza (física, química, biologia), e não existem leis causais estritas entre os eventos mentais e os eventos físicos. Davidson defende uma ontologia de eventos, quer dizer, *eventos* é sua resposta à questão "o que há?" ou "do que é feito o mundo?" Eventos, em geral, são o que *acontece*; são particulares limitados temporalmente e cuja complexidade é variável. Existem eventos mentais e eventos físicos. Um mesmo evento pode ser descrito de várias maneiras. Davidson defende também a tese conhecida como "um evento sob várias descrições". Assim, o mesmo evento pode ser descrito como o encontro de duas placas tectônicas, como terremoto, como tragédia humanitária etc. As ações intencionais são eventos também; um evento é uma ação intencional quando existe uma descrição sob a qual o evento é intencional. Quando Gavrilo Princip matou o Arquiduque Francisco Fernando, em 1914, em Sarajevo, o que ele fez pode ser descrito de várias maneiras: ele flexionou o dedo, apertou o gatilho, atirou no Arquiduque e em sua esposa, matou o Arquiduque,

---

[42] O monismo se opõe ao dualismo e significa uma só substância; "anômalo" significa "sem leis".

vingou a Sérvia, desencadeou a Primeira Guerra Mundial, causou um pânico no lugar do desfile etc. Dessas descrições, as quatro primeiras são intencionais, e as duas últimas, não. Desencadear a guerra e causar pânico não são ações intencionais que podemos atribuir a Princip; são meras consequências que nunca foram objetos de uma intenção do agente, ao contrário dos eventos descritos pelas quatro primeiras descrições da lista. No entanto, em certas circunstâncias, elas poderiam ser consideradas como ações não intencionais. Finalmente, eventos são mentais quando existem descrições verdadeiras em termos mentalistas desses eventos e físicos quando existem descrições em termos físicos destes.

Devemos agora considerar três premissas que levam à posição de Davidson:

1. Todos os eventos mentais são causalmente relacionados a eventos físicos. Crenças e desejos são causas das ações de um agente, e eventos no mundo podem nos obrigar a mudar nossas crenças (princípio da interação causal).

2. Quando dois eventos α e β são relacionados como causa e efeito, sempre existe uma lei estrita (suscetível de uma formulação matemática e que não tolera exceções), que justifica a afirmação causal singular "α causa β". Essa afirmação é um caso particular de uma lei que diz que, cada vez que uma causa do mesmo tipo que α aparece, um efeito do mesmo tipo que β também aparece. De outro modo, sem a lei, nada poderia garantir que a relação seja mesmo causal (poderia se tratar de uma mera coincidência). A princípio, leis estritas ou fundamentais só se encontram na física e valem só para sistemas físicos fechados (princípio do caráter nomológico da causalidade).

3. Não existem leis psicofísicas estritas, leis que conectam os eventos mentais sob as suas descrições mentais e eventos físicos sob as suas descrições físicas (princípio do Monismo Anômalo).

A tese de Davidson é de que *os três princípios são consistentes*, são simultaneamente verdadeiros. Disso se pode tirar a seguinte conclusão: *para qualquer evento mental, deve existir uma descrição sob a qual o mesmo evento é físico.* Portanto, o mental é físico! Não parece claro? Vamos então recapitular. Qualquer evento mental é causalmente relacionado a um evento físico, seja por meio da ação ou da percepção. Essa premissa é considerada por Davidson como "óbvia". Nossas ações intencionais modificam o mundo ao nosso redor, e o que percebemos do mundo modifica nossas crenças, estimula nossos desejos ou modifica nossas intenções. Se existem relações causais entre eventos mentais e físicos, é porque há leis estritas autorizando essa afirmação. Essa premissa foi considerada como verdadeira por muitos filósofos importantes, como David Hume, Emmanuel Kant, Rudolf Carnap e o próprio Davidson. Assim, se existe uma relação causal entre um evento mental e um evento físico, só pode ser porque existe uma lei estrita subjacente que diz que é sempre assim em todos os casos similares, sem exceção. Quanto à terceira premissa, Davidson argumenta ao seu favor por diversas razões. Já vimos que a tentativa behaviorista de reduzir ou redefinir as expressões e conceitos mentalistas ao comportamento (ou a expressões que referem só ao comportamento e às disposições) não funcionou. Roderick Chisholm mostrou por que o projeto falha. Não se pode sair do círculo das noções intencionais (mentalistas); cada vez que tentamos definir uma noção intencional, encontramos outra noção intencional no *definiens*. Essa tese foi aceita por Willard van Orman Quine (1908-2000), o grande filósofo de Harvard e mestre de Davidson. No entanto, Quine inclinava fortemente para o eliminismo em Filosofia da Mente na sua obra-prima de 1960, *Palavra e objeto*, mas acabou aceitando o monismo anômalo de seu aluno mais famoso. A conclusão, de novo, é a seguinte: há relações causais entre eventos mentais e físicos; ora, isso requer leis estritas e não tem leis estritas conectando eventos mentais e físicos; portanto, devem existir descrições físicas verdadeiras dos eventos mentais. Portanto, os eventos mentais são físicos. Os eventos mentais são identificados, é claro, pelo uso de predicados mentalistas, mas isso não exclui a possibilidade de uma descrição física destes. O que identificamos como "sentir dor" deve ter outra descrição como "inervação das fibras nervosas de tipo C" valendo do mesmo evento. São duas descrições do mesmo evento. Se a dor que sinto ao tocar um objeto muito quente causa um movimento de recuo de minha mão, então podemos dizer, alternativamente, que a inervação das fibras nervosas do tipo C causa o movimento de recuo da minha mão. Existe, portanto, uma identidade aqui de um evento mental e de um evento físico. Mas se trata de uma identidade da ocorrência de um evento mental concreto, particular, com a ocorrência de um evento físico concreto, particular. Trata-se de uma identidade entre o mental e o físico do tipo ocorrência-ocorrência (*token-token*). Essa posição é chamada de "fisicismo de ocorrência" (*token-physicalism*). O mesmo evento concreto acontecendo no sistema nervoso central tem uma descrição física e outra mental. E a segunda não pode ser reduzida à primeira. Só a identidade tipo-tipo permite uma redução dos estados mentais aos estados neurais (físicos), como vimos na exposição da teoria da identidade. Assim, a posição de Davidson é antirreducionista.

Antes de examinar o argumento de Davidson a favor da terceira premissa (da irredutibilidade do vocabulário mentalista ao vocabulário fisicista), devemos examinar outra tese famosa de Davidson que diz respeito ao tipo de relação entre as propriedades mencionadas nas descrições físicas e as propriedades mencionadas nas descrições menta- listas dos mesmos eventos. Essa relação é chamada de *superveniência*. A superveniência é uma relação entre dois grupos de propriedades: o grupo das propriedades de base e o grupo das propriedades supervenientes.

Figura 19 a relação de superveniência

Propriedades supervenientes

Dependência

Determinação

Propriedades da base

Fonte: o autor

As propriedades da base determinam as propriedades supervenientes e estas ficam na dependência das propriedades da base. As propriedades da base podem ser vistas como propriedades identificadas pela física e outras ciências da natureza, como química e biologia. As propriedades supervenientes são propriedades que podemos, normalmente, identificar facilmente com os órgãos dos sentidos: a liquidez da água, a solidez da madeira de minha mesa de trabalho, a fragilidade do vidro e as propriedades mentais identificadas com predicados mentalistas. Assim, a solidez da madeira depende e é determinada pela estrutura molecular em treliça que constituem o pedaço de madeira; a liquidez da água depende e é determinada pelas forças fracas entre as moléculas de H_2O (as chamadas "forças de van der Walls"). A liquidez é realizada fisicamente nas propriedades físicas dessas forças intermoleculares. Dessa forma, as propriedades supervenientes são fortemente amarradas às propriedades da base. Ademais, *não pode haver mudanças nas propriedades supervenientes sem uma mudança nas propriedades da base*. Quando a água congela, isso modifica a relação intermolecular de tal maneira que a liquidez se perde; quando a água ferve, o vapor que resulta também não tem mais liquidez. As modificações nas propriedades supervenientes (liquidez, solidez, estado gasoso) dependem e são determinadas por mudanças nas propriedades de base. Assim, milhares de pontos brancos sobre um papel branco podem formar a fotografia em preto e branco de um amigo; a figura do amigo sobrevém dos pontinhos sobre o papel branco; mas não tem nada além de pontos pretos sobre uma superfície branca. A fotografia, ontologicamente, *reduz-se* a essa coleção de pontos e o papel; mas a menor mudança nos pontos (apagar um aqui, acrescentar outro ali), e já a foto é diferente ou pode parecer a foto de outra pessoa. No caso particular da relação Corpo-Mente, as propriedades mentais, como sentir dor, lembrar-se de sua mãe, perceber uma laranja, acreditar que vai chover, ter desejo para sorvete etc., são todas propriedades supervenientes que dependem e são determinadas pelas propriedades de base, que caracterizam a atividade eletroquímica do cérebro. As propriedades mentais são assim fortemente amarradas às propriedades dos neurônios, sinapses e neurotransmissores do cérebro, e *não pode haver uma mudança nas propriedades mentais sem uma mudança nas propriedades da base neurofisiológica*. Isso significa que se tivesse outro eu, com seu cérebro igual ao meu, molécula por molécula, átomo por átomo, noutras palavras, uma réplica molecular de mim, em um momento determinado, essa réplica molecular, necessariamente, deveria ter os mesmos estados mentais, e a cada momento, nossa vida mental deveria ser idêntica.

Agora vamos ver que argumento Davidson apresenta a favor da terceira premissa de seu Monismo Anômalo. A primeira razão que explica a irredutibilidade dos termos e conceitos mentalistas é o *holismo*[43]. As atitudes proposicionais (esses estados mentais com conteúdo conceitual ou proposicional) não podem existir isoladamente. Cada crença, cada desejo, cada intenção, pressupõe muitas outras atitudes sem as quais nem poderia existir ou ser formado. John Searle, que também defende o holismo do mental, dá um exemplo muito claro. Por que nenhum homem-de-neandertal jamais formou a intenção de se candidatar à Presidência do Brasil? A resposta pode parecer intuitivamente óbvia e trivial, mas uma explicação mais detalhada deixa tudo ainda mais claro: para formar tal intenção, um homem-de-neandertal deveria ter muitas outras crenças

---

[43] Holismo, a ideia de que cada parte depende do todo quanto à sua existência e se define em relação ao todo.

sobre um país chamado "Brasil", sobre a democracia, sobre o regime presidencial, sobre eleições etc., e, claramente, nada disso estava perto de seu horizonte cultural. Ele nem podia sonhar com isso! As relações entre atitudes proposicionais são principalmente relações lógicas, portanto, relações necessárias entre conteúdos proposicionais. O desejo de pegar sorvete na geladeira, por exemplo, *pressupõe* a crença de que tenho uma geladeira funcionando, a crença de que comprei sorvete, a crença de que os outros membros da família não comeram tudo, a crença de que sorvete é algo comestível etc. Cada atitude também *implica estritamente* outros estados mentais; por exemplo, devo desejar cada passo e tudo o que é necessário para comer sorvete e formar as intenções para realizar todas as ações requeridas para alcançar meu objetivo: a intenção de levantar, de caminhar até a geladeira, de abrir a geladeira, abrir o pote de sorvete etc. Cada atitude proposicional é, assim, parte de uma rede de muitas outras atitudes.

Não existem leis psicofísicas estritas porque o uso dos conceitos e termos mentalistas que nós usamos é regido por princípios de racionalidade que têm uma natureza distinta e mais subjetiva do que os princípios que regem a medição dos objetos físicos. Os princípios de racionalidade são normativos. Nossas atitudes, particularmente nossas crenças, devem ser consistentes; agentes racionais não devem se contradizer; devem ser capazes de tirar validamente conclusões úteis e devem ser capazes de organizar suas preferências de modo a escolher um meio eficiente, "melhor" do que outros meios, para atingir seus fins, *ceteris paribus*. Não posso, racionalmente, acreditar que chove e acreditar que não chove ao mesmo tempo e no mesmo lugar; não posso formar racionalmente a intenção de tomar café da manhã num bistrô simpático em Paris no próximo domingo e formar simultaneamente a intenção de ir à Praia de Pipa com a família no mesmo domingo. Uma intenção tem uma dimensão de compromisso que não permite a realização simultânea de atividades temporalmente incompatíveis. Não posso me comprometer seriamente a fazer duas atividades temporalmente incompatíveis. O caso dos desejos é um pouco diferente: é possível, sim, desejar coisas impossíveis, como nunca morrer, ou desejar que um evento passado não tivesse acontecido, ou ainda ter desejos cuja realização simultânea é impossível, como desejar visitar cada cidade importante da China, em outubro de 2014, e desejar visitar cada cidade importante da Rússia inteira no mesmo mês. Mesmo assim, podemos considerar irracional não ajustar nossos desejos às situações (continuar a querer sorvete, sabendo que não tem mais). Essa dimensão normativa de avaliação dos estados mentais é *constitutiva* do mental; é impossível compreender uma pessoa totalmente inconsistente, irracional. Imaginar uma criatura totalmente irracional seria imaginar uma criatura sem pensamentos. Quando descrevemos um evento como mental, as descrições mentalistas que usamos são submetidas às normas de racionalidade. O mesmo não vale para descrições físicas dos eventos. Para essas descrições também há certa normatividade, por exemplo, nas convenções relativas aos pesos e medidas. Um metro é o comprimento da barra de platina-irídio no Escritório Internacional dos Pesos e Medidas em Paris. Podemos medir a distância percorrida por um projétil usando o metro e um relógio; mas o metro e o relógio que marca os segundos com precisão não são constitutivos dos eventos físicos assim medidos, eles não afetam ou determinam a própria formação dos eventos físicos. Esses eventos aconteceriam de qualquer jeito, e a medição não altera a formação e a ocorrência do evento (menos na mecânica quântica, em que o próprio ato de medir interfere no sistema físico). No caso dos eventos mentais, as normas de racionalidade interferem diretamente na própria formação do evento mental. Por exemplo, não posso formar seriamente a intenção de visitar a Rússia porque já tenho a intenção de visitar a China no mesmo mês; certamente não daria tempo de visitar dois países tão grandes, e já me comprometi a visitar a China. Formar também a intenção de visitar a Rússia seria inconsistente e irresponsável.

Todavia, a Filosofia da Mente de Davidson é "incompleta". Ele nunca atacou seriamente o problema da consciência fenomenal, a questão dos *qualia*. Ele trata quase que exclusivamente das atitudes proposicionais e adota principalmente o ponto de vista em terceira pessoa de quem *interpreta* os outros. As atitudes proposicionais para Davidson não são relações entre uma pessoa ou agente cognitivo e uma proposição. As atitudes, simplesmente, são especificadas pelo uso de uma frase de uma linguagem pública, como "Galileu acredita que a Terra se move". Mas as atitudes, como eventos mentais, são só "modificações de uma pessoa", que identificamos e descrevemos com o vocabulário mentalista, mas que devem ter uma descrição física. Sob esse aspecto, a posição de Davidson é bastante semelhante à de Baruch Espinoza (1632-1677), que era também monista (uma só substância, Deus ou a Natureza naturante) com vários atributos e modos desses atributos. Cada ideia era assim, na concepção de Espinoza, um modo ou modificação do pensamento que era, por sua vez, um dos atributos de Deus. Davidson reconheceu certa similaridade entre sua posição e a filosofia de Espinoza. Mas o contexto teórico em que Espinoza desenvolveu suas concepções é muito diferente e as comparações com a obra de Davidson são delicadas e requerem muito cuidado.

Unidade 2.7
O naturalismo biológico

Figura 20 – John Searle (1932-), filósofo estadunidense, um dos autores mais discutidos em teoria da mente, da linguagem e da realidade social
Fonte: domínio público

Já encontramos John Searle na Primeira Parte, quando tratamos da estrutura da Intencionalidade, e depois na Unidade sobre o funcionalismo, com o argumento do Quarto Chinês que critica o modelo computacional da mente. Searle estudou em Oxford e iniciou sua carreira como filósofo da linguagem. Ele desenvolveu a teoria dos atos de fala do grande filósofo britânico John L. Austin. Seus estudos de filosofia da linguagem o levaram naturalmente a considerações sobre a ação e a mente, particularmente sobre a Intencionalidade dos estados mentais.

Estados mentais são *representações de suas próprias condições de satisfação*. Ter um estado mental é saber imediatamente o que deve acontecer para que ele seja satisfeito. Assim, ter uma crença é ter uma representação mental de como o mundo é se a crença é verdadeira; ter um desejo é ter uma representação do que deve acontecer para que ele seja satisfeito e ter uma intenção é ter uma representação do que se deve fazer para que a intenção seja realizada etc. Outros casos são um pouco mais complicados e só podem ser analisados como uma mistura de crenças e desejos: lamentar que algo aconteceu é crer que algo aconteceu e desejar ou preferir seu não acontecimento. Um caso difícil é a dúvida, que não parece ter condições de satisfação claras: uma dúvida de que P ("P" aqui representa uma proposição qualquer) é satisfeita se P? Ou se não P? Mas, de modo geral, a análise de Searle funciona bem para a maioria dos estados mentais com conteúdo conceitual ou proposicional que têm uma "direção de ajuste".

A conexão entre os estados mentais, as ações e a linguagem é a seguinte: um ato de enunciação é uma ação intencional que consiste em pronunciar uma sequência de sons (ou produzir marcas escritas) com a intenção de impor a essa sequência as mesmas condições de satisfação que as do estado mental que o locutor deve possuir quando fala sinceramente. Chamam-se *condições de sinceridade* os estados mentais que alguém deve possuir quando fala sinceramente. Há vários tipos ou classes de atos de fala. Os principais são: os assertivos, os diretivos, os compromissivos, os declaratórios (declarações de casamento, de guerra etc.) e os expressivos. Os assertivos são atos realizados com a intenção de dizer como as coisas são. Quando fazemos afirmações usando frases declarativas (aquelas que podem ser verdadeiras ou falsas), quando descrevemos como as coisas são, quando relatamos como as coisas eram no passado, quando predizemos como as coisas serão, quando testemunhamos, nós expressamos uma crença correspondente com o mesmo conteúdo proposicional. Quando afirmo sinceramente que vai chover, expresso a crença que vai chover.

No caso dos diretivos, como as ordens, recomendações, comandos, pedidos etc., o locutor faz uma tentativa para que o interlocutor faça algo e expressa, quando fala sinceramente, um desejo. Quando peço sinceramente para o interlocutor abrir a janela, expresso do desejo que ele abra a janela. Os compromissivos, como promessas, prestar juramento etc., têm como objetivo colocar-se sob a obrigação de fazer algo. Quando prometo sinceramente a um amigo participar de uma festa de aniversário, expresso a intenção firme de participar da festa. O caso dos atos declaratórios é difícil. O objetivo de um ato declaratório é modificar o mundo (particularmente fatos institucionais, fatos que dependem da existência de instituições e das crenças das pessoas), pela simples enunciação de uma frase. Por exemplo, para fazer uma doação, basta dizer algo como "isto é seu", apresentando o objeto ao interlocutor; o fato de pronunciar a frase nessa circunstância muda algo: o objeto deixa de pertencer ao locutor e passa a pertencer ao interlocutor. Para declarar que duas pessoas são casadas, o locutor (juiz, capitão de navio ou padre) deve ter a autoridade para isso, mas que estados mentais ele/ela deve possuir quando fala sinceramente: "declaro vocês marido e mulher"? Searle, inicialmente, estava em dúvida. Será que preciso ter algum estado mental para fazer um ato declaratório sincero? Chegou a pensar que não. O que significa dizer sinceramente ou de maneira insincera "Eu te batizo ...", por exemplo. Aparentemente, o resultado seria o mesmo se o padre no momento do batismo agisse mecanicamente e sem pensar em nada.

Alguns anos depois, Searle mudou e chegou a pensar que, por exemplo, o presidente de um país que diz, nas circunstâncias apropriadas e frente ao Congresso reunido: "Declaro que estamos em estado de guerra com tal e tal país", deve ter a crença que ele tem autoridade para fazer essa enunciação, o poder de mudar a situação do país ao pronunciar essas palavras e o desejo de fazê-lo. Parece, então, que a situação não é muito clara no que diz respeito aos atos declaratórios. Estes têm a característica de mudar certos fatos institucionais, como a propriedade, o estatuto civil das pessoas (quando deixam de ser solteiros) etc., pelo simples fato da enunciação ter acontecido. Finalmente, a classe dos atos expressivos não tem condições de sinceridade fixas; num caso pode ser uma emoção viva de satisfação (como "Viva a seleção!"), no caso da condolência é um pesar, quem grita "Aí!" expressa dor etc. Resumidamente:

Quadro 1 Classes de atos ilocucionários e suas condições de sinceridade

Classes de Atos de Fala	Condições de Sinceridade
Assertivos	Crença
Diretivos	Desejo
Compromissivos	Intenção
Declaratórios	Nenhum; ou Crença + desejo
Expressivos	Vários, emoções vivas etc.

Fonte: o autor

Outra característica interessante que os atos de fala compartilham com os estados intencionais é a *direção de ajuste*. Há quatro direções de ajuste entre a linguagem e o mundo, e três entre a mente e o mundo. Vejamos. Nossas asserções são verdadeiras quando conseguimos ajustá-las ao mundo; a responsabilidade de um ajuste bem-sucedido recai sobre o falante, que deve usar todas as evidências disponíveis para que sua asserção seja verdadeira e se ajusta às situações no mundo. Nesse caso, a direção de ajuste vai da linguagem em direção ao mundo. O mesmo vale para as crenças: uma crença é satisfeita se ela é verdadeira, e formar crenças verdadeiras é a responsabilidade do agente cognitivo.

Portanto, aqui também, a direção de ajuste vai da mente para o mundo. As ordens e as promessas têm uma direção de ajuste que vai do mundo para a linguagem. Com efeito, nesses casos, o mundo precisa ser transformado de alguma maneira para ajustar-se à ordem ou à promessa.

A responsabilidade do ajuste, no caso da ordem, recai sobre o interlocutor, que deve fazer algo para obedecer à ordem, e, no caso da promessa, recai sobre o locutor, que deve agir para cumprir com a palavra. Quem dá uma ordem expressa um desejo e quem faz promessa expressa uma intenção. Desejo e intenção têm direção de ajuste do mundo para a mente. Algo deve acontecer ou ser feito no mundo para que o desejo e a intenção sejam satisfeitos. O caso dos atos declaratórios, como vimos, é mais complexo e os atos dessa classe têm a dupla direção de ajuste.

Assim, ao fazer uma doação, podemos usar uma frase como "ele é seu" (apontando para um determinado objeto). A frase "ele é seu" descreve a situação como se ela fosse o caso, mas pela vontade do locutor, o mundo é transformado para se ajustar à maneira como ele foi descrito. No entanto, não parece que haja uma direção de ajuste dupla para nenhum estado mental. Não podemos mudar nem fatos institucionais simplesmente pelo ato de pensar. Os atos expressivos não têm direção de ajuste. Quem grita "Aí!" quer só expressar a sua dor, e não realizar um ajuste entre a linguagem e o mundo. De maneira correspondente, a dor não tem uma direção de ajuste entre mente e mundo.

Figura 21 Direções de ajuste linguagem-mundo e mente-mundo

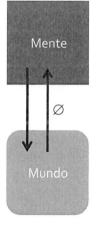

Fonte: o autor

No esquema esquerdo, temos quatro direções de ajuste entre a linguagem e o mundo: a primeira, da linguagem para o mundo, é característica das asserções ou afirmações; a segunda, do mundo para a linguagem, é característica das ordens e promessas; a terceira, a dupla direção de ajuste, é característica dos atos declaratórios (doação, declaração de casamento, de guerra, baptismo etc.); e os atos expressivos têm a direção nula de ajuste (representada aqui pelo símbolo do conjunto vazio "∅"). Quando se trata das direções de ajuste entre a mente e o mundo, não temos a dupla direção de ajuste. Acreditar que o mundo pode ser transformado só por nossos pensamentos seria regredir para aquém do pensamento científico e levar a sério o pensamento mágico. Mas, como vimos, enunciações de certas frases pelas pessoas autorizadas e nas circunstâncias adequadas podem mudar certos fatos institucionais, fatos que dependem de regras, convenções ou rituais, como marcar um gol numa partida de futebol ou ser casado etc. Fatos brutos, como o fato de ter neve no topo do Mont Blanc ou a queda de uma árvore, não podem ser transformados pela linguagem ou ainda menos por representações mentais.

Não podemos tratar dos atos de fala sem considerar estados mentais. A intencionalidade da linguagem *deriva* da intencionalidade "intrínseca" da mente, como vimos na Primeira Parte. A questão fundamental da Filosofia da Mente, segundo Searle, seria: como a intencionalidade é possível? Como estados mentais com conteúdos proposicionais e direção de ajuste podem ser acerca de algo? A resposta de Searle invoca duas noções importantes: a de Rede (*Network*) e a de Pano de Fundo (*Background*). Vimos na seção sobre o Monismo Anômalo, de Davidson, o que significa "holismo" do mental: não podemos ter uma atitude proposicional sem ter muitas outras. Essas "outras" atitudes constituem o que Searle chama de Rede. Cada estado mental do tipo atitude proposicional é situado numa Rede de outras atitudes. Mas existe uma camada mais profunda a explorar, um conjunto de capacidades, habilidades, tendências, inclinações e outras disposições não representacionais, que torna possível o uso de representações, mas que não é parte delas (que não pertence ao nível representacional da atividade mental).

As crenças têm condições de verdade somente em relação a um pano de fundo que não é representado. Searle dá um exemplo bem, simples. Vejo o gato sobre o tapete. Logo, formo a crença de que o gato está sobre o tapete. Agora, vamos imaginar que vejo um gato sobre um tapete pela janela de uma espaçonave no espaço intersideral, e aí digo a mim mesmo: "O gato está sobre o tapete". Mas, refletindo um pouco, dou-me conta que no espaço intersideral não faz sentido usar a relação *estar sobre*, pois não tem um campo gravitacional em relação ao qual poderíamos dizer que x está sobre y. Portanto, quando penso, na Terra, que o gato está sobre o tapete, estou pressupondo o tempo todo um campo gravitacional, mas este não está representado no meu pensamento, apesar de ser necessário para que ele faça sentido. A moral dessa história é a seguinte: as atitudes proposicionais pressupõem uma rede de outras atitudes, e essa rede de atitudes pressupõem por sua vez um pano de fundo de capacidades, habilidades, inclinações e tendências que permite a aplicação de nossas representações. Noutras palavras, *as representações mentais não se autoaplicam*; na base de tudo, deve existir um agente que aplica as representações de acordo com as circunstâncias. O mesmo vale para as representações linguísticas.

Depois do estudo da linguagem, o próximo passo de Searle foi o estudo da mente, particularmente dos estados mentais intencionais, e da relação Corpo-Mente. A posição que ele desenvolveu é chamada de "naturalismo biológico" e pode ser resumida facilmente em duas frases: 1) cérebros causam mentes; e 2) mentes são características de ordem superior dos cérebros. Assim, os eventos, atos e eventos mentais são *fenômenos biológicos*, comparáveis à digestão, à respiração, à circulação sanguínea etc. Crenças, intenções, dores etc. são *causados* pelo funcionamento do cérebro e *realizados* nas estruturas do cérebro.

Searle é resolutamente anticartesiano no seguinte sentido: ele rejeita categoricamente a suposição cartesiana (dualista) de que os termos "mental" e "físico" se excluem mutuamente; que "mental" implica "não físico", e "físico" implica "não mental". Vimos que os eliministas (os Churchlands) parecem aceitar essa incompatibilidade, que eles resolvem argumentando contra a existência de um dos termos (a mente). Searle dissolve essa incompatibilidade de outro modo. Ele aceita, como os naturalistas (e os materialistas em particular), que o mundo é constituído exclusivamente de fenômenos físicos; mas, ao mesmo tempo, aceita que o mundo contém fenômenos mentais irredutíveis. Portanto, o que ele não aceita é a incompatibilidade entre os termos "mental" e "físico". O mental é físico. Os fenômenos mentais são propriedades de ordem superior do cérebro como a solidez é uma propriedade de ordem superior que depende da estrutura molecular ("micro") da matéria. Uma molécula d'água isolada não é líquida, mas um conjunto de milhões de moléculas d'água tem essa propriedade de liquidez. Um neurônio isolado não é consciente, por exemplo, mas bilhões podem produzir algo como a consciência. Uma molécula isolada não é sólida, mas milhões podem produzir a solidez. O mesmo aplica-se ao funcionamento do cérebro. Assim, as propriedades de ordem superiores podem preservar seus poderes causais, como veremos.

Os fenômenos mentais, segundo Searle, têm um modo especial de existir: ontologicamente, eles existem só subjetivamente. A distinção entre a aparência e a realidade vale só para os fenômenos que podemos observar objetivamente no mundo; nesse caso, aplica-se o ditado "as aparências enganam". O que parece champanhe pode ser guaraná, o que você acredita ser ouro pode ser pirita de ferro. O mesmo não vale para os fenômenos mentais. Nesse último caso, não podemos distinguir entre, por exemplo, uma sensação de dor aguda no joelho e a aparência de uma sensação de dor aguda no joelho. *A dor é o que ela aparenta ser*. Não existe nem a possibilidade de uma distinção entre a aparência da dor e o que a dor é realmente. Ela é o que é sentido, e nada além disso. Segundo Searle, portanto, além das entidades que existem no espaço e no tempo, das micropartículas em campos de força até os corpos macroscópicos (pedras, cadeiras, planetas etc.), o mundo contém entidades que têm um modo subjetivo de existir, acessíveis só do ponto de vista da primeira pessoa e que não são publicamente acessíveis do ponto de vista da terceira pessoa.

Existem várias formas de intencionalidade. Mas só duas são biologicamente fundamentais: a percepção e a ação intencional. Essas duas formas de intencionalidade nos colocam em contato direto com o mundo ambiente e são essenciais para a nossa sobrevivência. Minha percepção é sempre percepção de algo no meu ambiente imediato e minha ação é sempre precedida de uma intenção, pelo menos de uma "intenção-na--ação". Sobre a percepção, Searle é um realista direto, o que significa que não existe intermediário entre o objeto percebido e o estado mental de quem percebe. Sua posição contrasta com o idealismo subjetivo (o que é percebido já está na mente e não existe lá fora no mundo). Ela se opõe também à teoria dos dados dos sentidos (*sense data*), os quais são intermediários entre o sujeito da percepção e o objeto percebido; assim, quando olhamos para as trilhas do trem, parece que elas se tocam lá no horizonte, mas sabemos que isso nunca acontece e o que é circular pode parecer oval quando mudamos de posição.

É por meio dessas "aparências" (dados dos sentidos) que percebemos as coisas e nunca podemos saber qual a realidade por trás das aparências, pois só as aparências nos são acessíveis. No realismo direto, só podemos perceber o que existe lá "fora"; o objeto causa a percepção que temos dele (de outro modo, não seria uma percepção, e sim um caso de alucinação). Como a percepção é intencional, ela tem condições de satisfação e uma direção de ajuste (do mundo para a mente): a minha percepção de X é satisfeita se, e somente se, 1) X existe; 2) X causa a própria percepção que tenho dele. A percepção é uma apresentação de suas condições de satisfação, e não uma representação. O caso da ação é inverso da percepção. Segundo Searle, vem em primeiro lugar a intenção prévia, que é uma representação da ação a ser realizada (isto é, uma representação de suas condições de satisfação); essa intenção prévia causa o que ele chama de "intenção-na-ação", que causa por sua vez os movimentos corporais associados à ação; a intenção-na-ação é uma apresentação de suas condições de satisfação. Muitas das ações que realizamos cotidianamente são rotineiras e não formamos uma intenção prévia para elas; mas há sempre uma intenção-na-ação acompanhando e causando todas as ações.

Existe uma diferença interessante entre as ações intencionais e outros estados ou eventos mentais: pode haver crenças falsas, quando o fato descrito não existe, isto é, quando as condições de satisfação da crença não existem; e pode haver fatos sem crenças correspondentes (têm fatos e eventos nos cantos de nossa galáxia sobre os quais ninguém jamais formou uma crença). Pode haver intenções prévias sem ações correspondentes, isso sim, quando somos interrompidos no momento de agir e a ação projetada não é realizada; mas *não pode haver ações sem pelo menos uma intenção-na-ação*. A intenção-na-ação nos informa sobre nossos movimentos corporais. Sabemos a qualquer momento onde estão nossos membros (braços, pernas) e outras partes de nosso corpo com as quais podemos agir diretamente (olhos, cabeça, língua etc.). Sabemos a qualquer momento qual nossa postura (sentado, em pé, deitado etc.) sem precisar para isso observar qualquer coisa. Quando quero colocar um parafuso na parede, minha intenção prévia causa a intenção-na-ação que causa diretamente os movimentos corporais apropriados e a intenção--na-ação apresenta esses movimentos como apropriados (ou não) para satisfazer a intenção prévia.

Como algo como uma intenção prévia pode desencadear um processo motor como a ação de levantar o braço para pedir a palavra numa assembleia? A tese de Searle já mencionada é que os estados mentais são propriedades de ordem superior do cérebro, como outras propriedades do mesmo tipo em outros sistemas físicos, como a solidez da madeira e a liquidez da água. Essas propriedades de ordem superior determinam poderes causais. Assim, com um martelo de manteiga (se isso for possível), não se conseguiria enfiar um prego na parede; mas, com um martelo de ferro duro e sólido, é tarefa fácil. A solidez faz acontecer algo (faz o prego entrar na parede). Da mesma maneira, os estados mentais (que são características de ordem superior do cérebro realizadas nas estruturas do cérebro) podem causar mudanças no mundo. É assim que Searle pretende escapar do epifenomenalismo.

Para tanto, Searle mudou a concepção tradicional de causação. Já encontramos essa concepção em Davidson. Essa concepção clássica vem diretamente de David Hume. Um evento α causa um evento β se e somente se 1) α acontece; 2) depois β acontece; e 3) cada vez que um evento do mesmo tipo que α acontece, depois um evento do mesmo tipo que β. Na concepção de Searle, a causação não requer leis subjacentes. Para que seja verdadeira que α causa β, não é necessária uma lei subjacente. Na concepção clássica da causalidade, a relação entre α e β nunca pode ser uma relação lógica e necessária; também, α, a causa, nunca pode ser uma representação de β, o efeito. Finalmente, a causa sempre vem *antes* do efeito. Na *causação intencional* defendida por Searle, nada disso vale. A relação entre uma intenção e a ação (o efeito) é uma relação lógica e necessária de representação – a representação do efeito não seria a representação que ela é se não for a representação *daquele efeito*. A intenção é uma representação da ação a ser realizada. A ideia básica da causação intencional é "fazer acontecer algo" (*making something happen*). Quando empurro uma cadeira, por exemplo, faço algo acontecer (a cadeira se desloca), mas aqui a causa (a intenção-na-ação) e o efeito são *simultâneos*; não temos aqui uma relação de anterioridade da causa sobre o efeito. Searle oferece um esquema mostrando como a causação mental é possível no naturalismo biológico que ele defende.

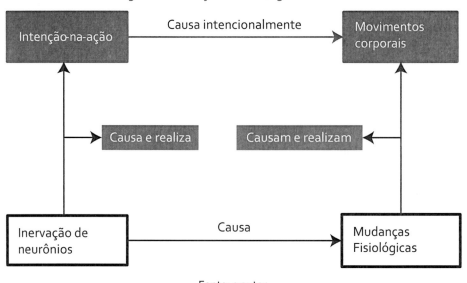

Figura 22 Causação mental segundo Searle

Fonte: o autor

A inervação dos neurônios individuais causa e realiza a intenção-na-ação e causa mudanças fisiológicas, mas o tipo de causação não é o mesmo. Na seta de cima, trata-se de causação intencional, enquanto na de baixo, a causação é cega (a causa não é uma representação ou apresentação do efeito, como a causação representada pela seta de cima). Searle afirma que podemos traçar setas em diagonal indo da inervação dos neurônios em direção aos movimentos corporais e da intenção-na-ação em direção às mudanças fisiológicas. Mas aqui algumas dúvidas são permitidas. Será que a causação intencional na parte de cima do esquema não é meramente epifenomenal?[44]. Será que ela é realmente efetiva? Uma seta indo da intenção-na-ação em direção às mudanças fisiológicas faz realmente sentido? (Veremos na próxima unidade o problema da "causação descendente").

Para terminar esta seção, vale a pena apresentar umas distinções importantes e úteis de Searle relativas à noção de redução, tão importante em Filosofia da Mente. Existe, segundo Searle, muita confusão entre vários tipos de redução, em particular a redução ontológica e a redução causal. A redução causal se define assim: Fenômenos do tipo A são *causalmente redutíveis* a fenômenos do tipo B se e somente se 1) o comportamento do fenômenos de tipo A é completamente e causalmente explicado pelo comportamento dos fenômenos do tipo B, e 2) os fenômenos do tipo A não possuem nenhum poder causal a mais do que os possuídos pelos fenômenos do tipo B. Assim, quando o papel tornassol se torna vermelho numa solução ácida, toda a explicação vem do comportamento das moléculas ao nível "micro"; o mesmo vale da solidez ou da liquidez, propriedades de ordem superior que dependem inteiramente do comportamento das moléculas e de nada mais. Um arco-íris é completamente e causalmente explicado pelo fenômeno da refração da luz solar nas gotas d'água, e o arco-íris, claramente, não possui nenhum poder causal próprio.

A redução ontológica é bem diferente: fenômenos do tipo A são ontologicamente fenômenos do tipo B se e somente se todos os fenômenos do tipo A não são nada a não ser fenômenos do tipo B. Os corpos materiais não são nada a não ser coleções de moléculas. Um pôr do sol não é nada a não ser uma aparência gerada pelo movimento de rotação da Terra na presença do Sol. Segundo Searle, no caso da consciência e da intencionalidade, podemos proceder a uma redução causal (a consciência é inteiramente e causalmente explicada pelo comportamento dos neurônios, sinapses e neurotransmissores), mas não a uma redução ontológica! Isso porque o conceito de consciência serve justamente para capturar aspectos

---

[44] *Cf.* Tárik Prata (2011).

subjetivos, acessíveis somente em primeira pessoa. Esses aspectos são perdidos completamente numa perspectiva em terceira pessoa. Como já vimos, no caso da solidez e da liquidez, a distinção aparência-realidade aplica-se perfeitamente, mas não quando se trata da consciência.

Uma comparação com as cores pode ser instrutiva aqui. Podemos reduzir o fenômeno das cores a cumprimentos de ondas, mas não fazemos isso no caso da dor, por exemplo, pois a própria definição da dor apela para a *sensação de dor*, enquanto podemos definir as cores independentemente de como é sentir a vermelhidão, por exemplo. Algumas reduções eliminam o fenômeno (o mundo não contém nenhum pôr do sol, nenhum arco-íris etc.). Outras não fazem isso: a liquidez e a solidez não são eliminadas por nenhuma redução, mesmo pela redução causal. No caso da consciência, se me parece que estou consciente, então estou consciente (não posso me enganar pensando que estou consciente quando estou consciente, pois aqui não há distinção entre aparência e realidade). A consciência existe. Uma redução causal é possível, mas não uma redução ontológica do tipo que elimina o fenômeno.

Unidade 2.8
Os fisicismos: reducionista e não reducionista

Figura 23 – Jaegwon Kim (1934-), filósofo estadunidense de origem coreana, é um dos mais importantes metafísicos vivos. Ele é hoje o principal defensor do fisicismo reducionista
Fonte: domínio público

O fisicismo existe em duas versões: reducionista e não reducionista. A primeira tenta identificar tipos mentais a tipos neuronais, como na teoria da identidade, mas usando uma estratégia diferente; a segunda usa a noção de superveniência: o mental sobrevém do físico, mas não se reduz ao físico. Jaegwon Kim foi um dos filósofos que mais escreveu sobre a noção de superveniência depois de sua introdução em Filosofia da

Mente por Donald Davidson. No entanto, acabará por rejeitar o fisicismo não reducionista e a solução da superveniência, porque só uma redução ao físico (ou a inclusão do mental no físico) consegue tornar inteligível a causação mental. E sem a causação mental, nada mais faz sentido no mundo que habitamos.

Os termos "fisicismo" e "materialismo" são regularmente usados como se fossem sinônimos. Vamos tentar definir melhor esses termos. Vimos que o monismo se opõe ao dualismo (e também ao "pluralismo"). "Monismo" significa o mesmo que "um só tipo de coisas". Um monista é alguém que acredita que o mundo, portanto, é constituído de um só tipo de coisas ou coisas de uma única e mesma natureza. Tradicionalmente, os monistas são ou *idealistas* (tudo o que existe é mental, ou produzido pela mente, ou depende da mente; noutras palavras, nada existe que não pressupõe uma mente que pensa e percebe), ou *materialista* (tudo é material, constituído de matéria ou depende diretamente e fortemente do que é material). Qual é, então, a diferença entre um monista materialista e um fisicista? O primeiro afirma que tudo é feito de matéria, mas a física, afinal, é também, entre outras coisas, uma teoria da matéria. No entanto a física admite a existência de coisas que não parecem ser feitas de matéria: forças, ondas, energias e campos, por exemplo. Portanto, uma formulação correta de fisicismo seria: basicamente, todos os fatos são fatos físicos (isto é, que podem ser descritos usando as categorias da física — força, energia, campos etc.). Mais precisamente, *todos os fatos são físicos ou dependem estritamente de fatos físicos.*

Algumas características da física como ciência devem ser aqui destacadas, bem como alguns princípios metafísicos importantes usados pelos fisicistas. A física é a mais *geral* de todas as ciências da natureza no seguinte sentido:

Generalidade da física: *todos os objetos e eventos que existem no espaço-tempo têm propriedades físicas, e as leis da física governam o comportamento de todos esses objetos e eventos.*

O fisicista diz que a física nos conta toda a história sobre o universo e, em particular, sobre a causação de eventos físicos. Assim, a física explica causalmente e completamente a ocorrência de qualquer evento físico, de acordo com suas leis. Essa é a tese da *completude* da física.

Completude da física: *todo evento físico possui uma causa física que é suficiente para sua ocorrência, em virtude das leis da física.*

A física é "completa", quer dizer: causas físicas são sempre suficientes para fazer acontecer todos os efeitos físicos. Nunca somos obrigados, na física, a introduzir outros tipos de causa para explicar fenômenos físicos. Nesse sentido, os sistemas físicos são fechados. Esse princípio é também conhecido como Princípio do Fechamento Causal do Mundo Físico:

Fechamento causal do domínio físico: *se um evento físico tem uma causa no momento t, então ele tem uma causa física no momento t.*

Outro princípio muito importante é o seguinte:

Princípio da exclusão causal: *se um evento E tem uma causa suficiente C no momento t, então nenhum outro evento distinto de C pode ser a causa de E (a menos que haja um autêntico caso de sobredeterminação causal).*

Há sobredeterminação causal quando duas ou mais causas, cada uma suficiente, agem ao mesmo tempo para causar um mesmo efeito. Por exemplo: um mafioso é assassinado; recebeu dois tiros de dois gângsteres, e cada tiro, sozinho, teria sido suficiente para causar a morte do mafioso.

Juntando os princípios do fechamento causal e da exclusão causal, podemos concluir que se um evento físico tem uma causa suficiente, essa causa tem que ser de natureza física, jamais de outra natureza (não poderia ser de natureza mental, por exemplo). Vamos acrescentar mais alguns princípios metafísicos.

O próximo foi formulado pela primeira vez por Platão e é conhecido hoje como **Máxima de Alexander** (do filósofo britânico de origem australiana Samuel Alexander [1859-1938]): *ser é possuir poderes causais* ("*To be is to have causal powers*"). Noutras palavras: uma coisa que não pode fazer acontecer nada não é nem uma coisa ou, ainda, existir, é ter a capacidade de causar ou fazer acontecer algo. Isso inclui a capacidade de receber a influência causal de outras coisas ou outros eventos. Por exemplo, uma bala vai ricochetear sobre uma placa de metal, porque a placa de metal tem o poder causal de resistir à penetração de outros objetos.

Algumas explicações são necessárias antes de introduzir o último princípio. Vimos na seção anterior sobre o naturalismo biológico que certas propriedades, como liquidez, solidez ou qualquer propriedade mental são propriedades de segunda ordem que dependem de propriedades de primeira ordem (relativas ao comportamento de átomos, moléculas ou neurônios) que *realizam fisicamente* essas propriedades de segunda ordem. As propriedades de segunda ordem não podem ser instanciadas por um objeto sem que, necessariamente, as propriedades de primeira ordem que as realizam sejam também instanciadas. Propriedades determinam poderes causais. Uma coisa, um evento, pode causar algo porque possui tal e tal propriedade. Um martelo deixa uma marca profunda na parede porque é duro, mas essa solidez depende inteiramente das características dos átomos e moléculas que o constituem. As propriedades de ordem superior não acrescentam nenhum novo poder causal que não seja inteiramente e causalmente explicável pelas propriedades da ordem imediatamente inferior.

Agora, vamos ver um último princípio, chamado **Princípio da herança causal:** *se uma propriedade de segunda ordem G é realizada numa ocasião particular, por uma propriedade de primeira ordem H, então os poderes causais dessa instância particular de G são idênticos aos poderes causais de H (ou formam um subconjunto destes).*

Noutras palavras, as propriedades de ordem superior não introduzem nenhum novo poder causal; os poderes causais que elas determinam são iguais (no máximo) aos poderes causais das propriedades de base, que são sempre mais fundamentais. As propriedades de ordem superior podem ser propriedades químicas, biológicas ou neurofisiológicas; o que importa para o fisicista é que todas essas propriedades são fundamentadas em propriedades físicas.

Estamos agora em posição de entender o argumento que levou finalmente Kim a rejeitar o fisicismo não reducionista e a ser visto hoje como o principal defensor do fisicismo reducionista. O argumento que ele apresenta contra a versão não reducionista do fisicismo é conhecido como "Argumento da Superveniência". Kim vê esse argumento como uma *reductio ad absurdum* de qualquer abordagem não reducionista do mental, partindo da hipótese de que a relação de superveniência representa, supostamente, a melhor opção para "amarrar" o mental ao físico e, ao mesmo tempo, preservar a autonomia da psicologia e das ciências especiais. Vamos imaginar a seguinte situação: você recebe uma prestigiosa bolsa de estudos e a notícia lhe causa uma grande alegria. Essa alegria causa o desejo de ligar para sua mãe que sempre lhe encorajou. Vamos considerar o seguinte esquema

Figura 24 O problema da exclusão causal

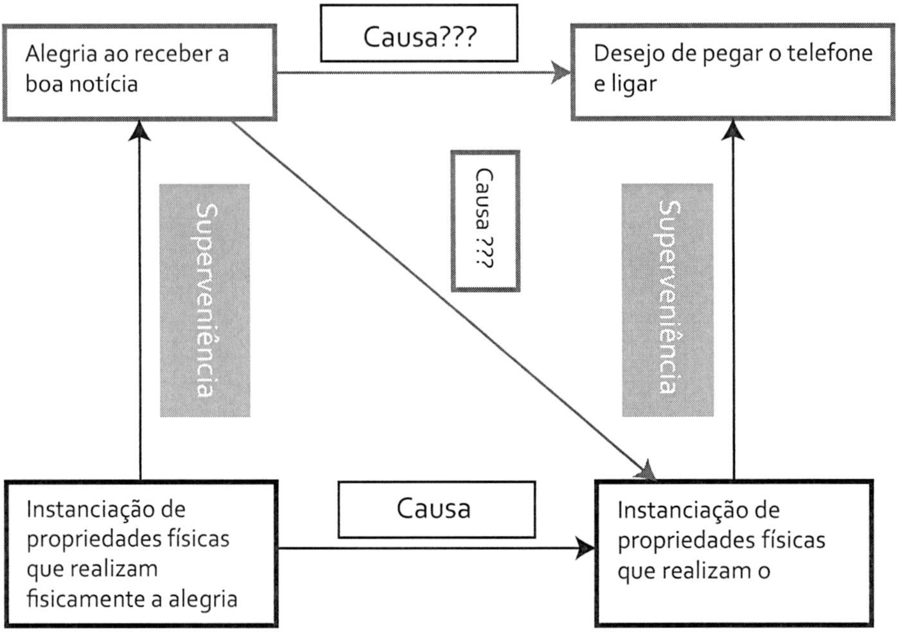

| Alegria ao receber a boa notícia | **Causa???** | Desejo de pegar o telefone e ligar |

Superveniência — Causa ??? — Superveniência

| Instanciação de propriedades físicas que realizam fisicamente a alegria | **Causa** | Instanciação de propriedades físicas que realizam o |

Fonte: o autor

O que devemos pensar dessa representação esquemática à luz dos princípios apresentados em cima? Os estados mentais sobrevêm de estados físicos (ou químicos, biológicos, neuronais etc.); eles são determinados por estes e ficam na dependência deles. Considerando a parte de baixo do esquema, ali tudo parece estar em ordem, à luz dos princípios de generalidade e de completude da física. A causação indo do retângulo preto esquerdo para o retângulo preto direito deve ser regida pelas leis da física. Mas a *causação mental* entre os retângulos de cima é muito problemática se aceitarmos a hipótese de que a relação certa entre o mental e o físico é a relação de superveniência. Por que deveríamos levar a sério a relação causal entre a alegria e o desejo (na parte de cima), se a relação causal entre a instanciação das propriedades que realizam a alegria e a instanciação das propriedades que realizam o desejo já é suficiente para causar o efeito (o desejo de pegar o telefone e ligar para sua mãe)? Basta lembrar os princípios de fechamento causal do mundo físico e da exclusão causal para entender o status precário da causação mental indo da alegria ao desejo. O princípio da generalidade da física diz que tudo o que existe deve ter pelo menos uma propriedade física. Os princípios do fechamento causal dos sistemas físicos e da exclusão causal descartam a possibilidade de intervenção de uma causa não física em qualquer sistema físico; além do mais, as causas físicas são sempre suficientes para explicar os eventos físicos, como aqueles que acontecem no cérebro e representados nos quadros pretos da esquerda e da direita do esquema. A relação causal entre o estado mental de alegria e o do desejo aparece como "epifenomenal", aparente, ilusória. O princípio de exclusão causal rejeita a possibilidade de uma *causação descendente* (*downward causation*) indo do retângulo do canto esquerdo em cima, para o retângulo preto do lado direito. Seria uma intrusão de uma causa não física num sistema físico. Podemos ir mais longe: se o mental não faz acontecer nada especificamente, como parece até agora, pela aplicação da máxima de Alexander, deveríamos admitir, como os eliministas, que o mental não existe por ser causalmente inerte. A causação mental é uma convicção de senso comum de fundamental importância para nossa vida cotidiana, para fazer sentido do mundo no qual vivemos, algo que podemos verificar a qualquer momento de nossas vidas. Tudo isso não passaria de uma ilusão? Como dizia Jerry Fodor:

> [...] se não é literalmente verdadeiro que meu querer [pegar algo] é causalmente responsável por minha ação de pegar, e que a coceira que sinto é causalmente responsável por minha ação de coçar, e que minha crença é causalmente responsável pelo que eu afirmo..., se nada disso é literalmente verdadeiro, então praticamente tudo o que eu acredito é falso e seria o fim do mundo. (Fodor, 1990, p. 156, tradução minha).

A moral dessa história, para Kim, é a seguinte: se a superveniência é nossa melhor opção, então a causação mental é ininteligível! Eis a conclusão do Argumento da Superveniência.

Qual a solução proposta por Kim? *Integrar o mental no físico, reduzir as propriedades mentais às propriedades físicas, relativizando estas a uma espécie particular.* A redução proposta por Kim é a *redução funcional.* A redução funcional consiste em identificar as propriedades mentais com seus realizadores físicos relativamente a uma espécie particular. Assim, temos uma identidade tipo-tipo, mas *relativa a uma espécie.* Marcianos poderiam sofrer dores mesmo com uma biologia distinta da nossa. Assim, se M é um estado mental de dor, e F um realizador físico de M, então M será idêntico a F1 na espécie 1, M = F2 na espécie 2 etc. Essa relativização às espécies permite contornar a objeção do chauvinismo biológico e da realizabilidade múltipla que Putnam dirigiu contra a teoria da identidade Mente-Cérebro. Como toda instância de M tem os mesmos poderes causais que seu realizador físico F (devido ao princípio de herança causal), então todo o trabalho causal e explicativo efetuado por uma instância de M que sempre coincide com uma instância de F é feito por F, pois M = F. Ao realizador físico de uma propriedade mental (isto é, a instanciação de propriedades físicas que são suficientes para a instanciação de uma propriedade mental), é *associado certo papel causal.* A proposta de Kim é, na medida do possível, *funcionalizar* as propriedades mentais. Já vimos isso anteriormente. Uma propriedade mental M, identificada no vocabulário da língua comum como "alegria" (ou "dor", "crença", "desejo" etc.), é redefinida de modo relacional ou funcionalmente como certo papel causal, isto é, é redefinida a partir de suas causas e seus efeitos, como no funcionalismo. Um estado mental particular, M, torna-se um simples ocupante de um papel causal típico, com suas causas típicas e seus efeitos típicos. Como vimos, a dor é causada, tipicamente, por pancadas, cortes, queimaduras etc. e tem como efeitos típicos, caretas, gritos etc. M é uma propriedade de segunda ordem (como a solidez, a liquidez etc.), e ter a propriedade M é o mesmo que ter uma propriedade com uma especificação de seus potenciais causais típicos, e essa propriedade pode então ser identificada com uma propriedade física F que preenche exatamente esse tipo de especificação causal, o mesmo que M (F é causada pelo mesmo tipo de causas e causa o mesmo tipo de efeitos). Assim, no final, podemos afirmar: M = F. Isso completa a redução do mental ao físico.

Vamos recapitular o Argumento da Superveniência, de uma maneira um pouco mais formal, lembrando da importância de preservar a causação mental de modo a torná-la inteligível. A causação mental foi o calcanhar de Aquiles do dualismo cartesiano. Será que o fisicismo não reducionista (também chamado por Kim de "emergentismo") consegue fazer melhor, com sua tese central da superveniência mente-corpo? Para facilitar as coisas, podemos imaginar que M representa a alegria do esquema anterior, M* o desejo de ligar, F a instanciação das propriedades que realizam a alegria e F* a instanciação das propriedades que realizam fisicamente o desejo de ligar. Assim, vai o argumento:

1. *Ou a superveniência mente-corpo é a visão correta da relação corpo-mente ou não é.*

Já vimos com Davidson o que é a superveniência. Kim a define da seguinte maneira: "se um organismo instancia uma propriedade mental M ao momento t, então existe uma propriedade física de base F tal que o organismo tem F ao momento t e, necessariamente, qualquer coisa possuindo F a esse momento tem ao mesmo momento M." (Kim, 1998, p. 39, tradução minha).

2. *Se a superveniência mente-corpo fracassa, então, supostamente, não há nenhuma alternativa promissora de tornar a causação mental inteligível.*

Muitos autores defenderam essa ideia, como Jerry Fodor. Aparentemente, a motivação por trás de 2) é que a superveniência, ao contrário do dualismo, amarra o mental ao físico de tal maneira que nenhum fenômeno mental seja possível sem que um conjunto de condições físicas ou base física apropriada seja necessariamente presente. Assim, a superveniência aparece como uma maneira de preservar a causação mental e respeitar ao mesmo tempo o fechamento causal do domínio físico.

3. *Suponha que uma instância de uma propriedade mental M causa a instanciação de uma propriedade M*.*

Esse é um caso de causação mental, que vai do mental para o mental (por exemplo, da alegria para o desejo). Outros casos vão do físico para o mental (o caso da percepção) ou do mental para o físico (o caso da ação intencional). Pela premissa 2), temos:

4. *M* tem uma base física de superveniência F*.*

Mas de onde vem a instanciação de M* nessa ocasião? Aqui temos, ao que parece, só duas respostas possíveis:

5. *M* é realizada nessa ocasião: (a) porque, por hipótese, M causou a instanciação de M* ou (b) porque F*, a base física da superveniência de M*, é instanciada nessa ocasião.*

Como F* é suficiente para garantir a presença de M*, essa situação coloca em risco a afirmação de que M causou M*. A única maneira de resgatar M como causa de M* seria admitir o seguinte:

6. *M causa M* causando F*. M causa indiretamente M* causando primeiro a instanciação de F*, sua base física.*

Às vezes podemos agir assim, indiretamente, sobre nosso cérebro para ter certo efeito mental, por exemplo, quando tomamos Aspirina para aliviar uma dor de cabeça. Mas 6) afirma que uma causação do mental para o mental, de M para M*, é possível só por meio de um caso de causação descendente (*downward causation*), a causação de F*. No entanto

7. *M também tem sua base física de superveniência F.*

O que devemos fazer agora é comparar o status causal de M e F como candidato ao título de causa de F*. Qual o melhor e mais sério candidato nesse caso? Aqui temos um caso claro de "preempção" favorecendo F em relação a M como causa de F*; de fato devemos preferir F a M já que F é suficiente para F* em virtude de leis ("nomologicamente" suficiente, então) e serve de base da superveniência para M, de tal maneira que M seria só indiretamente suficiente para F*. Noutras palavras, se F é suficiente para M e M é suficiente para F*, então F é suficiente para F*. Mas a relação de F a M não é causal; é a relação de superveniência. Numa relação causal, a causa, normalmente, precede o efeito; na relação de superveniência, as mudanças nas propriedades de base e nas propriedades supervenientes são simultâneas.

Acima de tudo, aceitar M como intermédio causal entre F e F* seria uma clara violação do Princípio do Fechamento Causal do Domínio Físico. Pensar que F e M, *juntos*, formam uma causa suficiente de F*, M sendo uma parte essencial da causa, de novo, viola o Fechamento Causal do Domínio Físico. A questão agora é: estamos realmente diante de um autêntico caso de sobredeterminação causal? Algo não físico contribuiria para um acontecimento no domínio físico. Finalmente, se cada vez que duas causas M e F (uma mental, outra física) são suficientes cada uma (como se espera num verdadeiro caso de sobredeterminação causal), então essa situação geral seria um verdadeiro convite a considerar a causa mental sempre dispensável. É muito mais natural, por todas essas razões, ver a situação da seguinte maneira:

8. *F causa F*, M sobrevém de F da mesma maneira que M* sobrevém de F*.*

Devemos prestar atenção às diferenças entre verdadeiros processos causais e regularidades não causais, parasíticas e dependentes dos verdadeiros processos causais. Kim compara a causação que vai de M a M* a uma sequência de sombras lançada por um carro em movimento: não há nenhuma conexão causal direta entre a sombra do carro ao momento t e a sombra do mesmo carro ao momento t+1. Assim, a conclusão parece obrigatória:

9. *A relação causal de M a M* e a relação causal de M a F* são somente aparentes, como a sombra de um autêntico processo causal indo de F a F*.*

A conclusão do Argumento da Superveniência é um dilema que ataca as pretensões do fisicismo não reducionista.

10. *Se a superveniência Mente-Corpo falha, a causação mental (ex hypothesi) é ininteligível; e se ela é correta, de novo, a causação mental é ininteligível. Por conseguinte, a causação mental, na versão do fisicismo não reducionista, é ininteligível.*

Essa conclusão é chamada por Kim de "a revanche de Descartes". Descartes não podia fazer sentido da causação mental e nunca explicou como uma causa imaterial poderia ter efeitos no mundo material. Os fisicistas não reducionistas acreditavam estarem numa situação muito mais confortável que Descartes, mas não! Eles também não conseguem fazer sentido da causação mental.

A solução de Kim, vimos, consiste em integrar o mental no físico recorrendo à estratégia da redução funcional. Mas isso não parece funcionar muito bem para os *qualia*. Como vimos no início da Segunda Parte, a redução funcional soluciona os problemas "fáceis" da consciência, mas não oferece uma solução promissora para o problema difícil (*hard problem*) que diz respeito aos *qualia*. Kim não acredita que seja possível usar essa estratégia de redução funcional para os *qualia*. O fisicismo que ele oferece, portanto, é só algo que se aproxima de uma situação que um fisicista poderia considerar como ideal. Isso porque, como observa Tim Crane, o problema da causação mental inclina os filósofos para o fisicismo, mas o problema dos *qualia* e da consciência nos inclina para o dualismo.

RESUMO

O objetivo desta Segunda Parte foi apresentar as principais escolas ou correntes em Filosofia da Mente tendo como foco o problema metafísico central da disciplina: o problema da relação Corpo-Mente. Mais precisamente, procuramos responder às seguintes perguntas: qual a relação entre a mente e o corpo vivo? E qual a natureza dos estados, eventos e atos mentais? Como os estados mentais determinam o comportamento? Vimos, na ordem cronológica, as respostas do dualismo, do epifenomenalismo, do behaviorismo, do materialismo da teoria da identidade, do funcionalismo, do monismo anômalo, do naturalismo biológico e do fisicismo reducionista e não reducionista, apontando cada vez os limites e dificuldades de cada uma dessas opções teóricas.

REFERÊNCIAS

ARMSTRONG, David, **The Mind-Body Problem**. An Opinionated Introduction. Boulder: Westview, 1999.

BAKER, Lynne R. **Saving Belief**. A Critique of Physicalism. Princeton: Princeton University Press, 1987.

BAYLE, Pierre. [1697]. Rorarius. *In*:Pierre Bayle, **Dictionnaire historique et critique**. Paris: Éditions Sociales, 1974. p. 178-196.

BLOCK, Ned. Troubles with Functionalism. *In*: SAVAGE, C. W. (org.). **Perception and Cognition**. Minneapolis: University of Minnesota Press, 1978. p. 261-325.

CARTWRIGHT, Nancy. Fundamentalism vs The Patchwork of Laws. **Proceedings of the Aristotelian Society**, [*s. l.*], v. 93/2, p. 279-92, 1994.

CHALMERS, David. Facing Up to the Problem of Consciousness. **Journal of Consciousness Studies**, [*s. l.*], v. 2, n. 3, p. 200-19, 1995.

CHALMERS, David. **Philosophy of Mind**. Classical and Contemporary Readings. Oxford: O. U. P., 2002.

CHALMERS, David. **The Character of Consciousness**. Oxford: Oxford University Press, 2010.

CHISHOLM, Roderick. Sentences about Believing, **Proceedings of the Aristotelian Society**, v. 56, 1955-6.

CHURCHLAND, Patricia. **Neurophilosophy**: Toward a Unified Science of the Mind-Brain. Cambridge (MA): MIT Press, 1986.

CHURCHLAND, Paul. **Matéria e Consciência**. São Paulo: Unesp, 2004.

CRANE, Tim. **Elements of Mind**. Oxford: O. U. P., 2001.

CRANE, Tim. The mental Causation Debate. **Proceedings of the Aristotelian Society**, Sup. v. LXIX, p. 1-23, 1995.

CRANE, Tim. The origins of Qualia. *In*: CRANE; PATTERSON. **History of the Mind-Body Problem**. Oxford: Routledge, 2001.

CRANE, Tim; PATTERSON, S. (org.). **History of the Mind-Body Problem.** Londres e Nova Iorque: Routledge, 2000.

DAVIDSON, Donald. Mental Events. *In*: FOSTER, L.; SWANSON, J. (org.). Experience and Theory. Amherst: University of Massachusetts Press, 1970. (Publicado de novo em BLOCK, Ned (org.). **Readings in Philosophy of Psychology**. Cambridge: Harvard University Press, 1980. v. 1. p. 107-119).

DESCARTES, René. **Discours de la Méthode** (1937), apresentação e notas de E. Gilson, Paris, Vrin, 1966. FODOR, Jerry A. **A Theory of Content and other Essays**. Cambridge (MA): MIT Press, 1990.

DESCARTES, René. **Méditations métaphysiques**. Paris: Presses Universitaires de France, 1974.

DESCARTES, René. **The Language of Thought**. New York: Thomas Y. Crowell, Co., 1975.

FODOR, Jerry, Making Mind Matter More, *In* Jerry Fodor, **A Theory of Content and Other Essays.** Cambridge (MA): MIT Press, 1990.

GARBER, Daniel. Understanding Interaction: What Descartes Should Have Told Elizabeth. *In*: GARBER, D. *In* **The Southern Journal of Philosophy** 21 (S1):15-32 (1982), 18-32.

GUTTENPLAN, Samuel (org.). **A Companion to the Philosophy of Mind**. Oxford: Blackwell, 1994.

HUXLEY, Thomas H. On the Hypothesis that Animals are Automata, and its History. **Fortnightly Review**, [*s. l.*], v. 16, p. 555-580, 1874.

KIM, Jaegwon. **Essays in the Metaphysics of Mind**. Oxford: Oxford University Press, 2010.

KIM, Jaegwon. **Mind in a Physical World**. An Essay on the Mind-Body Problem and Mental Causation. Cambridge (MA): MIT Press, 1998.

KIM, Jaegwon. **Philosophy of Mind**. Boulder: Westview, 1996.

KIM, Jaegwon. **Physicalism, or Something Near Enough.** Princeton: Princeton University Press, 2005.

KIM, Jaegwon. **Supervenience and Mind**. Cambridge: Cambridge University Press, 1993.

LEVINE, Joseph. Materialism and Qualia: The Explanatory Gap. **Pacific Philosophical Quarterly**, [*s. l.*, v. 64, 1983, p. 354-361.

LEWIS, David K. Mad Pain and Martian Pain. *In*: BLOCK, Ned (org.). **Readings in the Philosophy of Psychology**. Cambridge (MA): Harvard University Press, 1980. v. 1. p. 216-222.

LEWIS, David K. Psychophysical and Theoretical Identifications. **Australasian Journal of Philosophy,** v. 50, p. 249-258, 1972.

NAGEL, Thomas. **Mortal Questões.** Cambridge, C. U. P., 1979.

O'SHEA, Michael. **The Brain.** A Very Short Introduction. Oxford: Oxford University Press, 2005.

PRATA, Tárik, É Incoerente a Concepção de Searle sobre a Consciência? **Manuscrito,** [s. l.], v. 34, n. 2, p. 557-578, 2011.

PUTNAM, Hilary. The Nature of mental States. 1973. *In*: CHALMERS D. (org.). **Philosophy of Mind**. Classical and Contemporary Readings. Oxford: O.U.P., 2002, 73-79.

ROCHA, Ethel, Dualismo e Atributos Essenciais no Sistema Cartesiano. **Analytica,** [s. l.], v. 10, n. 2, p. 89-105, 2006.

ROSENTHAL, David M. **Materialism and the Mind-Body Problem**. Indianapolis: Hackett Publishing Company, 2000.

RUSSELL, Bertrand. **The Analysis of Mind**. Londres: George Allen & Unwin Ltd., 1921.

RYLE, Gilbert. **The Concept of Mind**. Londres: Barnes & Noble, 1949.

SEARLE, John. **Intentionality**. An Essay in the Philosophy of Mind. Cambridge: C. U. P., 1983.

SEARLE, John. **The Rediscovery of the Mind**. Cambridge (MA): MIT Press, 1992.

SMART, James, Jamieson, Sensations and Brain Processes. **The Philosophical Review**, v. 68, n. 2, p. 141-156, apr. 1959.

TURING, Alan M. Computing Machinery and Intelligence. **Mind**, v. 59, p. 433-460, 1950.

U.S. BELIEF in God down, belief in theory of evolution up. **UPI**, [s. l.], 22 dez. 2013. Disponível em: https://www.upi.com/Health_News/2013/12/22/US-belief-in-God-down-belief-in-theory-of-evolution-up/24081387762886/. Acesso em: 12 abr. 2018.

YABLO, Stephen. Is Concevability a Guide to Possibility? **Thoughts**, cap. 2. Oxford: O. U. P., 2008.

TERCEIRA PARTE

PSICOLOGIA, FENOMENOLOGIA E RESPONSABILIDADE

Unidade 3.1
A Mente Psicológica

A distinção entre a mente psicológica e a mente fenomenal foi introduzida por David Chalmers (1996) numa obra bastante influente, *The Conscious Mind*. Ela é perfeitamente natural e até necessária. Ter uma mente não é só estar consciente, ter sensações de todo tipo e percepções. É também ter estados mentais que atribuímos uns aos outros para explicar (compreender, fazer entender, tornar inteligível) o comportamento. A mente fenomenal é caracterizada pela maneira como *sente*; a mente psicológica é caracterizada pelo que ela *faz*. São esses estados mentais, como intenções, desejos, crenças, que Bertrand Russell chamava de "atitudes proposicionais".

Figura 25 – Bertrand Russell (1872-1970), um gigante da Filosofia do século XX. Autor de uma obra imensa, em particular Analysis of Mind (1921)
Fonte: domínio público

O que são as atitudes proposicionais?

Nossos estados mentais sempre têm conteúdos. Esses conteúdos podem ser não conceituais (no caso das experiências sensoriais, lembranças, imaginações, imagens oníricas etc.) ou conceituais (no caso das crenças, desejos, intenções, receios etc.). As atitudes proposicionais são estados mentais com conteúdo conceitual. Russell cunhou a expressão "atitude proposicional" para designar a relação entre um sujeito e uma proposição. A relação pode variar com a atitude; ela não é a mesma no caso da crença e no caso da intenção, por exemplo. A proposição não depende de uma linguagem particular (frases de várias linguagens podem expressar a mesma proposição) e é constituída de conceitos. Mas o que são proposições e o que são conceitos? Neste curto capítulo, não poderemos apresentar todas as teorias em detalhes. Vamos apresentar aqui uma visão panorâmica e incompleta, mas esperamos que seja suficiente para do entendimento do leitor.

Como especificamos o conteúdo das atitudes proposicionais?

Para especificar o conteúdo de um estado mental usamos uma frase de uma língua pública, que expressa uma proposição. Mas isso não quer dizer que temos uma proposição na mente ou diante da mente. Nem a introspeção mais cuidadosa, nem a fenomenologia mais acurada revelam a presença de proposições em nossa mente. Para expressar ou atribuir uma atitude proposicional, usamos frases ou clausulas como "que a Seleção vai ganhar a Copa", "que o aniversário de Clarisse é no dia 7 de agosto", "que morra o espião escondido por trás da cortina" etc. precedidas de "verbos de atitudes", como "acreditar", "ter a intenção de fazer com que" etc. Assim temos frases como: "João acredita que a Seleção vai ganhar a Copa", "Acredito que o aniversário de Clarisse é no dia 7 de agosto", "Hamlet estendeu seu braço armado de uma espada com a intenção de fazer com que morra o espião escondido por trás da cortina" etc. Na tradição da *lógica intensional* criada por Gottlob Frege, as subordinadas começando por "que" (*that clause*) denotam proposições, que são entidades abstratas articuladas com várias funções. Elas servem como sentido de frases declarativas, como portadores de valores de verdade (são as entidades que, em primeiro lugar, são ditas verdadeiras ou falsas), como conteúdo de atos ilocucionários (asserções, questões, ordens, promessas etc.) e como conteúdo de estados cognitivos (acreditar que o vizinho é rico não é acreditar que o prefeito é rico, mesmo se o vizinho é o prefeito, pois as proposições são diferentes).

O que são proposições?

Na filosofia contemporânea, as duas concepções de proposição consideradas "clássicas" são certamente as de Frege e Russell. Na concepção de Frege, uma proposição (ou "pensamento", como dizia Frege) é constituída de sentidos (*Sinne*) ou "modos de apresentação". Um modo de apresentação é um aspecto sob o qual o referente é apresentado. "Vénus é a estrela da manhã" e "Vénus é a estrela da tarde" expressam proposições diferentes, porque as descrições "estrela da manhã" e "estrela da tarde" expressam sentidos ou modos de apresentação distintos. As duas descrições apresentam Vénus sob aspectos diferentes. Uma proposição, para Frege, é sempre constituída de uma sequência de sentidos: $<S_1, S_2, S_n>$. As proposições e os modos de apresentação em geral são extramentais; são entidades abstratas apreendidas por atos mentais, mas independem da mente e do mundo físico.

O que chamamos hoje de "proposição russelliana" (ou "proposição singular") é bem diferente. Na tradição da referência direta iniciada por John Stuart Mill, a referência, mental ou linguística, a um objeto, não requer a mediação de um sentido ou modo de apresentação, como na tradição fregeana. Uma proposição russelliana do tipo mais simples contém o próprio objeto e uma propriedade, e não modos de apresentação de um objeto e de uma propriedade. Temos assim uma sequência como $<O, Prop.>$. A utilidade das proposições russellianas apareceu na década de 1970 com os trabalhos sobre os indexicais (ou deícticos) e demonstrativos, frases contendo expressões como "isto", "isso", "aquele", "agora", "aqui", "eu", "você" etc. As frases seguintes são verdadeiras ou falsas ao mesmo tempo e pelas mesmas razões: "Eu moro em Brasília", dita por mim, "Você mora em Brasília", dita por uma amiga falando comigo, "Ele mora em Brasília", dita por alguém falando com um terceiro e apontando na minha direção, e "André Leclerc mora em Brasília", dita por um servidor público preenchendo um formulário. Todas essas frases são verdadeiras se, e somente se, o indivíduo de carne e ossos, André Leclerc, instancia a propriedade de morar em Brasília.

Existem outras concepções de proposições. Como conjunto de situações (mundos) possíveis onde a proposição é verdadeira. Uma proposição necessária é verdadeira em todos os mundos possíveis; uma proposição possível é verdadeira em pelo menos um mundo possível. Scott Soames tentou conectar as proposições às atividades cognitivas dos sujeitos epistêmicos; elas são abstraídas como tipo (*type*) de atos de predicação (Soames, 2010, p. 94-95). Proposições são assim construções teóricas que permitem rastrear as predicações que formam a vida cognitiva dos agentes.

Finalmente, uma concepção de proposição como sentido de uma frase declarativa e como conteúdo de atos ilocucionários da forma F(P) (Vanderveken, 1988). Como entidades abstratas articuladas, têm constituintes organizados em termos de predicação e têm condições de verdade. "João ama Maria" e "Maria é amada por João" devem expressar a mesma proposição (têm as mesmas condições de verdade), "Maria ama João" expressa uma proposição diferente (com diferentes condições de verdade), pois a predicação não é aplicada a mesma pessoa. Essa concepção é particularmente importante, pois é adaptada especialmente para a teoria dos atos de fala que representa hoje uma das concepções mais importantes sobre a linguagem e a comunicação.

O que são conceitos?

Conceitos são constituintes das proposições. Eles permitem identificar, classificar, fazer inferências e pensar sobre qualquer objeto. Várias concepções possíveis apareceram na história da filosofia, em particular na história recente.

A concepção clássica é associada à prática milenar da análise conceitual. Os conceitos são entidades abstratas extramentais, apreendidas por atos mentais, como as formas platônicas ou as funções fregeanas. Nessa concepção, um conceito é especificado por meio de uma definição em termos de condições necessárias e suficientes. Assim, o CONHECIMENTO[45] é crença, verdadeira e justificada. Um agente A sabe que P (com "P" para qualquer proposição) se, e somente se, 1) P é verdadeira; 2) A acredita que P; e 3) A tem boas razão justificando sua crença em P. As três cláusulas são os "caráteres" do conceito, condições que devem ser satisfeitas para que algo cai sob um conceito. Na concepção fregeana, um conceito é

---

[45] Adotamos aqui a convenção estabelecida por Jerry Fodor para denotar conceitos. Uma expressão escrita em letras maiúsculas denota um conceito, e não os objetos que caem sob o conceito.

uma função que toma qualquer objeto x como argumento e que tem por valor um valor de verdade (F(x) = V/F). Assim, o predicado "x é brasileiro" denota o conceito (função) que tem por valor o verdadeiro para todos os indivíduos que nasceram no Brasil ou obtiveram a nacionalidade seguindo um processo legal; para os demais indivíduos, o valor da função é o falso.

Na tradição empirista (as *ideias* de Hume) e em boa parte das ciências cognitivas (com Fodor), os conceitos são representações mentais. Eles capturam e organizam a realidade vivenciada. O intelectualismo de Fodor foi central nas discussões sobre conceitos nas últimas décadas. Não podemos entrar em detalhes aqui sobre a concepção de Fodor. Só podemos remeter o leitor à obra dele.[46] Resumidamente, um conceito é uma representação mental (RM) que significa X quando X causa uma instanciação da RM em virtude de uma lei ou covariação nomológica. Trata-se de uma visão atomística de conceitos (conceitos não têm uma estrutura interna), que rejeita o holismo.

Finalmente, conceitos podem ser vistos como conjunto de habilidades ou disposições para discriminar e reconhecer diversos objetos em várias circunstâncias. Aí os conceitos têm uma "textura aberta". CAMINHADA se aplica a diversas coisas em diversos contextos: andar alguns quilômetros para manter a forma, os primeiros passos de um bebê, o andar penoso de um idoso no corredor de um hospital etc.

Inspirada na ideia de semelhança de família de Wittgenstein, alguns conceitos pelo menos podem ser vistos também como **protótipos**: um objeto serve de paradigma para objetos semelhantes. Assim, o conceito VERMELHO pode ser associado à cor das cabinas telefônicas de Londres. Qualquer objeto será considerado como vermelho, na medida em que sua cor se aproxima da cor do paradigma.

Atitudes como disposições

Disposições se encontram em qualquer parte da natureza. Solubilidade, condutividade, fragilidade, elasticidade etc. Gilbert Ryle (1949) defendeu que os termos mentalistas também são todos termos disposicionais. Disposições precisam de uma base física; a solubilidade do açúcar é realizada fisicamente na estrutura molecular do açúcar; a fragilidade do vidro é realizada na estrutura molecular do vidro etc. Nossas crenças, conhecimentos, conceitos, intenções (planos) e desejos de longo prazo

---

[46] Ver, por exemplo, Jerry A. Fodor (1998, 1994).

são disposições. Não pensamos conscientemente a cada instante verdades elementares da aritmética ou qualquer outra crença básica. Podemos desejar algo por muito tempo antes de conseguir satisfação, e nossos planos podem demorar para ser realizados. Mas não deixamos de acreditar ou desejar quando dormimos profundamente ou quando nossa mente está ocupada em outros assuntos. Minhas crenças, conceitos, conhecimentos estão comigo o tempo todo e em qualquer lugar. A melhor explicação para isso é a seguinte: como as outras disposições físicas, as disposições mentais precisam de uma base física de realização. Nossas atitudes são realizadas no cérebro e se manifestam em circunstâncias favoráveis. Meus conhecimentos de aritmética se manifestam quando preciso deles (para alguma operação, por exemplo). Eles não ficam num limbo entre a atividade eletroquímica de meu cérebro e minhas atividades conscientes. O cérebro toma conta de minhas disposições. É de longe a melhor explicação que temos.

Atitudes e explicação do comportamento

Patrick Suppes (1994) uma vez se perguntou por que não procedemos para a previsão dos movimentos voluntários como nos procedemos para a previsão dos movimentos dos corpos no espaço. Basta conhecer as leis do movimento e as condições iniciais e computar. Não fazemos isso com os movimentos voluntários por uma razão simples: fracassa lamentavelmente! Agora, quando atribuímos crenças, desejos, intenções, gostos, inclinações etc., nossa taxa de sucesso é espetacular, particularmente quando conhecemos bem o agente.

Não há dúvida de que a prática de atribuir atitudes proposicionais é muito antiga. Talvez tenha acompanhado *homo sapiens* desde o início. Os trabalhos contemporâneos sobre leitura de mente (*Mind Reading*) parecem confirmar essa afirmação.[47] Pesquisas mostram que bebês de 18 meses conseguem "ler", por assim dizer, a intenção de agentes atuando no seu ambiente imediato. A capacidade "metarepresentacional" de atribuir uns aos outros atitudes e de se colocar na pele dos outros e simular o que eles pensam ou sentem parece inata.

As atitudes explicam (iluminam, fazem entender) os comportamentos, como já vimos anteriormente. Vamos usar o mesmo exemplo visto na Unidade 2.5:

---

[47] Ver, por exemplo, Alvin Goldman (2006).

1) José K. *deseja* mais justiça social para seu país;

2) José K. *acredita* que o partido P tem o melhor programa para promover a justiça social;

3) José K. *acredita* que votar para o partido P irá contribuir a realizar seu desejo.

Eis por que José K. votou para o partido P.

Essa explicação, chamada de raciocínio prático ou silogismo prático, faz entender, esclarece e explica por que José K. votou no partido P. A explicação propriamente dita consiste nas três premissas 1) a 3); ela oferece uma resposta à questão "por quê?". A conclusão não é uma consequência lógica; casos de *acrasia* (a incapacidade de agir de acordo com seu melhor juízo, ou enfraquecimento da vontade) são sempre possíveis (José K., apesar de ter boas razões de votar no partido P, pode tomar uma decisão irracional no último momento e votar em outro partido). Quem já tentou parar de fumar sabe muito bem como é difícil agir sempre seguindo seu melhor juízo. Apesar de saber que fumar é nocivo para a saúde, faz sujeiras, deixa os beijos com gosto ruim, a tentação é grande de elaborar uma casuística do tipo: "por que hoje? Pode ser amanhã; um cigarro não vai fazer diferença...". A relação entre as premissas e a conclusão, no exemplo apresentado aqui, não é dedutivo; mas, como no raciocínio indutivo não monotônico, as premissas tornam altamente provável a verdade da conclusão.

Atitudes cognitivas X atitudes conativas

Costumamos dividir as atitudes em cognitivas e conativas. Os seguintes verbos denotam atitudes cognitivas: "acreditar", "conhecer", "duvidar", "rejeitar", "hipotetizar" etc. Os verbos que seguem denotam atitudes conativas: "desejar", "ter-a-intenção-de-fazer-com-que"[48], "recear", "gostar" etc.

Na tradição cartesiana[49], crença e desejo têm o papel de atitudes básicas em termos das quais as outras são definidas. Assim, podemos analisar a atitude conativa denotada por "lamentar" em termos de crenças e desejos: lamentar é acreditar que um evento ruim aconteceu e desejar que esse evento nunca tivesse acontecido. No entanto, segundo Searle (1983), a intenção não pode ser analisada em termos de crenças e desejos. Falta

---

[48] O português não tem uma só palavra para denotar essa atitude, como o inglês *"intending"*.

[49] Por exemplo, DESCARTES, René. [1649]. **Les Passions de l'âme**. Paris: Flammarion, 1998. art. XIII.

alguma coisa. Lembramos que Searle analisa os estados mentais com direção de ajuste em termos de condições de satisfação. Para que uma intenção seja satisfeita, não basta desejar executar uma ação e crer que a ação foi executada efetivamente (ou que o estado de coisas que decorre dela foi realizado), é preciso, além disso, que a ação seja executada *para satisfazer a intenção*. O sucesso de uma ação intencional não pode depender da sorte. Minha intenção de participar de sua festa de aniversário é satisfeita somente se chego na sua casa para satisfazer minha intenção, e não por acaso ou por um conjunto de circunstâncias que independem de minha vontade.

Intencionalidade e linguagem

Intencionalidade ou linguagem: qual vem primeiro?

Roderick M. Chisholm e Wilfrid Sellars (1957) debateram o assunto numa troca de cartas que foram publicadas depois. Chisholm (e depois Searle, mas antes deles, Husserl) defende a primazia da intencionalidade sobre a linguagem (afinal, outros animais têm intencionalidade sem ter linguagem; a intencionalidade torna a linguagem possível.

Sellars, em *Empiricism and the Philosophy of Mind* (1956), mostra como o aprendizado da linguagem pode preceder a constituição do "Eu" com o "Mito de Jones" no final do ensaio. Adotando uma perspectiva behaviorista, Sellars procura ir além de Ryle. Na comunidade em que Jones cresceu, as pessoas manifestam comportamentos públicos inteligentes. Jones desenvolve uma teoria, um modelo de acordo com o qual esses comportamentos são o produto de um "discurso interior". Ao aprender a usar a linguagem, Jones passa por um treinamento especial: ele aprende a fazer relatos em primeira pessoa (Sellars, 1997, p. 115).

Essas são as duas principais posições sobre o assunto em filosofia.[50]

REFERÊNCIAS

CHALMERS, David, **The Conscious Mind.** Oxford: O.U.P., 1997.

CHISHOLM, Roderick; SELLARS, Wilfrid. Intentionality and the Mental: Chisholm-Sellars Correspondence on Intentionality. *In:* CHISHOLM, R.; SELLARS, W.

---

[50] O leitor interessado pode aprofundar o assunto com os ensaios em André Leclerc (2006). Ver em particular o ensaio de Marcelo Dascal (2007).

Minnesota Studies in the Philosophy of Science. Minneapolis: University of Minnesota Press, 1957. v. II, 507-539.

DASCAL, Marcelo. "O Auto-debate é possível? Dissolvendo Alguns de seus Supostos Paradoxos". **Language and Thought (Manuscrito)**, p. 319-349, 2007.

FODOR, Jerry A. **A Theory of Content and Other Essays**. Cambridge (MA): MIT Press, 1994.

FODOR, Jerry A. **Concepts**. Where Cognitive Science Went Wrong. Oxford: Clarendon, 1998.

GOLDMAN, Alvin, **Simulating Minds**: The Philosophy, Psychology, and Neuroscience of Mind Reading. Oxford: O.U.P., 2006.

LECLERC, André (org.). Language and Thought. **Manuscrito,** [s. l.], v. 29, n. 2, jul./dez. 2007.

RUSSELL, Bertrand. [1921]. **Analysis of Mind**. Nova York: Dover Publications, 2005.

RYLE, Gilbert. **The Concept of Mind**. Londres: Barnes & Noble, 1949.

SCOTT, Soames. **What Is Meaning?** Princeton: Princeton University Press, 2010.

SELLARS, Wilfrid. [1956]. **Empiricism, and the Philosophy of Mind**. Cambridge: Harvard University Press, 1997.

SUPPES, Patrick, "Voluntary Motion, Biological Computation, and Free Will". **Midwest Studies in Philosophy,** [s. l.], v. XIX, 1994.

VANDERVEKEN, Daniel. **Les Actes de discours**. Bruxelas: Pierre Mardaga, 1988.

Unidade 3.2
A Mente Fenomenal

A extensão da fenomenalidade

O corpo nos coloca *in medias res*, no meio das coisas, sempre numa certa perspectiva, numa certa distância das coisas. Nossa capacidade de sentir é situada[51]. Falamos aqui do corpo vivenciado em primeira pessoa, do corpo próprio, e não do corpo das pranchas de anatomia que a medicina estuda. São poucas as partes do corpo desprovidas de sensibilidade. Plausivelmente, os cabelos, as unhas, os ossos e talvez seja o caso de partes do cérebro. A pele que cobre meu corpo não tem um milímetro desprovido de sensibilidade. A planta de nossos pés suporta sem problema o peso do corpo todo e nem prestamos atenção nesse fato; mas basta passar uma pena delicadamente naquele mesmo lugar para causar cocegas insuportáveis. Nosso corpo não é um objeto como os outros objetos que nos cercam; ele é aquilo por meio do qual a presença de um mundo de objetos se torna possível e se manifesta. Milhões de proprioceptores nos informam em permanência sobre o estado de nossos órgãos internos e sobre a posição de nossos membros. O *esquema corporal* ou "imagem do corpo" (Schilder, [1935] 1968; Merleau, 1945) integra essas informações em uma unidade. Sabemos sem observação, como dizia Anscombe ([1957] 1969), qual é nossa postura (sentado, em pé, deitado) e onde estão nossos membros.

Além das sensações, a fenomenalidade se manifesta nas percepções sensíveis externas, revelando as formas variadas dos objetos e suas qualidades ditas "secundárias" (cor, textura, cheiro, timbre), e nas quase-percepções, que aparecem na imaginação, na memória, nos sonhos e nas ilusões. A percepção externa pressupõe a existência do objeto percebido, mas o conteúdo mental de uma genuína percepção pode ser praticamente indiscernível do conteúdo mental de uma ilusão. Na imaginação, na memória e no sonho, vivenciamos algo parecido como uma experiência visual, mas sem o momento da impressão sensorial. São casos de quase-percepção visual. Algo similar acontece em casos de quase-audição, quando, por exemplo, acordamos pela manhã com uma música "na cabeça" (às vezes, algo banal e irritante...). Na memória episódica, pelo menos em muitos casos, imagens mentais vêm apoiar a reconstituição de eventos passados. No sonho, imagens oníricas constituem o material a partir do qual tentamos

---

[51] Sobre isso e o enativismo, ver unidade 3.3 com Eros Carvalho.

elaborar uma "história" que pode ser contada (o que Freud chamava de "elaboração secundária"). Finalmente, com as emoções, temos o fenômeno dos "efeitos vegetativos" (corar de vergonha, reações fisiológicas ao medo, como empalidecimento da pele, tremedeiras, ou sentir um calor à altura do estômago com a aparição inesperada da pessoa amada etc.).

A discussão nas últimas décadas sobre consciência e *qualia* foi centrada em três argumentos famosos, todos contra o fisicismo e o materialismo: o argumento modal de Saul Kripke, o argumento do conhecimento de Frank Jackson e o argumento dos zumbis, de David Chalmers. Nada surpreendente, pois o fisicismo sempre teve problemas com os *qualia* e com a mente fenomenal em geral. Vamos examinar brevemente esses argumentos na sequência.

O argumento modal de Saul Kripke

Figura 26 – Saul Kripke (1940-2022). Responsável pelo renascimento do essencialismo na metafísica a partir da Lógica Modal. Autor de Naming and Necessity (1980)
Fonte: domínio público

O argumento de Kripke vai contra a teoria materialista da identidade e depende da noção de *designador rígido*. Um designador não rígido é uma expressão que pode designar diferentes coisas em diferentes situações ou "mundos possíveis". O mundo da experiência é o mundo da contingência; por isso aceitamos facilmente que "as coisas poderiam ter sido de outro modo", em outras situações ou mundos possíveis. Assim, "a autora de *A hora da estrela*" poderia designar diferentes escritoras em diferentes situações possíveis. Num mundo possível, Raquel de Queiroz escreveu aquela obra e, num outro mundo, poderia ser Cora Coralina etc. Um designador rígido designa o mesmo objeto em todas as situações possíveis. "Clarice Lispector é a autora de *A hora da estrela*" é uma verdade contingente do mundo atual, uma verdade histórica, pois "a autora da Hora da Estrela" é uma descrição definida, e não um designador rígido. Outras pessoas poderiam ter escrito aquela obra. Mas em qualquer situação "Clarice Lispector é Clarice Lispector" é uma verdade necessária, pois o nome próprio "Clarice Lispector" é um designador rígido.

A crítica formulada por Saul Kripke, no início da década de 1970, consiste em colocar em dúvida o caráter *contingente* das identidades científicas envolvendo propriedades ou eventos mentais, de um lado, e propriedades ou eventos neuronais, do outro. A tese dos materialistas Smart, Feigl e Armstrong é que a frase "Dor = excitação de fibras nervosas C" é verdadeira *de fato*, mas poderia ter sido falsa. É aí que Kripke usa a noção de designador rígido.

A tese de Kripke é que toda frase da forma a = b, quando verdadeira, é necessariamente verdadeira, se "a" e "b" são designadores rígidos. Agora, a questão é: "dor" e "excitação de fibras nervosas C" são designadores rígidos? Se a resposta for "sim", então a identidade entre dor e excitação de fibras nervosas C seria necessária, e não contingente.

Podemos imaginar um mundo no qual nenhum evento do tipo excitação de fibras nervosas C acontece, mas não um mundo no qual a expressão "excitação de fibras nervosas C" designa algo diferente. O mesmo parece valer para "dor". Se o caráter penoso e desagradável da dor constitui um traço que a define *essencialmente*, parece implausível que "dor" possa designar algo que não seja desagradável ou penoso em qualquer situação ou mundo possível. Essências são propriedades (ou um conjunto de tais propriedades) que um objeto tem *necessariamente* e que determina sua identidade. John Lennon de cabelo comprido e John Lennon de cabeça raspada é o mesmo indivíduo, pois se trata de propriedades acidentais; mas ter um corpo que pertence à espécie *homo sapiens* é uma propriedade que Lennon tem necessariamente e que contribui para sua identidade. Ele não poderia ter sido um jacaré!

Então "a = b" expressaria uma proposição necessária, e não contingente, como pretendem os materialistas da teoria da identidade. Consequentemente: se "dor" e "inervação de fibras nervosas do tipo C" correspondem a essências distintas, não pode haver identidade entre o tipo dor e o tipo inervação de fibras nervosas de tipo C. Não são propriedades essenciais *do mesmo objeto*. Para Kripke, o que existe é uma ilusão de contingência nas identidades mente-corpo.

Aqui aparece o que foi chamado de "intuição dualista", de Kripke. Esse argumento foi — e ainda é — muito discutido.[52] A resposta dos mate-

---

[52] Ver, por exemplo, Harold Noonan (2013), as duas últimas seções do livro sobre a necessidade das identificações científicas e a ilusão de contingência na identidade Mente-Cérebro.

rialistas tem sido evitar o uso de expressões que podem ser consideradas como designadores rígidos e reformular a teoria usado descrições definidas numa linguagem neutra ("*topic neutral*") que não implica que os estados mentais sejam físicos ou não físicos.

O argumento do conhecimento

Figura 27 – Frank Jackson (1943-), filósofo e metafísico australiano
Fonte: domínio público

O fisicismo, vale lembrar, defende que todos os fatos são físicos (ou dependem estritamente de fatos físicos). Jackson (1982) apresenta um argumento surpreendente contra o fisicismo que foi muito discutido nas últimas décadas. Trata-se de uma "experiência de pensamento". Mary é uma supercientista que sabe tudo sobre a física das cores (comprimentos de onda, espectrografia, neurofisiologia etc.). Ela nasceu e viveu a vida toda num quarto sem cores (tudo preto, branco, cinza). Algo assim:

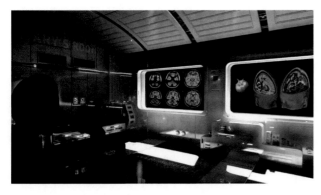

Figura 28 O quarto de Mary
Fonte: domínio público

Um dia, ninguém sabe por que, a porta do quarto abre, ela sai, e a primeira coisa que ela vê é isso:

Figura 29 Um tomate maduro

Fonte: domínio público

A questão que interesse Jackson é: Mary aprende um fato novo? Se a resposta é "sim", segundo Jackson, devemos concluir que nem todos os fatos são físicos. Resumidamente, o argumento vai assim:

1. O Fisicismo afirma que todos os fatos são físicos;
2. Mary sabe todos os fatos relativos à física das cores;
3. Mary nunca viu um objeto colorido (um tomate maduro);
4. Se ela aprende algo novo, então nem todos os fatos são físicos.

Logo, o fisicismo é falso.

Jackson afirma que Mary aprende algo novo. Portanto, conclui Jackson, o fisicismo é falso. Esse argumento deu muito a pensar. O problema é que Jackson não especifica muito bem o tipo de conhecimento adquirido por Mary. Os fisicistas, era previsível, reagiram contestando o argumento. Uma resposta, bastante plausível, veio de John Perry (2001). Conhecimento de fatos é conhecimento proposicional, da forma X sabe que P. O conhecimento novo adquirido por Mary não tem essa forma (não é conhecimento proposicional). Não é um "saber que", mas, antes, um "saber como", uma habilidade para identificar algo colorido, que Perry chama de "saber de reconhecimento" (*recognitional knowledge*). Assim, Mary não aprende um fato novo, e sim uma nova habilidade.

O argumento dos *zombies*

Figura 30 – David Chalmers, filósofo australiano nascido em 1966. Ensina na Cuny, e casado com filósofa brasileira, escreveu em 1996, The Conscious Mind
Fonte: domínio público

Vale lembrar aqui a distinção introduzida por Chalmers (1995) entre a mente psicológica e a mente fenomenal. A distinção remete a duas classes de problemas: os problemas fáceis e os problemas difíceis da consciência (*hard problem of consciousness*). Os problemas fáceis dizem respeito a funções e tarefas cognitivas. O funcionalismo pode dar conta disso. Tarefas como categorizar os objetos e reagir ao ambiente, controlar deliberadamente o comportamento, descrever seus próprios estados mentais etc. Mas Chalmers é insatisfeito com o funcionalismo, pois não dá conta dos problemas difíceis da consciência e dos *qualia*, as qualidades subjetivas de nossas *experiências sensoriais*. A consciência parece *inessencial* para o funcionalismo. Ela é algo distinto das funções cognitivas, mas tão importante e central quanto o resto. Thomas Nagel ([1974] 2005) já tinha chamado a atenção sobre essa característica subjetiva de nossas experiências que resiste tanto às tentativas de naturalização. Todo o conhecimento da neurofisiologia do morcego não consegue explicar "como é ser um morcego", explicar que tipo de experiência corresponde à representação do ambiente à maneira dos morcegos.

Chalmers cria a figura do zumbi filosófico para mostrar que a consciência não depende do físico, não sobrevém do físico, e não se reduz ao físico. É possível um mundo com criaturas exatamente como nós, molécula por molécula, átomo por átomo, mas sem sensibilidade (consciência e *qualia*)? Chalmers acha que tal mundo possível é concebível *e possível*, num sentido a ser determinado. Como os *zombies* são fisicamente iguais a nós mesmos, mas sem a consciência, ter experiências conscientes deve ser um atributo não físico.

Mas será que a concebibilidade é um guia confiável para a possibilidade? Vimos na unidade 2.1 (nota 24) que podemos imaginar que a água não seja H_2O, mas isso não significa que a água poderia não ser H_2O, se ser H_2O é uma propriedade essencial da água. Podemos conceber que a água tenha uma outra estrutura molecular, mas isso não autoriza a conclusão de que é *metafisicamente* possível que a água não seja H_2O. Chalmers conhece bem esse argumento e tenta mostrar como evitar sua conclusão.

O argumento de Chalmers (2006) é sútil e usa recursos da "semântica bidimensional" ("*two-dimensional semantics*"). A citação que segue ilustra perfeitamente esse caráter técnico:

> Digamos que S é concebível quando é epistemicamente possível: isto é, quando S não é descartado *a priori*. [...] então quando S é concebível, a intensão primária de S será verdadeira em algum cenário. Se os cenários são mundos centrados, então haveria alguns mundos w centrados (metafisicamente possíveis) satisfazendo a intensão primária de S. Isso não significa que S é metafisicamente possível, mas, no entanto, autoriza a tirar conclusões sobre mundos metafisicamente possíveis a partir de premissas sobre concebibilidade. Raciocínios deste tipo são centrais para alguns usos da concebibilidade em filosofia da mente. (Chalmers (2006, p. 598, tradução minha).

Aí temos muito o que explicar! "S" é uma frase qualquer cuja semântica queremos estabelecer. Mundos metafisicamente possíveis são maneiras como o mundo poderia ter sido. É metafisicamente necessário, por exemplo, que água seja H_2O em todos os mundos possíveis. Um mundo epistemicamente possível é como o mundo poderiam ter sido *de acordo com todo nosso conhecimento do momento*. No início do século XVIII, era epistemicamente possível que a água não fosse H_2O. Um cenário é algo parecido como um mundo possível. Um cenário é um mundo centrado e um mundo centrado é um tripleto ordenado de um mundo possível, de um indivíduo e um momento do tempo neste mundo ($<W_i, I_i, T_i>$). O indivíduo pode ser uma pessoa, uma substância ou espécie natural (tigre, pinguim, polvo etc.). As intensões primárias funcionam aproximadamente como os sentidos fregeanos (ver Unidade 3.1). Assim, a intenção primária de "eu" num mundo centrado em Gottlob Frege seleciona Frege no mundo atual no final do século XIX. Num mundo centrado em mim no momento atual, "eu" seleciona o autor dessas linhas etc.

Mas será que o mundo zumbi é possível só por ser epistemicamente possível? A questão permanece. Chalmers admite que não podemos concluir nada sobre o que é metafisicamente possível a partir de premissas mais fracas, sobre o que é epistemicamente possível. Thomas Kuhn (1989) pode oferecer razões de duvidar. Ele crítica a famosa experiência de pensamento de Putnam sobre um mundo possível que contém uma réplica molecular da Terra, a Terra-gêmea. Cada um(a) de nós tem sua réplica molecular na Terra-gêmea. A única diferença seria a composição química da água: na Terra, é H_2O, na Terra-gêmea, é XYZ. Na Terra-gêmea, nossas réplicas moleculares falam português e usam a palavra "água" para designar a água XYZ. As duas substâncias têm as mesmas características fenomenais (mesma aparência, mesmo gosto etc.) e são usadas da mesma maneira (para lavar roupas, apagar incêndios etc.). Como duas substâncias poderiam ter exatamente os mesmos estereótipos ou qualidades fenomenais e possuir estrutura molecular distinta? Para descrever a diferença constatada entre água daqui e da Terra-gêmea, é preciso reescrever e mudar o léxico, diz Kuhn. E podemos acrescentar: como poderíamos ter réplicas moleculares na Terra-gêmea, se a água que eles(as) têm no corpo não é a mesma que a nossa? Se os zumbis são idênticos a nós, moléculas por moléculas, átomo por átomo, como é possível uma diferença tão notável entre nós e os zumbis desprovidos de sensibilidade e consciência, se a base física é a mesma?

REFERÊNCIAS

ANSCOMBE, Gertrude Elizabeth [1957]. **Intention**. Ithaca: Cornell University Press, 1969.

CHALMERS, David. **The Conscious Mind.** Oxford: O.U.P., 1996.

CHALMERS, David. "Facing Up to the Problem of Consciousness". **Journal of Consciousness Studies,** [s. l.], v. 2, n. 3, p. 200-19, 1995.

CHALMERS, David. "Two-dimensional Semantics". *In:* LEPORE, E.; SMITH, B. C. **The Oxford Handbook of Philosophy of Language**. Oxford: Clarendon Press, 2006. p. 574-606.

JACKSON, Frank. "Epiphenomenal Qualia". **The Philosophical Quarterly**, [*s. l.*], v. 32, n. 127, p. 127-136, 1982.

KRIPKE, Saul. **Naming and Necessity**. Cambridge (MA): Harvard University Press, 1980.

KUHN, Thomas. "Dubbing and Redubbing: The Vulnerability of Rigid Designator". *In*: SAVAGE, Wade C.; ANDERSON, Anthony C. (ed.). **Minnesota Studies in the Philosophy of Science**. Minneapolis: University of Minnesota Press, 1989. p. 58-89.

MERLEAU-PONTY, Maurice. **Phénoménologie de la perception**. Paris: Gallimard, 1945.

NAGEL, Thomas. [1974]. "Como É Ser um Morcego?". Tradução de P. Abrantes e J. Orione. **Cadernos de História e Filosofia da Ciência**, Campinas, Série 3, v. 15, n. 1, p. 245-262, jan./jun. 2005.

NOONAN, Harold. **Kripke and *Naming and Necessity***. Oxford: Routledge, 2013.

PERRY, John. **Knowledge, Possibility and Consciousness**. Cambridge (MA): MIT Press, 2001.

SCHILDER, Paul. [1935]. **L'Image du corps**. Tradução francesa. Paris: Gallimard, 1968.

Unidade 3.3
Psicologia Ecológica e Enativismo
Com Eros Moreira de Carvalho (UFRGS)

Introdução

Qual é a relação entre percepção e ação? Qual a relação entre cognição e corpo? Qual é a natureza da cognição? Essas questões ganharam espaço na Filosofia da Mente, a partir da virada corporificada nos estudos da percepção, do raciocínio, da linguagem e da interação social. A abordagem ecológica da percepção e o enativismo são os principais representantes dessa virada. Neste capítulo, vamos apresentar ambas as abordagens, buscando esclarecer em que sentido ação e corpo participam da percepção e da cognição.

A psicologia ecológica

Figura 31 – James J. Gibson. *A abordagem ecológica da percepção visual* (1979)
Fonte: domínio público

A abordagem ecológica da percepção foi proposta inicialmente por James Jerome Gibson, psicólogo americano que foi influenciado pelo behaviorismo, pelo pragmatismo e pela Gestalt. Atualmente, encontramos uma distintiva comunidade internacional dedicada à articulação, aprimoramento e ampliação dessa abordagem, a qual já conta com um repertório substantivo de resultados empíricos. Filosoficamente, interessa-nos destacar as suposições de fundo da abordagem ecológica que nos levam a conceber a percepção e a ação como intimamente conectadas.

A perspectiva de Gibson em relação à percepção pode ser qualificada como uma forma de realismo direto (2024). Ele critica a maioria das concepções psicológicas da percepção de sua época por estarem comprometidas com, na melhor das hipóteses, alguma forma de realismo indireto ou, na pior das hipóteses, com alguma forma de ceticismo. Isso se deveria à suposição largamente compartilhada de que a percepção começa com sensações que resultam da aplicação de estímulo pontual e momentâneo aos registradores sensoriais. Se esse é o ponto de partida da percepção, então as sensações só podem nos fornecer diretamente ciência da atividade dos registradores sensoriais. As causas distais dessa atividade são desconhecidas e precisam ser inferidas. Como Russell (1912, p. 11) ilustra muito bem, "a mesa real, se há alguma, não nos é imediatamente conhecida, mas deve ser uma inferência a partir do que é imediatamente conhecido". O percebedor teria de contribuir com conhecimento prévio acerca do mundo para interpretar as suas sensações e perceber a mesa real.

Para Gibson, a percepção nos provê o contato cognitivo mais básico que podemos ter do nosso ambiente, de modo que tentar explicar como a percepção nos fornece tal contato, a partir de conhecimento prévio é andar em círculos. Suposições diferentes acerca da estimulação sensorial podem abrir um caminho diferente para explicar a percepção. Embora a ativação de um receptor não forneça qualquer indício ou informação acerca da sua causa distal, a ativação de grupos de receptores adjacentes no espaço ou a ativação sucessiva de receptores no tempo pode especificar a sua causa distal. Como isso é possível? Se houver no ambiente padrões de energia — ótica, mecânica, acústica, química — nomologicamente correlacionados com características do ambiente, então tais padrões de energia podem contar como informação sobre essas características e servir como estímulo potencial para o percebedor. Contudo, em vez de um percebedor reativo, precisamos de um percebedor ativo que explora o ambiente e controla o seu fluxo de estimulação para capturar esses padrões de energia. Ele captura a informação refletindo no fluxo de estimulação o padrão de energia que especifica uma característica do ambiente. Ao se "sintonizar" ao padrão de energia, o sujeito percebe diretamente a característica do ambiente especificada pelo padrão sem apoiar-se em conhecimento prévio.

Gibson reelabora não só a noção de estímulo, mas também a de órgão dos sentidos. Um órgão dos sentidos não é individuado anatomicamente, mas funcionalmente. O órgão da visão, por exemplo, não é constituído apenas pelos olhos, mas por um par de olhos móveis em uma cabeça que pode virar, a qual, por sua vez, está ligada a um corpo que pode se locomover. A visão, assim como as demais modalidades perceptuais, deve ser encarada como um sistema composto por diversos elementos. No caso da visão, esse sistema envolve todos os elementos necessários para a captura de informação ótica. Nota-se como a ação é constitutiva da percepção. Ajustes dos olhos, movimentos da cabeça e locomoção do corpo são requeridos para controlar o fluxo de estimulação e capturar padrões de informação ótica espalhada no espaço e/ou no tempo. Gibson distingue entre ações performativas de ações exploratórias. Chutar uma bola é uma ação performática, guiada por uma intenção, enquanto movimentos oculares e ajustes da cabeça, se demandados pelo sistema perceptual, são ações exploratórias. Assim, perceber é algo que fazemos, pois envolve o controle do modo como somos estimulados para a captura de informação.

Um exemplo de informação ótica é a variável *tau*. Essa variável especifica o momento de contato, sendo extremamente útil para o percebedor evitar colisões. Tradicionalmente, supõe-se que o momento de contato poderia ser "calculado" sabendo-se a velocidade e a distância do objeto que se move na direção do percebedor. Mas como ele obteria essas informações? Suponha alguém que irá agarrar uma bola lançada na direção dela. Ela precisaria saber a velocidade da bola com precisão para fechar a mão no momento certo. Na abordagem ecológica, essas informações são desnecessárias. O percebedor pode guiar o seu comportamento pela taxa de expansão ótica, que é inversamente proporcional ao momento de contato (Lee, 1976, p. 441). A taxa de expansão ótica é a velocidade com que a imagem aparente de um objeto ocupa uma porção cada vez maior do campo visual. Quanto mais rapidamente ela cresce, mais iminente é o momento de contato. Há, portanto, um padrão no fluxo ótico gerado por um objeto se movimentando em direção a um ponto de observação que especifica o momento de contato. Para perceber o momento de contato, o sistema visual precisa apenas controlar o fluxo de estimulação para se sintonizar a essa informação. Nenhuma inferência é necessária. Outra informação disponível para o percebedor diz respeito à altura dos objetos no ambiente. Tudo que aparece para o percebedor como ultrapassando a linha do horizonte tem uma altura maior que a altura dos seus olhos até o chão, o que aparece abaixo, uma altura menor. Esse é um caso interessante, pois revela a relevância do corpo como métrica para a percepção.

William Warren (1984) realizou uma série de estudos nos anos 80 sobre a escalabilidade de degraus. Esses estudos se tornaram exemplares da abordagem ecológica da percepção. Sua questão era determinar se havia alguma informação comum a percebedores de diferentes alturas para a percepção da escalabilidade de degraus, isto é, se pode-se subir um degrau andando, sem a ajuda das mãos. Como se sabe, um degrau escalável para um adulto pode não ser escalável para uma criança. Estariam adultos e crianças apoiando-se em diferentes variáveis para aferir se um degrau é escalável? Warren mostrou que não. Adultos e crianças apoiam-se na mesma variável. Em qualquer caso, um degrau aparece para o percebedor como escalável se a sua altura corresponde a até 0.88 da altura da sua perna. Mais uma vez o corpo entra como parâmetro para a percepção. Posteriormente, mostrou-se que a habilidade de posicionar o pé a uma certa distância do degrau também é relevante para a escalabilidade e para explicar a variação na percepção de escalabilidade entre pessoas com a mesma altura, mas diferentes condicionamentos físicos. Assim, não só características morfológicas do corpo, mas também habilidades motoras servem de parâmetro para a percepção.

Essas considerações nos levam a uma das hipóteses mais centrais da abordagem ecológica, a de que primariamente percebemos *affordances*. O termo "*affordance*" não existe no inglês, ele foi cunhado por Gibson e vem do verbo *to afford*, que significa propiciar, suprir ou oferecer. Gibson (2015, p. 119) define *affordance* como aquilo que o ambiente "*oferece* ao animal, o que ele *provê* ou *supre*, para o bem ou para o mal". Uma garrafa oferece a oportunidade de agarrar a seres com polegar opositor. Um penhasco oferece queda a animais que não voam. O chão oferece suporte e locomoção para muitas espécies. A superfície de uma lagoa oferece suporte para mosquitos pequenos, mas não para nós. *Affordances* são relacionais em natureza, elas apontam tanto para o ambiente quanto para o organismo. O significado disso é que diferentes *affordances* estão disponíveis para diferentes espécies e mesmo para diferentes indivíduos de uma mesma espécie, como ilustra a discussão sobre a escalabilidade de degraus. Uma consequência de percebermos *affordances* é que o mundo já nos é apresentado como tendo significado. As possibilidades de ações são significativas para o organismo, elas tornam o mundo inteligível para o organismo a luz das suas próprias habilidades.

O fato de percebermos primariamente *affordances* não comprometeria o realismo direto que Gibson afirma sustentar, na medida em que *affordances* dependem do organismo? *Affordances* são relações entre características do ambiente e características do organismo. Relações em si mesmas têm tanto direito de serem reais quanto qualquer outra coisa cuja existência não dependa da consciência de um agente. Com efeito, uma *affordance* não depende de ser percebida para existir. A maçã oferece a possibilidade de nutrição, mesmo que o organismo não esteja com fome e não a note como oferecendo a possibilidade de nutri-lo. A possibilidade de nutrição da maçã deixaria de existir apenas se os organismos que se nutrem de maçãs deixassem de existir. Para explicitar a diferença entre a posição de Gibson e a de um subjetivista, Chemero (2009, p. 149) introduziu a distinção entre algo ser amável e ser suspeito. Para que uma gata seja amável, não é necessário que haja um gato amando essa gata, basta que ela tenha as qualidades que propiciam ser amada. Mas, para que algo seja suspeito, é necessário que haja um observador que esteja realmente suspeitando. Assim, o relacionalismo de Gibson é proposto como uma posição intermediária entre um objetivismo e um subjetivismo extremos. A sua posição pode ser qualificada como realista, na medida em que *affordances* não precisam ser experienciadas para existir.

Lawrence Shapiro (2012) identificou na literatura da cognição corporificada três hipóteses sobre a contribuição do corpo para a cognição, a saber, a hipótese conceitual, a hipótese constitutiva e a hipótese da substituição. A hipótese conceitual afirma que ter um tipo de corpo determina o tipo de compreensão que se pode ter do mundo. A hipótese constitutiva afirma que ações corporais fazem parte da cognição. A hipótese da substituição afirma que a cognição é um fenômeno emergente que pode ser explicado pela interação entre diferentes recursos do sistema organismo-ambiente, dispensando a noção de representação. A abordagem ecológica da percepção pode ser tomada como um exemplar da cognição corporificada, pois ela está comprometida com as três hipóteses arroladas por Shapiro. A hipótese conceitual está presente na ideia de que o organismo percebe o mundo em termos de *affordances*. Ter um corpo com certas características e habilidades contribui para as possibilidades de ações que podem ser experienciadas perceptualmente pelo organismo. A hipótese constitutiva é implicada pelo processo de captura de informação. O organismo precisa explorar o ambiente para capturar informação espalhada no espaço e no tempo. Por fim, a abordagem ecológica dispensa inferências e representações para explicar a percepção. Um organismo está em contato com o ambiente na medida em que controla o seu fluxo de estimulação para se sintonizar às *affordances* disponíveis no seu ambiente. Segundo a abordagem ecológica, a percepção é corporificada do início ao fim.

Fatores sociais também são relevantes para a percepção na abordagem ecológica. A esse respeito, dois tipos de *affordances* — rotuladas de *affordances sociais* — chamam a atenção. *Affordances* sociais "são possibilidades de interação social ou possibilidades de ações moldadas por práticas sociais" (Carvalho, 2020, p. 1). O primeiro tipo de *affordance* diz respeito a possibilidades de ações que o outro oferece enquanto agente. Um macaco de costas para outro da mesma família oferece a oportunidade de assear, que é crucial para a manutenção de vínculos sociais. Um cão, em uma matilha, pode perceber a presença de coespecíficos como propiciando a *affordance* social de superar o inimigo comum em relação a um predador que se encontra nas imediações. Uma pessoa com raiva oferece o comportamento de afastar-se, enquanto uma pessoa alegre oferece o comportamento de aproximar-se. O segundo tipo de *affordance* diz respeito a funções que determinados itens do mundo adquirem em virtude de uma prática social. O exemplo clássico dado por Gibson (2015, p. 130) é o da caixa-postal, a qual "propicia o envio de cartas a um humano escrevedor-de-cartas em uma comunidade com sistema postal". Só participantes dessa comunidade podem perceber a *affordance* de enviar cartas. Nesse caso, o ambiente relevante para a *affordance* envolve não só um item específico no mundo, a caixa-postal, mas também todo o sistema de coordenações entre indivíduos que mantém vivo e operacional o sistema postal (Costall, 1995). *Affordances* sociais ampliam o repertório conceitual da abordagem ecológica e permitem que ela sustente que a percepção é não só ativa e corporificada, mas também, no caso de espécies sociais, situada socialmente.

O enativismo

Figura 32 – *A mente corporificada* (1991), de Francisco Varela, Evan Thompson e Eleanor Rosch

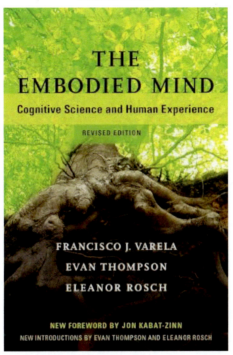

Fonte: domínio público

A teoria da enação foi inicialmente proposta por Francisco Varela, Evan Thompson e Eleanor Rosch, em *A mente corporificada* (1991). Hoje, três décadas depois, o livro é considerado uma referência para a origem e o desenvolvimento do enativismo. O enativismo foi fortemente influenciado pelo trabalho anterior de Francisco Varela e Humberto Maturana (1980) sobre a autopoiese. A tradição fenomenológica também cumpre um papel importante no enativismo ao inspirar a ideia de que organismo e ambiente coemergem e se codeterminam. Assim como a psicologia ecológica, o enativismo entende a cognição como uma forma de ação corporificada. Adicionalmente e apoiando-se na tese da continuidade entre vida e mente, o enativismo provê uma teoria da agência que explica a atividade de conhecer. O enativismo é composto por um repertório rico de conceitos e ideias, que explicitarei a seguir.

A teoria da enação rejeita a centralidade conferida pelo cognitivismo clássico à noção de representação na explicação da cognição. Para Varela, Thompson e Rosch (1991), a representação obtém destaque apenas se supomos um mundo pré-dado que buscamos recuperar internamente através de um modelo que cumpra a função de reapresentá-lo. Essa concepção da cognição como um reflexo do mundo pré-dado alia-se a uma posição realista que os autores chamam de *posição da galinha*. Essa posição afirma que "o mundo lá fora tem propriedades pré-dadas. Elas existem antes da imagem que é projetada no sistema cognitivo, cuja função é recuperá-las apropriadamente" (Varela; Thompson; Rosch, 1991, p. 172). No outro extremo, teríamos o idealismo, caracterizado pela suposição de que o mundo é completamente construído por nós. Os autores chamam essa concepção de *posição do ovo*. Ela afirma que "o sistema cognitivo projeta o seu próprio mundo, e a realidade aparente do mundo é apenas um reflexo das leis internas do sistema" (Varela; Thompson; Rosch, 1991, p. 172).

A abordagem enativa é proposta como um caminho intermediário entre esses dois extremos. Mente e mundo não são pré-dados, eles emergem conjuntamente e se codeterminam. A cognição, portanto, não pode ser o espelhamento de uma realidade predeterminada, nem a projeção de leis internas predeterminadas. Na concepção enativa, a cognição é a atuação (*enacting*) ou o trazer à tona de um mundo de relevância e significância por meio da ação corporificada, a qual é histórica e socialmente situada e estruturada por este mesmo mundo. Varela, Thompson e Rosch usaram as cores como exemplos de características que emergem do acoplamento estrutural entre o organismo e o ambiente. Será oportuno acompanhá-los nesse intento.

A discussão filosófica sobre a ontologia das cores gravita em torno de dois extremos: o realismo e o subjetivismo acerca das cores. A posição realista ou *da galinha* sustenta que as cores podem ser identificadas a propriedades físicas, tal como a refletância, que é a razão entre a luz incidente e a luz refletida por uma superfície. A posição subjetivista ou *do ovo* sustenta que as cores são fenômenos que existem apenas na nossa mente. Para Varela, Thompson e Rosch, ambos os extremos oferecem explicações inadequadas ou insuficientes para muitos fenômenos conhecidos acerca das cores. No lugar, eles propõem uma ontologia relacionalista das cores. Cores não estão no mundo tal como descrito pela física, nem nas nossas mentes, mas "no processo de coemergência do percebedor e do percebido" (Giannotta, 2018, p. 65).

A posição realista falha em dar conta do metamerismo, do fenômeno da indução cromática e de certos aspectos da estrutura da aparência das cores. O fenômeno do metamerismo ocorre quando superfícies com refletâncias distintas ocasionam, em determinas circunstâncias, a percepção da mesma cor. O fenômeno da indução cromática ocorre quando duas superfícies com a mesma refletância são percebidas como tendo cores diferentes em virtude do que é colocado no seu entorno. Ambos os fenômenos colocam obstáculos para a identificação das cores com a refletância. Um aspecto saliente da estrutura da aparência das cores é o fenômeno das cores oponentes. Dadas as tonalidades básicas verde, vermelho, azul e amarelo, podemos compor as mais diversas cores, como o laranja, que resulta da combinação de vermelho com amarelo. Contudo, verde e vermelho não se combinam, assim como azul e amarelo. Não podemos ter a experiência verde-avermelhado, nem azul-amarelado. Por que a aparência das cores tem essa estrutura? Em grande medida, ela se deve ao nosso aparato sensorial. Basicamente, temos três tipos de registradores sensíveis a diferentes faixas de comprimento de onda eletromagnética, ondas longas (L), médias (M) e curtas (C). As ativações desses registradores podem ser combinadas para formar diferentes canais. A diferença entre os receptores L e M nos dá o canal vermelho-verde. A soma dos receptores L e M menos os receptores C nos dá o canal azul-amarelo. O primeiro canal pode sinalizar vermelho ou verde e suas diferentes tonalidades, mas não ambas as cores simultaneamente. O segundo, amarelo ou azul e suas diferentes tonalidades, mas não ambas simultaneamente. Em conjunto, os dois canais podem sinalizar cores formadas pela combinação de diferentes tonalidades. Essas considerações são um problema para a posição realista, pois sugerem fortemente que o espaço das cores que nós humanos podemos perceber depende do nosso aparato sensorial. O argumento comparativo reforça essa conclusão, ao apelar para a evidência de animais com aparatos sensoriais distintos do nosso, como peixes que são tetracromatos e pássaros que são pentacromatos. O espaço de cores perceptíveis para esses animais é incomensurável com o nosso, não conseguimos nem mesmo imaginar como seriam as cores que eles podem perceber (Varela; Thompson, 1990, p. 135). A dependência das cores ao aparato sensorial parece corroborar a posição subjetivista. Cores, em última instância, seriam o resultado apenas da atividade neuronal ou de mecanismos internos ao organismo. Esse movimento também é equivocado, segundo a abordagem enativa. O erro do subjetivismo é ignorar que o espaço de cores de um organismo tem um histórico evolutivo e deve ser compreendido em relação a um nicho ecológico. Abelhas, por exemplo, são tricromatos como nós, mas seu aparato sensorial é sensível a uma faixa distinta de ondas eletromagnéticas, a qual engloba raios ultravioletas. As abelhas coevoluíram junto às flores, que dependem de polinizadores. As cores das flores têm padrões contrastantes na faixa de ondas ultravioletas, de modo que o sistema sensorial tricromato das abelhas evoluiu para discriminar ondas dessa faixa (Thompson; Palacios; Varela, 1992, p. 392). Ao mesmo tempo, também é correto dizer que flores têm refletância ultravioleta porque é vantajoso para elas serem percebidas por abelhas. Flores e polinizadores se constituíram mutuamente ao longo do seu histórico de coevolução. Assim, cores devem ser entendidas como "propriedades do mundo que resultam da codeterminação animal-ambiente" (Thompson; Palacios; Varela, 1992, p. 397). Elas são relacionais porque emergem do acoplamento entre as capacidades perceptuais do organismo e características do ambiente. Elas são como são devido às capacidades perceptuais de um organismo, mas elas também não existiriam em um ambiente sem superfícies que são significativas para o organismo, como as flores são para as abelhas.

A emergência das cores serve como um estudo de caso para a tese enativa mais geral da continuidade entre vida e mente, a qual afirma que os organismos trazem à tona um mundo de significância por meio da própria atividade de manutenção da vida. As categorias centrais para compreender a vida — a saber, autonomia, individualidade e subjetividade — também são as categorias centrais para compreender a mente e a cognição. Segundo Maturana e Varela, sistemas vivos são sistemas autopoiéticos. Posteriormente, Varela generaliza e conceptualiza os sistemas vivos como um tipo de sistema autônomo. Mas o que é um sistema autônomo? Ao contrário de sistemas heterônimos, que dependem de forças e intervenções externas para continuarem existindo, os sistemas autônomos continuamente se autoproduzem. O termo *autonomia*, na abordagem enativa, refere-se a um tipo de organização de sistemas com as seguintes características: os processos que compõem o sistema (i) dependem recursivamente uns dos outros, (ii) constituem o sistema como uma unidade no domínio em que existem e (iii) determinam o domínio de interações possíveis com o ambiente (Thompson, 2007, p. 44). As características (i) e (ii) referem-se à capacidade do sistema de autoprodução e autoindividuação. A célula eucarionte é um exemplo paradigmático de sistema autônomo. Os processos que a compõem dependem uns dos outros. As organelas produzem componentes que são essenciais para a manutenção da sua membrana, a qual por sua vez é necessária para manter as organelas dentro das suas condições de viabilidade. Nem tudo que é necessário para a manutenção do sistema autônomo faz parte dele. A luz é necessária para que plantas realizem a fotossíntese e mantenham a sua organização, mas a luz não é produzida por essa mesma organização.

A organização da rede de processos que constitui um sistema autônomo provê a identidade desse sistema, e a sua individualidade emerge como resultado dessa organização e da atividade de mantê-la continuamente. A subjetividade — que está relacionada à característica (iii), isto é, com a emergência de uma perspectiva em relação ao mundo — pode ser compreendida a partir de outras duas capacidades dos sistemas autônomos: a adaptatividade e a produção de sentido (*sense-making*). A adaptatividade é a capacidade de um sistema autônomo de monitorar e regular os seus processos para que se mantenham nos limites da sua viabilidade. Por exemplo, quando um indivíduo realiza um exercício físico, o seu consumo de oxigênio eleva-se consideravelmente. Para que não falte oxigênio aos vários processos do organismo, o que poderia provocar um desmaio ou até a deterioração ou falência de algum órgão, o batimento cardíaco se eleva e a respiração torna-se mais ofegante. Ao detectar que os níveis de oxigênio no organismo estão baixando muito rapidamente, afastando-se dos níveis que tornam viáveis os seus processos vitais, o organismo adaptativamente contrabalanceia essa tendência aumentando a absorção de oxigênio e a sua circulação.

Para manter os seus processos vitais adaptativamente, o organismo precisa regular a sua interação com o meio, diferenciando as consequências de diferentes encontros com o meio. Esses encontros são avaliados como melhores ou piores, como benéficos ou maléficos para a manutenção do organismo dentro das suas condições de viabilidade. A produção de sentido é a capacidade que realiza tanto a avaliação quanto a regulação da interação do organismo com o ambiente. Ao fazê-lo, ela traz à tona um mundo de significância para o organismo, o que lhe confere uma subjetividade e uma perspectiva acerca do mundo. Por exemplo, ao realizar atividade física, o indivíduo dará preferência a lugares arejados e evitará que o seu nariz seja obstruído. À luz da manutenção dos seus processos vitais, essas duas interações, dirigir-se a lugares arejados e obstruir o nariz, emergem como significativas e são avaliadas respetivamente como boa e ruim.

A adaptatividade e a produção de sentido estão presentes mesmo em sistemas autônomos simples, como uma bactéria. Considere o caso da bactéria móvel que se alimenta de açúcar. A bactéria muda de direção até detectar aumento no gradiente de açúcar e passa, então, a navegar em linha reta. Em si mesmo, o açúcar não é significativo, nem mesmo um alimento. Contudo, em relação à organização da bactéria, o açúcar é significativo para ela. Mais açúcar é melhor para a manutenção da sua rede de processos. Assim, as interações da bactéria com o ambiente adquirem um estatuto normativo em relação a sua identidade. Aproximar-se de maiores concentrações de açúcar é melhor que afastar-se. Ao regular as suas interações com o ambiente à luz da sua organização, a bactéria "transforma o mundo em um lugar de saliência, significado e valor — em um ambiente (*Umwelt*), no sentido biológico adequado do termo" (Thompson; Stapleton, 2009, p. 25). Fica mais claro também por que percebedor e percebido ou mente e mundo coemergem e se codeterminam. Interior e exterior são correlativos, a atração pelo alimento não é anterior ao trazer à tona do alimento, mas emerge junto a ele.

Por fim, a cognição, na abordagem enativa, nada mais é que "a produção de sentido que um agente realiza no domínio de interações com o entorno" (Di Paolo, 2016, p. 8). A cognição é corporificada tanto porque o mundo de significância é trazido à tona pela interação do organismo com o seu ambiente quanto porque esse mundo de significância é constituído em relação à organização e ao corpo do organismo. Como vimos, o tipo de experiência de cores que podemos ter depende do tipo de corpo que temos. O próprio corpo, por sua vez, altera e é alterado pelo ambiente ao longo do seu histórico de acoplamento mútuo, tanto filogenético quanto ontogenético. Assim como na abordagem ecológica, esse ambiente é, para muitos organismos, social e cultural desde o início.

Críticas às teorias corporificadas

Na literatura, encontram-se muitas críticas às teorias corporificadas. Por razões de espaço, vou assinalar apenas duas críticas que julgo mais centrais para o recorte que fiz ao apresentar a psicologia ecológica e o enativismo.

Uma crítica comum à psicologia ecológica e ao enativismo é o problema da paralisia. Aizawa (2015, p. 156) apresenta um experimento em que os participantes recebem um bloqueador neuromuscular que as deixam completamente imobilizadas, exceto um braço, onde é colocado um torniquete, para que elas possam fazer movimentos com as mãos e se comunicar com os experimentadores. A conclusão do experimento, como assinalam os autores, é que "o bloqueio neuromuscular completo não causou dano observável à consciência, sensação, memória, ou à habilidade de pensar e de tomar decisões" (Topulos; Lansing; Banzett, 1993,

p. 372). Esse resultado aparentemente coloca uma dificuldade severa para a afirmação de que a ação constitui a percepção ou a cognição. Se continuamos a perceber mesmo quando estamos completamente imobilizados, então ações corporais não parecem fazer parte da percepção. Várias respostas são possíveis. A primeira é que o experimento não deixa claro que não houve perda ou deterioração da riqueza e acuidade perceptual em geral. Apenas nesse caso, a ação se mostraria completamente dispensável. Além disso, na abordagem ecológica, não é o caso que ações exploratórias sejam necessárias para a captura de qualquer informação ambiental. A informação da altura de um objeto em relação ao observador pode ser capturada por um observador parado. A segunda é que a ação não precisa ser atual para participar constitutivamente da percepção, ela pode participar virtualmente. Um observador precisa ter a habilidade de agarrar para perceber uma garrafa como agarrável, mas ele não precisa agarrá-la. Os bloqueadores neuromusculares podem impedir o exercício de uma habilidade corporal, mas não a sua participação como um todo na percepção. Por fim, na abordagem enativa, não só movimentos musculares importam para a percepção. Atividades de regulação interoceptiva e de outra natureza podem contribuir para a percepção e responder pelo pouco de percepção disponível a um ser completamente imobilizado do ponto de vista muscular. De qualquer forma, é preciso reconhecer que mais pesquisa empírica e conceitual é necessária para determinar os tipos de ações que podem participar da percepção e a extensão da sua participação.

Outra crítica comum às abordagens corporificadas é o problema do escalonamento ascendente (Carvalho; Rolla, 2020). Segundo essa crítica, embora a percepção possa ser explicada pela dinâmica de acoplamento entre organismo e ambiente, a cognição superior — como o raciocínio, a memória, o planejamento, o uso da linguagem etc. — lida com coisas ausentes ou abstratas, de modo que não há como explicá-las com base apenas em ações corporais, sem apelar à noção de representação. A cognição superior, dizem os críticos, tem fome de representação (Clark; Toribio, 1994, p. 403). Essa crítica é reconhecida pelas abordagens corporificadas. Como uma abordagem recente, ela precisa continuar sendo desenvolvida e articulada para que possamos avaliar até onde ela consegue avançar. Várias propostas corporificadas estão sendo articuladas para explicar a cognição superior, inclusive o uso da linguagem (Di Paolo; Cuffari; Jaegher, 2018). É preciso discutir caso a caso. Paralelamente, como o próprio conceito de cognição está em disputa, as abordagens corporificadas podem nos levar a ver a cognição superior como menos distante de fenômenos cognitivos mais básicos, como a percepção e a emoção, borrando, na verdade, a própria distinção. Assim, o que parece ter fome de representação talvez não tenha. Por exemplo, se concebemos a linguagem primordialmente não como uma ferramenta para representar o mundo, mas para coordenar as nossas ações, então a noção de representação já não parece mais ser tão central para a explicação do uso da linguagem. De qualquer forma, essas são questões contenciosas e o problema do escalonamento ascendente é encarado como um desafio pelas abordagens corporificadas.

REFERÊNCIAS

AIZAWA, K. Desafios Empíricos Às Teorias Dinâmicas da Percepção e da Emoção. *In:* COELHO, J. G.; BROENS, M. C. (ed.). **Encontro Com as Ciências Cognitivas**: Cognição, Emoção e Ação. São Paulo: Cultura Acadêmica, 2015. p. 147-168.

CARVALHO, E. M. Social Affordance. *In:* VONK, J.; SHACKELFORD, T. (ed.). **Encyclopedia of Animal Cognition and Behavior**. Cham: Springer International Publishing, 2020. p. 1-4.

CARVALHO, E.; ROLLA, G. "O desafio da integração explanatória para o enativismo: escalonamento ascendente ou descendente". **Prometheus**, [*s. l.*], n. 33, p. 161-181, 2020.

CHEMERO, A. **Radical Embodied Cognitive Science**. Cambridge: The MIT Press, 2009. p. 272.

CLARK, A.; TORIBIO, J. "Doing Without Representing?". **Synthese**, [*s. l.*], v. 101, n. 3, p. 401-431, dez. 1994.

COSTALL, A. Socializing Affordances. **Theory & Psychology**, [*s. l.*], v. 5, n. 4, p. 467-481, 1995.

DI PAOLO, E. Enactivismo. *In:* VANNEY, C.; SILVA, I.; FRANCK, J. (ed.). **Diccionario Interdisciplinar Austral**. 2016. p. 1-24. Disponível em: http://dia.austral.edu.ar/Enactivismo. Acesso em: 20 nov. 2022.

DI PAOLO, E.; CUFFARI, E. C.; JAEGHER, H. D. **Linguistic Bodies**: The Continuity between Life and Language. Cambridge: MA: The MIT Press, 2018.

GIANNOTTA, A. Color Relationism and Enactive Ontology. **Phenomenology and Mind**, [*s. l.*], n. 14, p. 56-67, 21 set. 2018.

GIBSON, J. J. Novas razões para o realismo. **TRANS/FORM/AÇÃO**: Revista de Filosofia da Unesp, [*s. l.*], v. 47, n. 3, p. 1–11, 2024.

GIBSON, J. J. **The Ecological Approach to Visual Perception, Classical Edition**. New York: Psychology Press, 2015.

LEE, D. N. A Theory of Visual Control of Braking Based on Information about Time-to-Collision. **Perception**, [s. l.], v. 5, n. 4, p. 437-459, dez. 1976.

MATURANA, H.; VARELA, F. J. **Autopoiesis and Cognition**. Dordrecht: D. Reidel Publishing Company, 1980. v. 33.

RUSSELL, B. **The Problems of Philosophy**. New York: Henry Holt, 1912.

SHAPIRO, L. A. Embodied Cognition. *In*: MARGOLIS, E.; SAMUELS, R.; STICH, S. P. (ed.). **The Oxford Handbook of Philosophy of Cognitive Science**. Oxford: Oxford University Press, 2012. v. 1. p. 118-146.

THOMPSON, E. **Mind in Life**: Biology, Phenomenology, and the Sciences of Mind. Cambridge, Mass: Belknap Press of Harvard University Press, 2007.

THOMPSON, E.; PALACIOS, A.; VARELA, F. J. Ways of Coloring: Comparative Color Vision as a Case Study for Cognitive Science. **Behavioral and Brain Sciences**, [s. l.], v. 15, n. 1, p. 1-26, mar. 1992.

THOMPSON, E.; STAPLETON, M. Making Sense of Sense-Making: Reflections on Enactive and Extended Mind Theories. **Topoi**, [s. l.], v. 28, n. 1, p. 23-30, mar. 2009.

TOPULOS, G. P.; LANSING, R. W.; BANZETT, R. B. The Experience of Complete Neuromuscular Blockade in Awake Humans. **Journal of Clinical Anesthesia**, [s. l.], v. 5, n. 5, p. 369-374, set. 1993.

VARELA, F. J.; THOMPSON, E. Color Vision: A Case Study in the Foundations of Cognitive Science. **Revue de Synthèse**, [s. l.], v. 111, n. 1, p. 129-138, 1 jan. 1990.

VARELA, F. J.; THOMPSON, E.; ROSCH, E. **The Embodied Mind**: Cognitive Science and Human Experience. First Edition ed. Cambridge, MA: The MIT Press, 1991.

WARREN, W. H. Perceiving Affordances: Visual Guidance of Stair Climbing. **Journal of experimental psychology**. Human perception and performance, [s. l.], v. 10, n. 5, p. 683-703, 1984.

Unidade 3.4
Ação e Responsabilidade Moral
Com Beatriz Sorrentino Marques (UFMT)

O que é a responsabilidade moral nas discussões contemporâneas

Ao tratar da responsabilidade moral de agentes, é importante esclarecer o que queremos dizer com esse tipo de responsabilidade. As filósofas e os filósofos preocupados com a responsabilidade moral não se interessam meramente por discutir se o agente está de alguma maneira envolvido com uma cadeia causal que o torna *causalmente responsável* pela ação (Fischer, 2010). Digamos que um agente seja empurrado agressivamente em cima de uma mesa posta para o jantar, arruinando a refeição. Ele é causalmente responsável por esmagar e espalhar a janta e por lançar os pratos ao chão, mas dificilmente seria aceito que ele é moralmente responsável por cair sobre a comida. Para a responsabilidade causal, é comum pensar que o agente precisa desempenhar um papel causal relevante (direta ou indiretamente) na produção da ação ou do evento em questão[53] (Talbert 2016, p. 13). Contudo, como o caso do agente que cai sobre a mesa de jantar mostrou, a relação causal não é suficiente para a responsabilidade moral.

A noção de responsabilidade moral (RM) é, como assevera Fischer, mais abstrata. A questão da RM na filosofia trata da justificação para as práticas morais de responsabilização moral dos agentes pelas suas ações (ou comportamentos). Afinal, o que justifica que eu responsabilize moralmente alguém? Na mesma linha, seria possível perguntar se é justo culpar o agente ou se ele merece ser culpabilizado, pois as práticas de culpar ou de elogiar dependem de se o agente é moralmente responsável pela ação. Só no caso de ser moralmente responsável o agente será acessível (um alvo adequado) às práticas de responsabilização moral (Talbert 2016, p. 9; Fischer 2010), por exemplo, a culpabilização. A RM é comumente tratada na literatura com grande enfoque no agente, de modo que se considera que ela depende de se o agente tem a relação adequada com sua ação (Talbert 2016, p. 9), ou seja, se a relação do agente com a ação satisfaz algumas condições. Esse é o ponto crucial deste capítulo.

Não é de se espantar então que as capacidades do agente também são um ponto recorrente na discussão sobre a responsabilidade moral. Afinal,

---

[53] Casos de omissão são controversos em relação a esse ponto.

algumas condições mínimas são necessárias (mas talvez não suficientes) para que um agente se qualifique como um agente moral. Algumas das capacidades requeridas não são controversas, como o pleno domínio da racionalidade, compreensão e controle do comportamento que tipicamente possuem agentes adultos, sãos e sóbrios, e que mostram que o agente compreende o que faz e que ajuizou que tinha razões para fazê-lo (Talbert, 2016, p. 15). Sendo assim, é possível até mesmo pensar que o agente poderia ter evitado a ação, pois poderia ter reconhecido razões para não agir como agiu. Por outro lado, não seria adequado responsabilizar moralmente um agente que não tem essas capacidades, como uma criança pequena. Aqui me concentrarei na condição para a RM que dialoga mais proximamente com o problema da causação mental, a condição do livre-arbítrio.

Também é possível ser responsável por diferentes coisas. Como vimos anteriormente, somos responsáveis por muitas coisas em nossas vidas, até mesmo causalmente responsáveis por quebrar o copo que derrubamos quando somos empurrados. Contudo, a RM da qual tratam os filósofos aborda especificamente nossa responsabilidade como agentes, por isso, podemos ter responsabilidade moral por ações, consequências de ações e omissões. Não há espaço aqui para tratar de todas, especialmente do caso especial das omissões, portanto, concentrar-me-ei nas ações.[54]

Tipos de responsabilidade moral

Para deixar claro qual caminho será trilhado neste capítulo, é importante esclarecer que há diferentes tipos de discussões sobre responsabilidade moral em que o termo é tratado de maneira distinta (Mason, 2019; Oshana, 2017; Shoemaker, 2011). Essa é uma das razões pelas quais a literatura sobre a RM é tão vasta e muitas vezes parece não estar tratando da mesma questão.

Na literatura, há discussões sobre a RM a partir da *atribuição* (*attributability*), com enfoque em se os estados mentais (atitudes avaliativas) do agente que levam à ação são atribuíveis ao seu caráter ou *self*, ou seja, se são atribuíveis a algo passível de avaliação moral (Oshana, 2017; Ciurria, 2019). Nesse caso, a ação manifesta quem o agente é. Há também a concepção da RM como *responsividade* (*answerability*) do agente, que rastreia as razões do agente na sua deliberação (Shoemaker, 2011) ou, para quem adota a teoria conversacional, oferece as razões para a ação

---

[54] Pelo menos alguns filósofos parecem aceitar que agir intencionalmente não é uma condição para a responsabilidade moral (Mele, 1996; Anscombe, 1982). Anscombe (1982, p. 219) cita o exemplo do incendiário que não tem a intenção de assassinar.

na forma de uma explicação em uma interlocução (Oshana, 2017; Ciurria, 2019). O agente é responsivo quando pode ser avaliado pelas razões que justificam sua ação. Há ainda a concepção da *imputabilidade (accountability)* do agente, em que a RM é considerada em vista da violação de uma demanda que define uma relação, tornando adequado que haja atitudes-reativas em relação à violação (Shoemaker, 2011). Assim, o agente é o alvo adequado de atitudes-reativas.

Essas são as divisões mais comumente mencionadas.[55] Outrossim, não é incomum que alguma dessas concepções seja tratada como intercambiável em relação a outra, por exemplo, Oshana trata a imputabilidade como equivalente à responsividade. Contudo, tratar dessas divisões e de possíveis conexões não é meu objetivo aqui. Na discussão a seguir, não darei atenção a essas distinções, pois a literatura abordada não se ocupa delas e não trata dessas diferentes concepções de forma sistematizada. De modo geral, algumas das teorias que serão apresentadas se concentram mais na responsividade e outras na imputabilidade.

A condição do livre-arbítrio

Uma vez que está esclarecido o que se quer dizer por RM e pelo que responsabilizamos moralmente, é possível passar a tratar das condições para a RM. Na literatura, é comum considerar o livre-arbítrio (ou pelo menos que o agente tenha certo tipo de controle de sua ação)[56] como uma condição para a RM. Portanto, especialmente no século XX, a discussão sobre a RM foi centrada no livre-arbítrio e nas condições para um agente ter livre-arbítrio ao agir ou para ele ter o controle necessário de sua ação.[57]

---

[55] Ciurria (2019) distingue ainda teorias do controle, funcionalismo e teorias da responsabilidade coletiva.

[56] Controle regulador é um termo cunhado por Fischer e Ravizza (1998) para caracterizar o tipo de controle que o agente tem sobre sua ação quando, havendo cursos de ação alternativos abertos para ele em *t*, ele faz A em *t*.

[57] Outra condição que tem ganhado visibilidade nos últimos anos é a condição epistêmica, que trata do que o agente precisa saber ou ter ciência (*awareness*) para ser moralmente responsável por sua ação (considerando as exigências filosóficas para o conhecimento, falar em ter ciência, pode ser preferível) (Rudy-Hiller, 2022; Levy, 2017). Não há tanta disputa quanto à necessidade do agente saber que faz (ou que fez) a ação A para ser moralmente responsável por ela, pois, como lembra Mele (2010), para fazer A intencionalmente, o agente precisa ter ciência de que faz A. Por outro lado, tem aumentado o debate a respeito da condição epistêmica que se refere à necessidade do agente saber ou estar ciente da valência moral da ação quando age (Miller, 2024; Robichaud, 2023; Zimmerman, 2018; Rosen, 2004; Talbert, 2013). Embora possa parecer intuitivo que um agente que age de maneira condenável sem saber que o que faz é moralmente errado não é moralmente responsável por tê-lo feito, esse não é um ponto pacífico. Por exemplo, imagine um assediador sexual. Provavelmente, há agentes que assediam sexualmente sem se dar conta de que o que estão fazendo é moralmente errado, basta pensar em agentes que cresceram e que vivem em uma sociedade patriarcal e sexista (Ciurria, 2019). Mesmo assim, parece claro que esses agentes são moralmente responsáveis e culpáveis por assediar.

A conexão entre RM e livre-arbítrio muitas vezes é exposta com base na ideia de que o agente precisa *merecer* ser moralmente responsabilizado para que estejamos justificados em responsabilizá-lo e que esse só seria o caso se o agente escolheu agir como agiu, estando aberta para ele a possibilidade de agir de outro modo. Se essa possibilidade não estava aberta para ele no momento em que ele decidiu agir como agiu (nem mesmo a possibilidade de não agir) e ele só podia fazer o que fez, então ele não teve escolha e havia apenas um curso de ação possível para ele. Assim, ele necessariamente seguiu esse curso de ação. Se esse for o caso, supõe-se que não há base para justificar que ele merece ser moralmente responsabilizado pela ação. Uma das razões para isso é que parece que era inevitável para o agente agir daquela forma e que, portanto, ele não tinha como não fazê-lo. Se uma pessoa não tem escolha em relação ao que faz e só pode realizar a ação A, então tendemos a pensar que ela não pode ser moralmente responsável pela ação, pois lhe falta controle sobre a ação.

Essa é uma imagem intuitiva sobre a relação entre livre-arbítrio e responsabilidade moral que motiva a preocupação de filósofas e filósofos em relação ao livre-arbítrio. Pois, se a responsabilidade moral depende de o agente ter livre-arbítrio,[58] então o livre-arbítrio é uma noção fundamental para a vida humana. Mas qual é *a questão do livre-arbítrio?* Dito de maneira simples, a questão é se os agentes podem escolher entre cursos de ação possíveis que estariam abertos para eles quando agem ou se não há tais cursos de ação *realmente* abertos para eles.[59] Digo realmente, porque pelo menos nos parece[60] que cotidianamente escolhemos muitas vezes entre ações possíveis.[61] Parece-me que eu posso continuar trabalhando neste texto ou que posso descansar fazendo outra coisa e bastaria eu decidir descansar para fazê-lo, mas decidi continuar trabalhando.

Ainda é preciso dizer um pouco mais sobre a questão do livre-arbítrio. Na vida cotidiana, pode ser estranho pensar que cursos de ação não estão abertos para mim a cada momento, contudo, na filosofia, considera-se que o determinismo pode ser uma ameaça a essas possibilidades abertas.

---

[58] Peter van Inwagen (2017, p. 20), por exemplo, pressupõe essa dependência.

[59] Igualmente, a *questão da origem da ação tem* peso similar nas discussões sobre o livre-arbítrio. Contudo, tratarei dessa questão apenas tangencialmente quando tratar da teoria de Robert Kane. A discussão está centrada em se o agente pode ser tratado como origem (ou origem última) de sua ação e o que a resposta para essa pergunta significa para o livre-arbítrio e RM do agente. Por vezes, a discussão considera o problema do *desaparecimento do agente*, por exemplo.

[60] Oisín Deery (2015) desenvolve uma explicação para essa experiência consciente. Sua explicação não requer que o agente de fato tenha cursos de ação possíveis abertos para ele quando seleciona um curso de ação.

[61] Pode ser que essa perspectiva subjetiva esteja de acordo com a perspectiva objetiva, científica, do mundo ou que esteja em conflito com ela (Nagel, 1986).

A *tese do determinismo causal* (doravante determinismo)[62] que tem interessado às discussões contemporâneas captura a imagem de um futuro que já está estabelecido pelos eventos do passado e pelas leis que regem as ocorrências de eventos no universo. Peter van Inwagen (1975, p. 185) define o determinismo da seguinte forma: "(a) [p]ara cada instante de tempo, existe uma proposição que expressa o estado do mundo [inteiro] naquele instante. (b) Se A e B são quaisquer proposições que expressam o estado do mundo em alguns instantes, então a conjunção de A com as leis da física implica B". Essa imagem do universo determinista também aparece na formulação de van Inwagen do Argumento da Consequência, um famoso argumento que tenta mostrar que se o determinismo for o caso, então não há livre-arbítrio:

> Se o determinismo for verdadeiro, então nossos atos são consequências das leis da natureza e dos eventos do passado remoto. Mas não depende de nós o que aconteceu antes de nascermos, e nem depende de nós quais são as leis da natureza. Portanto, as consequências destas coisas (incluindo nossas ações no presente) não dependem de nós (van Inwagen, 1983, p. 16)

Isso significa que, se a tese do determinismo for verdadeira, dado que no nosso universo há leis que regem os eventos e que não podemos alterar essas leis e nem o passado, então, há apenas um presente possível e o agente não pode agir de outro modo. Assim como van Inwagen, há filósofas(os) que pensam que, se o determinismo for o caso, essa é uma ameaça ao livre-arbítrio, pois não haveria cursos de ação alternativos abertos para o agente no momento da ação. Considerando o argumento de van Inwagen, é fácil ver que o determinismo ameaça o *controle* que o agente tem sobre sua ação, pois, se o determinismo for o caso, não depende dele agir dessa maneira ou de outra (ou não agir). E se isso estiver correto, pode haver consequências sérias para a RM, porque parece difícil, pelo menos à primeira vista, justificar atribuir RM ao agente por algo que ele não poderia ter deixado de fazer, o que significa que ele não tinha esse tipo de controle sobre o que fez. Por isso, o determinismo causal é uma ameaça também para a RM.

---

[62] Ao longo da história da filosofia, houve diversas teses deterministas das quais não tratarei aqui, como o fatalismo, o determinismo teológico ou epistêmico, social, biológico, psicológico, científico, lógico (Kane, 2011). Mais recentemente, especula-se a possibilidade do determinismo neurológico (Waller, 2023). Todos esses podem ser vistos de algum modo como uma ameaça ao livre-arbítrio por estabelecerem, de algum modo, as ações dos agentes.

Para compreender melhor esse debate filosófico, é importante conhecer a taxonomia das posições filosóficas discutidas nele. As duas posições são a *incompatibilista* e a *compatibilista*, termos que se referem à questão da compatibilidade do livre-arbítrio com o determinismo. Ou seja, se o determinismo for o caso, há quem pense que o livre-arbítrio é compatível com o determinismo e há quem pense que é incompatível. Van Inwagen exemplifica o último. A questão da compatibilidade é geralmente ao que a literatura se refere quando trata da questão ou problema do livre-arbítrio.

Incompatibilismo

O incompatibilismo tem pelo menos duas subdivisões. Os libertistas defendem a tese do livre-arbítrio, que é a tese de que seres humanos exercem, pelo menos às vezes, o livre-arbítrio quando agem. Eles aceitam que o livre-arbítrio é incompatível com o determinismo, portanto, um argumento da Consequência é "um argumento" importante para o incompatibilismo. Para além disso, se há livre-arbítrio e este é incompatível com o determinismo, então o determinismo não pode ser o caso. Assim, há argumentos que defendem que temos livre-arbítrio com base na experiência fenomênica que temos de agir de maneira livre (O'Connor, 2000, 2011; Nida-Rumlin, 2007), enquanto, em outra linha, supõe-se que a ausência de livre-arbítrio impossibilitaria a responsabilidade moral, o que, embora seja preocupante, não está claro que seja um argumento adequado para mostrar que temos livre-arbítrio.

Além disso, há incompatibilistas que resistem à ideia de que temos livre-arbítrio, como o *ceticismo sobre o livre-arbítrio* (Pereboom, 2001) e o *incompatibilismo rígido* (*hard*). Dos últimos, poucos afirmam que o determinismo é o caso (Kane, 2011). A maioria tende a afirmar que não temos livre-arbítrio devido ao problema da arbitrariedade do incompatibilismo (ver seção 4.1) ou porque o agente não é de fato a origem última de sua ação (Caruso, 2021). Em linha similar, destaco o *impossibilismo*, que nega a própria possibilidade conceitual do livre-arbítrio. Galen Strawson (1998), seu mais famoso defensor, propõe um argumento que, simplificando, mostra uma espécie de regresso ao infinito em que o agente precisaria ter controle (ser a causa) de suas ações, dos estados mentais que produzem suas ações, dos estados mentais anteriores a esses e que o levam a ter tais estados mentais, do seu caráter e assim sucessivamente. A ideia é mostrar que, como não podemos ser a causa de nossos estados mentais e caráter, a própria ideia de livre-arbítrio não é coerente.

Compatibilismo

O compatibilismo não apresenta subdivisões tão claras do mesmo modo, mas tem sido comum distinguir algumas versões do compatibilismo. Assim, é possível distinguir o compatibilismo pelas suas estratégias argumentativas, a análise condicional, casos estilo-Frankfurt e a versão de Peter Strawson, que tem enfoque nas atitudes-reativas (Kane, 2011).[63] Um dos objetivos caros a compatibilistas (e semicompatibilistas)[64] é assegurar a RM, protegendo-a da ameaça do determinismo causal. Para isso, a estratégia eleita por esse grupo teórico é mostrar que, embora não se saiba se o determinismo causal é o caso, mesmo que venhamos a descobrir que sim, isso seria compatível com a RM.

Uma das maneiras de lidar com a discussão sobre a compatibilidade é discutir a própria noção de livre-arbítrio. Se o conceito for entendido como comumente é entendido por incompatibilistas, como poder agir de outro modo, os compatibilistas podem discutir o que se entende por *poder* nesse caso, ou seja, que capacidade é essa que o agente teria para agir de modo diferente de como agiu.

Para o compatibilismo clássico (Hobbes, Hume), poder agir de outro modo quer dizer que o agente não estava sendo restringido de agir por estar preso ou estar sendo coagido, por exemplo; de modo que ele age como ele quer (deseja) agir (Kane, 2011). Compatibilistas clássicos propuseram a chamada análise condicional, que analisa a noção de *poder* agir de outro modo da seguinte maneira: o agente faz A conforme o seu desejo de fazer A e teria feito B se tivesse desejado fazer B. Assim, ele poderia ter agido de modo alternativo a como agiu. Dependendo do que ele deseja fazer, o agente pode fazer A ou B. A análise de *poder*, dessa capacidade do agente,

---

[63] Na primeira edição de *The Contours of Contemporary Free Will Debate*, de 2005, Kane aborda brevemente o compatibilismo que ele chama "de caráter" e o atribui a Daniel Dennett. A sugestão é que não importa para o livre-arbítrio ou para a responsabilidade moral se o agente tinha possibilidades alternativas, já que ele age de acordo com o seu caráter e motivações, e se agisse diferentemente, agiria contra o seu caráter. Por exemplo, uma pessoa honesta, ao relatar que devolveu o excesso de troco, um equívoco do caixa, pode depois dizer que não poderia ter agido de outro modo. Com isso, o agente está reafirmando que a ação foi autenticamente sua e não rejeitando sua autoria ou responsabilidade.

[64] Semicompatibilistas rejeitam a incompatibilidade entre pelo menos RM e determinismo (Fischer; Ravizza, 1998).

então, é condicional, o agente faria B *se* quisesse fazer B. Porém, isso deixa aberto que o desejo do agente pode ser determinado (Kane, 2011).

Já no século XX, Peter Strawson e Harry Frankfurt foram responsáveis por uma guinada nas discussões sobre RM, dando vantagem ao compatibilismo, inclusive tornando-o mais bem aceito. Isso mudou a dinâmica da discussão, pois anteriormente, por ser mais intuitivo, o incompatibilismo era o *status quo*. Tamanha guinada se deve às mudanças de perspectiva sobre o debate propostas por cada um dos filósofos. Frankfurt (1969) questionou a relevância da capacidade do agente de agir de outro modo para a responsabilidade moral, capacidade que doravante tratarei como o agente ter possibilidades alternativas abertas para ele no momento da ação (PA). Portanto, Frankfurt deixa de lado a discussão sobre o livre-arbítrio para dar ênfase à responsabilidade moral, visto que, se a responsabilidade moral não for condicionada à PA, então é possível separar suas condições do debate sobre o livre-arbítrio.

Frankfurt propõe que é possível imaginar um cenário em que um agente não tem PA, mas, mesmo assim, é difícil negar nesse cenário que ele tenha responsabilidade moral pela ação. Esse cenário se tornou tão famoso que inspirou outros exemplos do tipo, hoje chamados de casos estilo-Frankfurt. Nesses casos, um agente tem o poder de manipular a ação de outra pessoa, por exemplo, numa votação, em um universo em que o determinismo causal não é o caso. Suponhamos que o manipulador seja um neurocientista que implantou um dispositivo de controle no cérebro de um eleitor que lhe permite, com alguma técnica futurista, monitorar as escolhas do eleitor, além de alterá-las. O manipulador quer que o eleitor vote na candidata progressista e não na conservadora e monitora a decisão quando o eleitor está na cabine de votação (digamos que o eleitor estava indeciso antes disso). Na cabine, o eleitor não mostra nenhuma inclinação para votar na conservadora e vota na progressista sem que o manipulador precise fazer qualquer tipo de intervenção. Ao formular um caso desse tipo, Frankfurt almejou criar uma situação em que o agente não tivesse PA abertas para ele, já que, se ele tivesse a menor inclinação para fazer outra coisa que não fosse votar na candidata progressista, o manipulador teria interferido e direcionado sua escolha. Como isso não foi preciso, o agente votou sem nenhuma interferência, por si mesmo, e esse é o ponto fundamental. Frankfurt acredita que o agente é moralmente responsável nesse caso. Se ele estiver correto, então PA não são uma condição necessária para a responsabilidade moral, diferentemente do que se acreditava até então.

Para entender melhor a conclusão, é importante lembrar que o eleitor votou *por si mesmo*. Em vista disso, é difícil perceber qual poderia ser a relevância das PA quando o tema é RM. Embora muitas vezes essa conclusão seja tratada como se fosse uma intuição, ela pode ser argumentada. Afinal, se a discussão sobre a RM é sobre a justificação das práticas de responsabilização, parece bem justificado responsabilizar moralmente o agente pelo seu voto, já que nenhuma interferência foi realizada e o seu processo de produção da ação ocorreu como em qualquer ação típica. Qualquer consideração de aprovação ou reprovação moral sobre o que ele fez, portanto, é merecida.[65]

Outro caminho compatibilista foi proposto por P. F. Strawson (1962), cuja repercussão foi ampla e obteve a adesão de muitos dos compatibilistas recentes. A proposta permite uma discussão sobre a RM para além da questão do livre-arbítrio. Dito de maneira breve, Strawson aceita que temos práticas de atribuição de RM, de modo que um agente pode ser alvo de atitudes-reativas, como ressentimento ou gratidão, devido à sua ação, que afetou outro agente. É importante notar que aceitar tais práticas deixa de lado a discussão metafísica sobre a condição do livre-arbítrio, pois nossas práticas de atribuição de responsabilidade normalmente não levam essa questão em consideração. Strawson então investiga em quais situações o agente não é um alvo adequado de tais atitudes, como quando o agente não sabe o que faz, tratando-as como exceções em que há um fator que o exime de responsabilidade. O determinismo não faz parte dessas situações. Segundo o filósofo, as nossas práticas de responsabilização moral rastreiam a *qualidade da vontade* do agente. Além das discussões que se desdobraram a respeito da imputação de atitudes-reativas, surgiram também teorias da qualidade da vontade, centrada na consideração por outras pessoas exibida pelo agente.[66]

As novas teorias levaram à ascensão do compatibilismo, depois da segunda metade do século XX, o que permitiu novos desenvolvimentos na discussão. Contudo, o debate entre compatibilistas e incompatibilistas está longe do fim. Na próxima seção, explorarei as teorias da ação disponíveis

---

[65] Há muita discussão sobre os casos de Frankfurt e se o argumento de fato se sustenta. Van Inwagen (1983) apresentou uma crítica que tenta mostrar que o caso apresentado não elimina completamente as possibilidades alternativas, porque o agente ainda pode se inclinar a votar na conversadora e, assim, ser forçado a votar, mas Fischer (1994, 2006) questiona se essa *centelha de liberdade* garantiria alguma liberdade para o agente que valeria a pena ter. Não é meu objetivo relatar a longa discussão sobre os casos estilo-Frankfurt; pretendo apenas apontar que esse argumento levou compatibilistas a um interesse mais direto na RM. Tampouco discutirei o semicompatibilismo, de Fischer, embora seja uma das teorias compatibilistas mais bem desenvolvidas, não há espaço aqui para essa exposição.

[66] É notório também o desdobramento dessas ideias nas teorias conversacionais.

para filósofas e filósofos interessados no debate sobre o livre-arbítrio e a responsabilidade moral e mostrarei como essas questões se conectam com teorias sobre a produção da ação e com as relações causais discutidas nela.

Teorias da ação

As questões sobre a RM e sobre o livre-arbítrio têm uma larga intersecção com as explicações de ações, pois as explicações das ações envolvem fatores relevantes para essas questões, como as relações causais entre os estados/eventos mentais do agente e a ação. Em teorias que dependem de tais relações, como é o caso da proeminente Teoria Causal da Ação (TCA), em que eventos mentais do agente são causalmente relevantes para a produção da ação, surge a inquietação a respeito de se tais relações são determinadas. Frente a essa possível ameaça, outra explicação de ações, como a Causação do Agente,[67] pode acomodar melhor, por exemplo, as preocupações libertistas, contudo, essa teoria enfrenta os seus próprios desafios.

Nesse sentido, os compatibilistas estão em uma posição mais confortável, porque é mais fácil acomodar seu entendimento de RM com as explicações de ações, embora isso não signifique que os problemas do compatibilismo se dissolvam. Retomando o exemplo da TCA, compatibilistas que adotam essa explicação de ações têm a liberdade de aceitar que, mesmo que as relações causais entre eventos mentais e ações sejam determinadas, o agente ainda é moralmente responsável por suas ações intencionais. Talvez por isso mesmo seja comum que compatibilistas aceitem o modelo da TCA, pois essa é a teoria hegemônica na explicação das ações atualmente. Explicarei brevemente algumas propostas libertistas de TCA a seguir.

Causação de eventos

---

[67] Por razões de espaço, não tratarei do volicionismo (Ginet, 1990; Lowe, 2008) aqui, tampouco das teorias chamadas não causais (Anscombe, 1957; Melden, 1991), pois são bem menos discutidas hoje em dia —embora recentemente tenha havido um retorno das ideias de G. E. M. Anscombe. Basta dizer que o volicionismo defende que a volição do agente é sua ação (uma ação mental), que surge de maneira não causal e que manifesta o livre-arbítrio do agente, entendido de maneira libertista. Essa teoria enfrenta algumas das mesmas dificuldades que a Causação do Agente. Seria preciso mais espaço para falar das teorias chamadas de não causais. Anscombe, por exemplo, propôs pensar nas ações intencionais como uma forma de descrição teleológica, mas não detalharei esse ponto.

Por TCA, entendo a tese que afirma que ações intencionais são causadas e que "uma explicação causal moldada parcialmente em termos de itens mentais (eventos ou estados), incluindo atitudes que englobam motivação, está disponível a princípio." (Mele, 2003, p. 5). Assim, um agente que pega um copo d'água intencionalmente o faz *por causa* de seu desejo de matar a sede e de sua crença de que beber água levará a esse fim.

Buscando apresentar a viabilidade do libertismo, Robert Kane desenvolveu uma teoria causal da ação que permite que possa haver indeterminação na relação causal entre eventos. Ele aceita que o livre-arbítrio e, por consequência, a responsabilidade moral dependem de haver possibilidades alternativas abertas para o agente no sentido libertista, contudo, Kane acredita que isso não é suficiente, pois haveria uma condição mais fundamental que exige que a ação *se origine do agente*, e não de eventos externos ao agente. Essa é a condição da responsabilidade última (Kane 2007, p. 14). Sendo assim, Kane defende que para ser a origem mais fundamental de sua escolha, a origem última, o agente precisa ser responsável pela causa suficiente do evento, o que requer que ele seja pelo menos parcialmente responsável pelo que o levou a fazer aquela escolha, como o seu caráter e motivações. Para tanto, ele precisa ser responsável por ter formado o seu caráter por meio de escolhas e ações passadas.

Portanto, a indeterminação causal é necessária na teoria para que o agente seja responsável pela causa suficiente de sua ação, pois ele só pode sê-lo se essa causa não tiver sido determinada por eventos prévios. Se ela for determinada, o agente não pode ser a causa suficiente da sua escolha de agir. Kane conclui que a responsabilidade última, não apenas as possibilidades alternativas, depende também do indeterminismo. Para justificar que tal indeterminação existe, o filósofo defende que ela pode ocorrer devido a um desequilíbrio termodinâmico no nível neuronal, contudo, não detalharei essa explicação sofisticada aqui[68].

O conceito de ações formadoras-do-*self* (AFS) tem um papel importante na teoria de Kane. Essas são ações que ocorrem em momentos cruciais da vida do agente, muitas vezes momentos em que ele é confrontado por um dilema moral e sobre o qual ele está indeciso, de modo que o curso de ação que ele escolhe tem um impacto no próprio caráter do agente. Isso ocorre em casos que marcam o agente, como numa situação em que o agente deixa de revisar o assunto para uma prova importante para ir à porta de um hospital protestar contra grupos fundamentalistas que querem impedir que uma adolescente acesse seu direito legal ao aborto

---

[68] Ver Kane (2007, p. 26).

(num caso em que ela tem esse direito). Nesse caso, o agente se torna o tipo de pessoa que deixaria de lado uma conquista pessoal para proteger o direito das mulheres e meninas e que se opõe à misoginia.

É importante notar que as possibilidades alternativas seriam necessárias para garantir o livre-arbítrio e a responsabilidade moral apenas no caso das escolhas de AFS, já que às vezes agentes agem com base num caráter já formado e nesses casos as possibilidades alternativas não são necessárias para que a ação seja livre. Sendo assim, AFS não são necessárias para todas as escolhas. O que importa é que o caráter tenha sido formado por escolhas ou ações AFS, ou seja, ações nas quais o agente tinha possibilidades alternativas abertas para ele. Assim, o agente exerce seu livre-arbítrio quando escolhe ações que derivam do seu caráter formado desse modo.

Contudo, a indeterminação na escolha pode fazer parecer que o controle do agente seria subtraído nesses casos, pois faz com que a escolha pareça arbitrária, já que não fica claro o que inclina o agente a fazer A ou a fazer B. Se, dado o estado de coisas, ele pode fazer tanto A como B, parece que ele elege um dos cursos de ação por "sorte". Kane responde que a indeterminação funciona como uma espécie de obstáculo para aquilo que o agente está tentando fazer. Contudo, a questão sobre a arbitrariedade das ações indeterminadas segue sendo problemática, pois é difícil perceber como aceitar que tratá-la como um obstáculo para a escolha possa resolver a questão. Por isso, alguns filósofos resistem ao indeterminismo de Kane.

Assim, dentre as teorias causais da ação, há outras propostas defendendo que as explicações de ação são causais, Alfred Mele (1995) avançou uma proposta que chamou de *libertismo modesto*, segundo a qual haveria indeterminação na produção de ações intencionais e livres. Contudo, a distinção dessa proposta em relação à de Kane está no "lugar" onde a indeterminação ocorreria nessa cadeia de produção, a saber, nas crenças que se tornam salientes para o agente durante a sua deliberação. Mele sugere que a cadeia de produção de uma ação intencional inclui a base psicológica para o raciocínio deliberativo (valores, crenças, desejos, habilidades), um julgamento avaliativo que indica um curso de ação com base no raciocínio, a formação de uma intenção com base no julgamento avaliativo e, por fim, uma ação que executa a intenção. Considerando essa cadeia causal, a proposta consiste não em supor que haja indeterminação interna no julgamento avaliativo, na formação da intenção ou na execução da ação, mas que a indeterminação interna ao agente ocorre no início da cadeia, nos estados doxásticos que ocorrem ao agente.

Mele situa a indeterminação causal interna nos estados e eventos doxásticos ou, melhor, em quais desses passam de não ocorrentes para ocorrentes no momento da deliberação. Dito de maneira simples, é indeterminado quais desses estados vêm à mente do agente naquele momento. Sendo assim, esses estados internos que ocorrem ao agente limitam os julgamentos avaliativos possíveis, de modo que, mesmo frente à indeterminação, o que o agente julga melhor fazer não se assemelha a um lance de sorte com quase infinitas possibilidades, pois depende dos estados doxásticos que se tornam ocorrentes.

Mele sugere ainda que ao longo do tempo tais julgamentos influenciam a constituição psicológica do agente, supõe-se que seja porque vão moldando o próprio caráter e estrutura psicológica do agente. Contudo, ele nota que o caráter do agente também tem influência sobre seu julgamento avaliativo, pois limita os efeitos dos estados doxásticos que vêm à mente do agente na deliberação. Por exemplo, é possível imaginar que, quando uma pessoa honesta que recebe mais de troco do que lhe era devido por equívoco do caixa, pode lhe ocorrer a crença de que ficar com o dinheiro adicional não seria um problema grave para a loja, mas seu caráter honesto pode limitar os efeitos da ocorrência desse estado mental, dando-lhe pouco peso na deliberação.

Considerando que, de modo geral, não temos controle de quais estados doxásticos se tornam ocorrentes e que esse seria o caso mesmo que a tese do determinismo causal fosse verdadeira, então Mele insiste que inserir o indeterminismo interno nesse ponto da cadeia de produção da ação não adiciona nenhuma nova dificuldade para a responsabilidade moral dos agentes que já não existiria para outras propostas teóricas liberalistas, pois a arbitrariedade nesse ponto já faz parte dessas propostas. Mas Mele acredita que situar a indeterminação na ocorrência de estados doxásticos é situá-la num lugar em que ela é normalmente bem aceita, pois a maioria de nós não acredita que controla o que lhe vem à mente. Mele conclui ainda que o controle próximo do agente de sua ação não é afetado ou diminuído por sua proposta. As possibilidades alternativas estão na possibilidade de terem ocorrido outros estados mentais ao agente naquele momento, assim, a proposta não abre mão do controle do agente na produção da ação.

Causação do agente

Alternativamente, filósofos como Timothy O'Connor (2011, 2000), Roderick Chisholm (2001, 1976) e Randolph Clarke (2011, 1993) propuseram teorias de Causação do Agente. A tese central da Causação do Agente é que agentes diretamente causam sua ação por meio de um tipo *sui generis* de relação causal, a causação de substância, em que o agente, uma substância irredutível a seus estados, é a causa de sua ação. A proposta difere da concepção comumente aceita de que relações causais são redutíveis a relações de regularidade entre eventos. Chamada de humeana, essa última concepção elimina a possibilidade de relações causais entre uma substância e um evento em que essa relação não é redutível a uma relação causal entre eventos (Pereboom, 2001, p. 59-60). Em oposição, os teóricos da causação do agente rejeitam a redutibilidade das relações causais do agente, afirmando que essas relações são constituintes básicas do universo, ou seja, são relações metafisicamente básicas. Se isso for verdade, é a solução para os problemas dos liberalistas, pois essa teoria coloca o agente como origem absoluta e como causa suficiente de sua ação, garantindo-lhe possibilidades alternativas.

O'Connor explica que algumas das ações humanas são realizadas por meio da causação do agente, mas que nem todas as ações são desse tipo, apenas as ações livres. Assim, esse tipo de causação é um requisito para as ações livres, entendidas no sentido libertista. O filósofo afirma que um agente é uma entidade que se estende pelo tempo e que está inteiramente presente a cada momento, não podendo ser confundido com a totalidade de seus estados a cada momento. Além disso, segundo sua teoria, agentes são substâncias ontologicamente irredutíveis, de modo que é importante notar que as relações causais nas quais o agente se engaja não são redutíveis a constituintes do agente, por exemplo, a estados mentais do agente. Assim, a causação do agente é um tipo de causação distinta da causação de eventos e o poder causal do agente é uma propriedade emergente do organismo biológico, ou seja, essa propriedade emerge causalmente da configuração complexa do organismo (O'Connor, 2011, p. 312-13).

Propriedades naturais, como a causação do agente, são disposicionais para O'Connor, o que significa que são tendências para interagir de maneira probabilística com outras propriedades para produzir efeitos possíveis. Esse seria, portanto, um tipo de causação primitiva, direcionada a uma finalidade e não determinada, assim, seria o poder do agente de causar o surgimento de uma intenção (ou formação de uma decisão).

Portanto, O'Connor defende que causar uma intenção é a ação do agente, o que leva à produção de uma sequência causal que inclui, por exemplo, movimentos corporais do agente.

Contra a causação do agente é apresentada a objeção de que ainda haveria arbitrariedade na produção da ação e seria uma questão de sorte se o agente faz A ou B. Afinal, se a causação não é determinada e nada estabelece se o agente faz A ou B, então é arbitrário que o agente decide fazer A em vez de B. Pereboom (2001) responde que a causação do agente não sofre desse problema de incoerência (da sorte). Ele aceita que, na teoria da causação do agente, a decisão do agente não é arbitrária, pois, quando ele exerce o seu poder causal, a contribuição causal do agente para a sua decisão é fundamental. Nesse tipo de teoria, o agente causa diretamente sua decisão de agir, o que constitui uma relação causal em que uma substância é irredutivelmente[69] a origem causal de um evento (Pereboom, 2001, p. 59). O'Connor (2011, p. 321) afirma que essa causação é uma manifestação de controle do agente muito mais forte do que a simples indeterminação causal apresentada, por exemplo, por Kane, pois o agente direciona e determina a sua decisão. Essa é a ação do agente em si. Portanto, não faria sentido dizer que o controle do agente estaria reduzido nesse tipo de explicação.

Além disso, a condição para a responsabilidade moral é que a decisão de agir não seja produto de uma origem sobre a qual o agente não tem controle, pois a RM requer que a escolha do agente se origine de algo do qual o agente tem controle (Pereboom, 2001, p. 54-55). A escolha livre, no sentido relevante, é a decisão de agir originada pelo agente, o que requer que o agente seja a causa da decisão. Para satisfazer tal condição, Pereboom acredita que a causação do agente é necessária, pois apenas ela confere ao agente escolhas livres no sentido relevante para garantir a responsabilidade moral.

A teoria precisa também lidar com a preocupação sobre a racionalização da ação oferecida por essa explicação de ação, o que tem gerado respostas distintas entre proponentes da causação do agente. O problema é que explicar uma ação afirmando que o agente causa a ação dificulta racionalizá-la, visto que a proposta é justamente que a causação do agente seria independente e não determinada pelas razões do agente. A conclusão seria que as razões do agente não têm relevância na explicação da ação, o que torna difícil compreendê-la.

---

[69] Irredutível a eventos.

As respostas a essa questão divergem. Embora razões para agir não determinem a ação que o agente realizará, O'Connor, por exemplo, aceita que o reconhecimento do agente de que ele tem razões para realizar certa ação torna mais provável que ele realizará a ação. Igualmente, o filósofo aceita que disposições, como o caráter do agente e suas intenções para o futuro, estruturam[70] o poder causal do agente (reforçando que se trata de um poder formado probabilisticamente), pois estruturam a deliberação do agente sobre suas possibilidades de ação (O'Connor, 2011, p. 317). Apesar disso, o filósofo enfatiza que apenas o agente, e não seus estados internos, diretamente causa sua intenção de agir. Isso suscita a questão de como as razões do agente podem influenciar ou afetar a probabilidade de o agente agir, já que não são causas parciais da ação (Vicens, 2023, p. 86).

Por outro lado, Pereboom acredita que o poder causal do agente envolve justamente considerar e pesar suas razões para agir, causando assim a ação. O filósofo, portanto, admite que as razões que o agente julga melhores para agir devem ser parte da produção causal da ação, de modo que o agente age por causa dessas razões; contudo, ele não aceita que a causação deva ser totalmente determinada pelas razões do agente (Pereboom, 2001, p. 67). Isso é consistente com o tratamento da causação do agente como um fator causal distinto das razões para agir assim, esses seriam fatores independentes, porém relacionados (Pereboom, 2001, p. 68).

A influência das razões para agir do agente na ação ocupa um papel maior para Randolph Clarke (1993). Dentre as ações possíveis para o agente realizar, cada uma tem alguma probabilidade de acontecer. Assim, ao causar a ação, é o agente quem faz com que uma ação aconteça em vez de outra, contudo, Clarke aceita que a ação é causada pelo agente e por eventos mentais do agente, ou seja, por suas razões para agir. Esse é o caso porque os eventos passados contribuem para a probabilidade de uma ação ser realizada. Essa é uma maneira de o filósofo explicitamente tentar conciliar a liberdade do agente de determinar sua ação com o fato de que essas ações pertencem à ordem natural. Sendo assim, Clarke defende que a ação do agente é racional (embora o agente possa às vezes agir irracionalmente) e que a causação do agente pode ser explicada de acordo com as leis naturais. O resultado é que o poder causal do agente contribui para a nossa compreensão de agentes morais, já que a causação do agente é a condição para responsabilidade moral (Clarke, 1993, p. 199-200).

Uma crítica comum a essa teoria, contudo, é a acusação de que esse tipo de causa não tem paralelo na natureza e que se trata de uma saída *ad*

---

[70] Ressalta a oposição entre causas estruturantes e causas desencadeadoras.

hoc para as dificuldades do libertismo. Embora Pereboom (2014) defenda que a causação do agente não é incoerente, ele acredita que essa noção vai contra os nossos conhecimentos científicos atuais, portanto, ele nega que sejamos agentes causais nesse sentido. Isso o leva a negar que tenhamos livre-arbítrio. Contudo, Pereboom reconhece que a causação do agente é a mais apta para propor o tipo de explicação de ação que poderia assegurar o livre-arbítrio e, consequentemente, a RM.

Críticas e caminhos alternativos

Recentemente, a filosofia feminista tem refletido sobre a RM e tem apresentado interessantes contribuições para suas teorias, distanciando a discussão do foco no livre-arbítrio, nos estados mentais e no controle do agente para aproximá-la das estruturas sociais. Embora aceite o avanço do compatibilismo strawsoniano, Michelle Ciurria (2019) aponta alguns de seus problemas. A abordagem strawsoniana trata a RM como a adequação para tomar o agente como alvo das práticas de responsabilização, mas sem considerar as assimetrias sociais, como se a culpa fosse simetricamente distribuída em nossas sociedades assimétricas. Portanto, essa teoria não está apta para lidar com a real assimetria na distribuição da culpa e do elogio, ou seja, não é capaz de lidar com as nossas reais práticas de atribuição de responsabilidade moral.

As teorias sobre a RM estão centradas na relação do agente com a ação e é em torno dessa relação que normalmente são propostas as condições para a RM. Porém, essa atenção absoluta ao perpetrador ofusca que muitas dessas ações não apenas fazem parte de um sistema de opressão, como o reforçam (Ciurria, 2019). A *desidealização* do debate sobre a RM traz para a discussão uma abordagem sistêmica, que pretende ter repercussão para a pessoa que sofre a ação, por exemplo, podendo empponderá-la. Em vista disso, Ciurria propõe uma teoria com objetivos de melhoria (*ameliorative*) da RM e conducentes ao feminismo interseccional. Nessa proposta, a culpabilização é uma prática comunicativa, cuja função é socialmente construtiva e que rastreia normas, pois transmite informação normativa.

REFERÊNCIAS

ANSCOMBE, G. E. M. [1982]. Action, intention and "double effect." *In*: GEACH, Mary; GORMALLY, Luke (ed.). **Human life, action and ethics**: essays by G.E.M. Anscombe. St Andrew studies in philosophy and public affairs. Exeter: Imprint Academic, 2005. p. 207-226.

CARUSO, G. Skepticism About Moral Responsibility. **The Stanford Encyclopedia of Philosophy,** v. (Summer 2021 Edition), 18 jan. 2021.

CHISHOLM, R. Freedom and Action. *In*: JAQUETTE, D. (ed.). **Philosophical entrées**: classic and contemporary readings in philosophy. New York: McGraw--Hill, 2001. p. 333-343.

CHISHOLM, R. M. **Person and object**: a metaphysical study. La Salle, Ill.: Open Court Pub. Co, 1976.

CIURRIA, M. **An Intersectional Feminist Theory of Moral Responsibility**. New York: Routledge, 2019.

CLARKE, R. Alternatives for Libertarians. *In*: KANE, R. (ed.). **Oxford Handbook of Free Will**. New York: Oxford University Press, 2011. p. 329-348.

CLARKE, R. Toward A Credible Agent-Causal Account of Free Will. **Noûs**, [*s. l.*], v. 27, n. 2, p. 191, jan. 1993.

DEERY, O. Why people believe in indeterminist free will. **Philosophical Studies**, [*s. l.*], v. 172, n. 8, p. 2033-2054, 12 out. 2015.

FISCHER, J. M. **My way**: essays on moral responsibility. Oxford; New York; Auckland: Oxford University Press, 2006.

FISCHER, J. M. Responsibility and Autonomy. *In*: O'CONNOR, T.; SANDIS, C. (ed.). **A Companion to the Philosophy of Action.** Chichester: Wiley-Blackwell, 2010. p. 309-316.

FISCHER, J. M. **The metaphysics of free will**: an essay on control. Cambridge, Mass: Blackwell, 1994.

FISCHER, J. M.; RAVIZZA, M. **Responsibility and control**: a theory of moral responsibility. Cambridge: Cambridge Univ. Press, 1998.

FRANKFURT, H. G. Alternate Possibilities and Moral Responsibility. **The Journal of Philosophy,** [*s. l.*], v. 66, n. 23, p. 829-839, 1969.

GINET, C. **On action**. Cambridge England; New York: Cambridge University Press, 1990.

KANE, R. Introduction: The Contours of Contemporary Free-Will Debates. *In*: KANE, R. (ed.). **Oxford Handbook of Free Will**. New York: Oxford University Press, 2011. p. 2-35.

KANE, R. Libertarianism. *In*: KANE, R.; PEREBOOM, D.; VARGAS, M. (ed.). **Four Views on Free Will**. Malden: Blackwell Publisher, 2007. p. 5-43.

MASON, E. **Ways to be blameworthy**: rightness, wrongness, and responsibility. Oxford: Oxford University Press, 2019.

MELDEN, A. L'action libre. *In*: NEUBERG, M. (ed.). **Théorie de l'action**: textes majeurs de la philosophie analytique de l'action. Liège: Mardaga, 1991. p. 35-60.

MELE, A. Moral responsibility for actions: Epistemic and freedom conditions. **Philosophical Explorations**, [*s. l.*], v. 13, n. 2, p. 101-111, jun. 2010.

MELE, A. R. **Autonomous agents**: from self-control to autonomy. New York; Oxford: Oxford University Press, 1995.

MELE, A. R. **Motivation and Agency**. Oxford: Oxford University Press, 2003.

MELE, A.; SVERDLIK, S. Intention, intentional action, and moral responsibility. **Philosophical Studies**, [*s. l.*], v. 82, n. 3, p. 265-287, 1996.

MILLER, D. J. THE EPISTEMIC CONDITION OF MORAL RESPONSIBILITY. *In*: **The Routledge Handbook of Philosophy of Responsibility**. New York: Routledge, 2024. p. 274-286.

NAGEL, T. **The View from Nowhere**. New York: Oxford University Press, 1986.

NIDA-RÜMELIN, M. Doings and Subject Causation. **Erkenntnis**, [*s. l.*], v. 67, p. 255-272, 2007.

O'CONNOR, T. Agent-Causal Theories of Freedom. *In*: KANE, R. (ed.). **Oxford Handbook of Free Will**. New York: Oxford University Press, 2011. p. 308-328.

O'CONNOR, T. **Persons and Causes**. New York: Oxford University Press, 2000.

OSHANA, M. A Feminist Approach to Moral Responsibility. *In*: TIMPE, K.; GRIFFITH, M.; LEVY, N. (ed.). **The Routledge Companion to Free Will**. Nova York: Routledge, 2017.

PEREBOOM, D. **Free will, agency, and meaning in life**. Oxford; New York: Oxford University Press, 2014.

PEREBOOM, D. **Living without free will**. Cambridge: Cambridge University Press, 2001.

ROBICHAUD, R. The Epistemic Condition of Moral Responsibility. *In*: CAMPBELL, J.; MICKELSON, K. M.; WHITE, V. A. (ed.). **A Companion to Free Will**. Hoboken: Wiley-Blackwell, 2023. p. 355-368.

ROSEN, G. Skepticism about Moral Responsibility. **Philosophical Perspectives**, [*s. l.*], v. 18, n. 1, p. 295-313, 1 nov. 2004.

RUDY-HILLER, F. The Epistemic Condition for Moral Responsibility. **The Stanford Encyclopedia of Philosophy**, v. Winter 2022 Edition, 2022.

SHOEMAKER, D. Attributability, Answerability, and Accountability: Toward a Wider Theory of Moral Responsibility. **Ethics**, [*s. l.*], v. 121, p. 602–632, 2011.

STRAWSON, G. Free Will. *In*: CRAIG, E. (ed.). **Routledge Encyclopedia of Philosophy**. London: Routledge, 1998. p. 743-53.

STRAWSON, P. Freedom and Resentment. **Proceedings of the British Academy**, [*s. l.*], v. 48, p. 1-25, 1962.

TALBERT, M. **Moral Responsibility**. Cambridge: Polity Press, 2016.

TALBERT, M. Unwitting Wrongdoers and the Role of Moral Disagreement in Blame. *In*: SHOEMAKER, D. (ed.). **Oxford Studies in Agency and Responsibility Volume 1**. Oxford: Oxford University Press, 2013. p. 225-245.

VAN INWAGEN, P. **An essay on free will**. Oxford: Oxford Clarendon Press, 1983.

VAN INWAGEN, P. The incompatibility of free will and determinism. **Philosophical Studies**, [*s. l.*], v. 27, n. 3, p. 185-199, mar. 1975.

VAN INWAGEN, P. **Thinking about free will**. Cambridge, United Kingdom; New York: Cambridge University Press, 2017.

VICENS, L. C. Agent Causation. *In*: CAMPBELL, J.; MICKELSON, K. M.; WHITE, V. A. (ed.). **A Companion to Free Will**. Hoboken: Wiley Blackwell, 2023.

WALLER, R. R. Neuroscience. *In*: CAMPBELL, J.; MICKELSON, K. M.; WHITE, V. A. (ed.). **A Companion to Free Will**. Hoboken: Wiley-Blackwell, 2023. p. 278-293.

ZIMMERMAN, M. J. Peels on Ignorance as a Moral Excuse. **International Journal of Philosophical Studies**, [*s. l.*], v. 26, n. 4, p. 624-632, 8 ago. 2018.

CONCLUSÃO

O LUGAR DA MENTE: NATUREZA, PESSOA, SOCIEDADE

Alguns bilhões de anos nos separam do Big Bang. Durante os últimos poucos bilhões de anos, a vida surgiu a partir de elementos inorgânicos e iniciou-se um longo processo evolutivo. Somos, aparentemente, o ramo mais sortudo desse processo de seleção natural. Mas continuamos ligados a esses eventos primordiais por meio de nossa própria constituição física. Cada átomo de meu corpo foi fabricado, há muito tempo, na explosão de uma dessas gigantescas fornalhas atômicas que chamamos de "estrelas". Os últimos cento e cinquenta mil anos (aproximadamente) foram bem produtivos: dominamos o fogo e várias técnicas, povoamos o planeta com uma velocidade vertiginosa e criamos uma coleção impressionante de instituições e artefatos, do machado de pedra ao computador, do conselho tribal à ONU, dos primeiros sons articulados até a álgebra.

A ciência é a forma mais acabada de conhecimento que temos à nossa disposição. E a breve narrativa que acabo de apresentar é o que temos de melhor hoje. A primeira parte é contada pelos astrofísicos e os biólogos evolucionistas. É certamente a história mais plausível a nossa disposição atualmente, apesar das críticas que ela possa receber regularmente[71]. A segunda parte, o que fizemos como espécie depois de receber de Prometeu o fogo do Olimpo é contado pelos paleontólogos, arqueólogos e historiadores. Os fisicistas aceitam como ponto de partida a primeira parte dessa história e mais alguns capítulos, de importância decisiva, que foram escritos recentemente (teorias científicas como a mecânica quântica ou a teoria sintética moderna da evolução), para firmar a convicção de que, basicamente, tudo é físico. Isso não quer dizer que não tenha hiatos nessa narrativa; não sabemos com todos os detalhes como a vida surgiu da matéria inorgânica, tampouco podemos explicar com todos os detalhes como a consciência emergiu da matéria orgânica. Mas a imensa maioria dos cientistas hoje aceita que todas as criaturas providas de mentalidade são seres vivos, e todos os seres vivos são seres materiais.[72] Um

---

[71] Para uma exposição recente de "como a mente emergiu da matéria", ver Deacon (2012). Para uma crítica igualmente recente, ver Nagel (2012).

[72] Ver Sober (1993, p. 23).

fisicista típico aceita as relações de inclusão representadas graficamente no seguinte esquema:

Figura 33 Relações de inclusão: seres pensantes são vivos e seres vivos são materiais

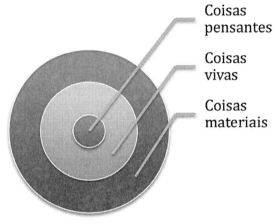

Fonte: o autor

A atitude de muitos filósofos, em particular dos fisicistas, é de considerar a matéria como algo "mais seguro", algo que não se pode negar, algo mais robusto, enquanto a mente teria um *status* muito mais problemático. Vimos, por exemplo, os eliministas mais radicais negarem explicitamente que haja algo chamado "mente". Mas é importante lembrar que isso não é a atitude de todos os filósofos. Os corpos macroscópicos que nos cercam são feitos de matéria e a maioria desses corpos é sólido, tangível, publicamente observável, enquanto a mente não oferece nenhuma dessas características. Porém uma análise da matéria, levada até seus últimos constituintes conhecidos, pode igualmente se revelar uma espetacular fonte de perplexidades. Bertrand Russell, em *Analysis of Mind* (1921), foi um dos primeiros filósofos a mostrar que o conceito de matéria tem, na verdade, um status quase tão problemático quanto ao conceito de mente. Outros, como o grande matemático e físico inglês Roger Penrose, consideram o fenômeno da consciência (fenomenal) tão importante, que eles estimam que se devemos mudar a física para integrar a consciência na natureza, então que seja! A consciência não pode ser reduzida ou eliminada para Penrose, e devemos nos esforçar para lhe atribuir cientificamente seu justo lugar na natureza.[73] Por "físico" entende-se normalmente (seguindo Feigl e Perry) os tipos, conceitos e leis suficientes para a explicação e predição

---

[73] Ver Penrose (1994, 1997).

dos processos inorgânicos. É importante lembrar aqui que a física é a mais bem-sucedida e a mais prestigiosa de todas as ciências da natureza.

Esse prestígio tem um forte apelo, forte o suficiente para justificar uma postura como a de John Perry, chamada de "fisicismo *prima facie*" (*antecedent physicalism*).[74] Ela consiste em aceitar o fisicismo como o nosso ponto de partida mais seguro e firme e tentar rebater todas as críticas e todos os problemas que surgem no caminho.

No entanto, o fisicismo não faz exceção à regra: como qualquer outro programa de pesquisa, ele nasceu num oceano de anomalias, problemas a resolver e objeções a rebater. Aí vai uma pequena amostra dessas dificuldades. Uma primeira consequência dessa postura é que o fisicista se coloca sob a obrigação de escolher entre o fisicismo reducionista e o fisicismo não reducionista. Vimos no final da última unidade sobre o fisicismo, que se escolhermos o fisicismo não reducionista, o Argumento da Superveniência, de Kim, espera-nos na esquina, e rebater esse famoso argumento tem se revelado, até agora, uma tarefa muito difícil. O resultado é conhecido: quem opta pelo fisicismo não reducionista corre o risco de tornar ininteligível a causação mental, uma consequência suficientemente contraintuitiva para obrigar a repensar aquela opção. Com o fisicismo reducionista, *a autonomia das ciências especiais parece perdida*. Nesse caso, a psicologia, a sociologia, economia e a antropologia deveriam prestar contas à física. Mas essa "prestação de contas" parece simplesmente impossível! Como descrever em termos que pertencem estritamente ao vocabulário das teorias da física as variações da cotação do açúcar na bolsa de Tóquio? Se adotarmos, como Kim sugere, o fisicismo reducionista, devemos enfrentar outra consequência grave: o reducionismo em geral e o reducionismo causal, em particular, fazem do mundo manifesto do senso comum uma espécie de conto de fadas.

Vejamos o porquê.[75] O reducionismo causal nega a existência de relações causais genuínas entre "macroeventos"; elas são aparentes ou epifenomenais. Os autênticos poderes causais encontram-se descritos na microfísica. Dizer que a acidez de uma solução causou a mudança de cor do papel tornassol, por exemplo, não passaria de uma simples "maneira de falar", como dizer que o Sol se levanta e se põe. Sabemos que não é assim, que o Sol não se põe ou se levanta, mas pela força do hábito, continuamos a usar expressões como essas que não correspondem à realidade.

---

[74] Ver Perry (2001).

[75] A mereologia é a disciplina que estuda as relações entre partes e todo. Por exemplo, os corpos macroscópicos são compostos de moléculas, que são compostos de átomos, que são compostos de partículas subatômicas etc.

O verdadeiro trabalho causal acontece ao nível atômico, quando os íons na solução ácida reagem mudando o arranjo dos átomos presentes no papel. O que podemos ver, sentir e descrever ao olho nu, a cor do papel e a aparência da solução, em nada contribui causalmente. As propriedades de ordem superior que já mencionamos anteriormente, como a solidez, a liquidez, e as propriedades mentais, não acrescentam novos poderes causais específicos e estão numa situação parecida. A solidez enquanto solidez e as intenções enquanto intenções podem fazer acontecer algo no mundo físico? Na descrição oferecida pelo fisicista, isso é duvidoso. Ao que parece, a única maneira de desenvolver o programa fisicista, pelo menos na sua versão forte, reducionista, consiste em mostrar que todas as propriedades de ordem superior não determinam novos poderes causais (Princípio da Herança Causal). Nessa descrição, o mundo tal como ele nos aparece cotidianamente é um mundo de epifenômenos e de sombras, e o mesmo vale para as relações causais que identificamos como tão importantes para nossa sobrevivência. Não bebemos água suja ou envenenada porque sabemos que isso causa danos à nossa saúde, por exemplo. Tudo isso, como um arco-íris, só existe no olho do observador. O fisicista reducionista poderia dizer que essas conclusões são alarmistas e exageradas; que o que ele faz é simplesmente descrever com outros termos a mesma realidade e que isso não significa que o mundo manifesto do dia a dia é insignificante. No entanto, o que pensamos e o que dizemos sobre esse mundo manifesto parece desqualificado pela descrição fornecida pelo fisicista; nossas descrições do mundo que habitamos são só "maneiras de falar", enquanto as descrições do fisicista são "cientificamente motivadas".

O fisicista parece ontologicamente comprometido em admitir a existência de um *nível fundamental* da matéria, constituído, quiçá, de quarks, leptões e bósons, todo o resto sendo *composições mereológicas* desses constituintes fundamentais. Agora, se a existência é predicada, *stricto sensu*, desses constituintes fundamentais, e se levamos muito a sério a Máxima de Alexander ("*ser, é possuir poderes causais*"), nosso mundo do dia a dia teria a mesma consistência ontológica que uma sombra ou um arco-íris, pois o que não tem poder causal próprio não existe. Se o que existe num sentido forte e irrestrito são partículas em campos de força e se todo poder causal depende desse nível fundamental, então as composições mereológicas dessas partículas, até os corpos macroscópicos, existem só num sentido "enfraquecido". O fisicista pode dizer que os poderes causais se transmitem de baixo para cima, do nível fundamental em direção aos níveis superiores até os corpos macroscópicos, mas que nenhum *novo* poder causal apareça na hierarquia dos níveis. Com isso, ele pode oferecer uma representação bem unificada da realidade e consistente com o que as melhores teorias científicas têm a oferecer. Isso é certamente uma vantagem considerável.

A contrapartida é que muitas das coisas nas quais acreditamos com firmeza deixariam de ser literalmente verdadeiras, e o mundo que habitamos, o mundo cotidiano, não passaria de uma vasta ilusão, como no filme *Matrix*, no qual indivíduos usados como pilhas pelas máquinas acreditam levar vidas interessantes sem suspeitar de nada. O mundo do senso comum é o ponto de partida universal e inevitável de todo mundo, dos cientistas e dos não cientistas. Os cientistas e alguns filósofos usam o senso comum como uma escada para chegar a uma posição que contradiz completamente o senso comum e depois, simplesmente, jogam fora a escada. Mas ninguém vive no mundo descrito pela mecânica quântica, e todos precisam, cedo ou tarde, voltar para o mundo manifesto do senso comum. Esse mundo manifesto fornece a base de todas as nossas práticas semióticas, em particular a prática de dar um sentido a o que somos e o que fazemos. E quanto às propriedades mentais, particularmente aquelas que envolvem um conteúdo conceitual com aspectos normativos e propriedades semânticas? Conceitos têm condições normativas de aplicação. Como observa Fodor, meu conceito de vaca pode ser "ativado" por imagens de vacas, mas ele se aplica *corretamente* não às imagens, e sim às vacas de carne e ossos. Esse caráter normativo das propriedades semânticas e conceitos não se deixa facilmente explicar em termos fisicistas. Aparentemente, na visão de mundo em níveis dos fisicistas, as propriedades mentais (com conteúdo proposicional ou conceitual) também não determinam quaisquer poderes causais novos, *enquanto propriedades mentais*. No fisicismo reducionista, propriedades mentais só podem fazer uma diferença no domínio fechado da física se elas forem identificadas (reduzidas) a propriedades físicas de nível inferior.

A *relevância* é de suma importância nas explicações científicas e nas explicações da psicologia popular. Aqui, encontramos um conflito interessante. Alguns autores, como Jaegwon Kim, estimam que a única causa realmente relevante de um evento é *a causa que efetivamente produz o efeito*. Kim chama essa ideia de Princípio da Relevância Causal. Para Kim e os fisicistas, preservar a causação mental significa, como vimos, reduzir e identificar as propriedades mentais a propriedades do sistema nervoso central, pois, afinal, é o que acontece no sistema nervoso que realmente faz todo o trabalho causal efetivo. O problema é que as propriedades do sistema nervoso raramente entram nas explicações causais do comportamento. Elas parecem até irrelevantes! Não adianta responder à questão: "Por que votou para o candidato do partido P?", dizendo algo como: "Uma vez na frente da urna eletrônica, aconteceu algum evento neuronal no meu hipotálamo"! Não é essa a resposta que se espera, e sim uma resposta que cita crenças, desejos e intenções. Parece que temos aqui uma confusão sobre os *explanantia*[76]. A questão não pede uma resposta em termos neurofisiológicos; ela pede razões, motivos.

Minha intenção de levantar o braço direito tem um conteúdo conceitual; é uma instanciação da propriedade mental *ter a intenção de levantar o braço direito* que parece causalmente eficiente na produção do evento, *enquanto propriedade mental*. Afinal, é o braço direito que levantou, não o esquerdo ou o pé direito. É difícil deixar de acreditar que as propriedades que são realmente eficientes nesses casos são as propriedades do conteúdo mental conceitual. Porém, essas propriedades de conteúdo parecem causalmente inertes. Como os conceitos BRAÇO, DIREITO, LEVANTAR adquirem uma eficácia causal? Conceitos são disposições e disposições precisam de uma realização física. Isso, certamente, é uma pista importante a explorar. Por outro lado, como "movimentos acidentais da matéria cega" (uma expressão que Locke usou num contexto teórico um pouco diferente) poderiam exercer qualquer controle sobre os membros do corpo e monitorar os movimentos voluntários? Como estados mentais, enquanto estados mentais, podem causar qualquer coisa?

O que importa, quando tratamos de causação mental, é resgatar a convicção de senso comum de que nossos pensamentos (crenças, desejos e intenções) fazem uma diferença; o que importa é encontrar um lugar para as propriedades ou eventos mentais na produção do comportamento inteligente e evitar o epifenomenalismo (a tese de que o mental é causalmente inerte). O controle que devemos exercer sobre nossos membros para agir intencionalmente parece requerer uma proximidade máxima entre a causa e o efeito. O problema é encontrar um meio de inserir na sequência causal propriedades mentais.

As atitudes proposicionais (como crenças, desejos, intenções), como elas são chamadas desde Bertrand Russell (1872-1970), têm conteúdo conceitual e as *propriedades de conteúdo são relacionais, extrínsecas*. O mesmo vale para o conteúdo semântico das frases que usamos o tempo todo. A palavra "lua" tem três letras e uma forma específica; aqui estamos falando de sintaxe ou morfossintaxe. Essas são propriedades sintáticas e intrínsecas da palavra "lua". Se a palavra tivesse duas ou cinco letras, não

---

[76] O *Explanans* (latim, plural: *explanantia*) são as frases que explicam ou respondem a uma questão "Por quê?".

seria a mesma palavra. Mas as propriedades *semânticas* da palavra, como ter um sentido determinado e uma denotação determinada, são *propriedades extrínsecas*. Um exemplar (*token*) da palavra "lua" tem uma constituição física e química variável (pode ser tinta no papel, giz no quadro, pixels na tela do computador etc.) e tem propriedades como massa, comprimento, capacidade de refletir a luz etc. No entanto, nenhuma dessas propriedades intrínsecas determina o sentido (as condições de aplicação correta da palavra, isto é, ser um satélite natural de um planeta) e a referência ou extensão da palavra, isto é, o conjunto de coisas as quais a palavra se aplica (nossa lua, as luas de Júpiter etc.). Não é em virtude de sua forma ou pelo fato de conter três letras que a palavra "lua" tem esse sentido, essa referência. Isso depende de como a palavra é usada intencionalmente por falantes de uma comunidade. São os falantes que usam, interpretam e dão vida aos signos na comunicação. As palavras, consideradas marcas sobre o papel ou sequências de sons emitidos, não possuem um significado por si só, intrinsecamente. Ao contrário do que se vê no cinema, não existe nenhum poder mágico associado ao som e a pronúncia das palavras. O significado que elas possuem (sentido e referência) depende dos hábitos comunicacionais dos membros de uma *comunidade*. Sem a comunidade não haveria linguagem, e sem linguagem, nosso pensamento seria muito limitado. Se o conteúdo de nossas crenças, intenções etc. tem uma estrutura comparável à estrutura das frases de uma linguagem pública e se nós pensamos, na maioria do tempo, usando silenciosamente uma língua pública (o português, o francês etc.), então *as propriedades semânticas de nossos conteúdos mentais também são relacionais e extrínsecas.* Outro exemplo aqui vai ajudar. Meu computador instancia nesse momento a propriedade extrínseca de *ser visto por mim*. Mas essa propriedade não determina o que é o computador e certamente não determina nenhum poder causal. O fato de ser visto por mim não vai aumentar, por exemplo, sua capacidade de memória. Agora a questão é: como tais propriedades semânticas de nossos conteúdos mentais podem fazer acontecer algo ou contribuir para produzir comportamentos inteligentes ou contribuir à gênese de nossas ações intencionais? (normalmente, são as propriedades *intrínsecas* das coisas que determinam seus poderes causais; a massa de um tijolo — uma propriedade intrínseca — é certamente uma propriedade que lhe confere a capacidade de quebrar uma vitrina, se o tijolo for lançado em direção à vitrina com velocidade inicial suficiente). A resposta de Kim, vimos, é a *redução funcional*, isto é, a identificação das propriedades mentais ou atitudes proposicionais com as propriedades neuronais (seus *realizadores físicos*) providos de um papel causal. Essa resposta de Kim me parece sujeita à seguinte objeção. Kim reconhece o que ele chama de "extrinsicalidade" do conteúdo mental, isto é, que a instanciação de uma propriedade mental pressupõe a existência de algo fora do agente cognitivo (o que chamamos de "externismo do conteúdo mental"); a instanciação de uma propriedade mental não é só algo interno ao sujeito, "na sua cabeça", e, sim, algo que envolve necessariamente um objeto ou substância no ambiente imediato do sujeito. A mente não está presa na cabeça! Se as propriedades mentais não dependem somente do que acontece no cérebro, como uma identificação com seus "realizadores neuronais" poderia preservar a extrinsicalidade do conteúdo? Isso significa também que as fronteiras entre a mente, de um lado, e o mundo, do outro, não são tão bem definidas quanto o fisicista pensava.[77]

Vamos estabelecer com certo grau de clareza e precisão a distinção entre propriedades intrínsecas e extrínsecas.

P é uma propriedade intrínseca =def. Necessariamente, para qualquer x, x possui P no momento T somente se a instanciação de P não pressupõe a existência de qualquer objeto além de x.

Ter uma massa de cinco quilogramas ou *ser feito de ouro* são propriedades intrínsecas. Essas propriedades são aquelas que menos resistem à redução.

As propriedades relacionais e extrínsecas são de três tipos.

P é uma propriedade enraizada fora do objeto que a instancia =def. Necessariamente, qualquer objeto x instância P no momento T somente se um objeto contingente e distinto de x existe.

Estar a 30 metros da Torre Eiffel, ser um planeta, ser casado, mas também propriedades mentais, como *perceber uma maçã, saber que o Pico da Neblina é a montanha mais alta do Brasil, estar com ciúme* etc., são exemplos de tais propriedades. O que faz a diferença entre perceber uma maçã e alucinar uma maçã é a existência da maçã no ambiente imediato. Estar com ciúme pressupõe a existência de mais duas pessoas. Na *Ilíada*, de Homero, Menelau está com ciúme das atenções de Paris para Helena. Menelau não poderia sentir ciúme de verdade sozinho numa ilha deserta.

---

[77] Sobre externismo e conteúdo mental, ver Leclerc (2014).

A ideia de propriedades "enraizadas" foi introduzida por Chisholm (1976) em *Person and Object*.

P é uma propriedade enraizada fora do tempo de sua instanciação =def. Necessariamente, para qualquer x e qualquer momento T, x possui P a T somente se x existe antes ou depois de T.

Ser o futuro presidente do Brasil, ter 20 anos, ser divorciado, mas também propriedades psicológicas, como *reconhecer um amigo, saber o significado de uma palavra, lembrar o que comeu no café da manhã* etc., são exemplos de tais propriedades. Para reconhecer alguém, é preciso ter encontrado essa pessoa num momento anterior e conheço o significado de uma palavra só porque aprendi num momento anterior.

Finalmente, as propriedades "globais" introduzidas por Lynne Rudder-Baker (2000):

P é uma propriedade global =def. Necessariamente, para qualquer x, x possui P no momento T somente se x estiver num ambiente específico ou em circunstâncias favoráveis ou apropriadas.

Ser um cidadão brasileiro, ser um cartão de crédito, valer um milhão no mercado de arte de Londres e propriedades de sistemas econômicos, como estar em recessão, ter um PIB crescendo etc., são exemplos de tais propriedades. Todos os artefatos têm uma função própria que depende da existência de agentes cognitivos capazes de ter atitudes como crenças, desejos etc. Não haveria cadeiras sem pessoas *querendo* sentar. *Integrar harmoniosamente a mente no mundo físico significa dar conta de toda essa variedade de propriedades* e isso representa um enorme desafio para qualquer fisicista. Como podemos ver, a discussão agora está se generalizando e vai muito além das propriedades mentais. O mundo que habitamos no dia a dia *não* é o mundo da mecânica quântica. Nosso ponto de partida é sempre o mesmo para todos. Começamos no meio das coisas, cercados por pessoas, artefatos e objetos de tamanho médio. O mundo que herdamos da natureza é hostil demais para ser habitável sem transformá-lo. Isso também é um fato de nossa história natural. A natureza pode nos arrancar um grito, uma careta, um ronco, mas não uma convenção, uma palavra ou uma canção. O que interessa particularmente à filosofia e as humanidades em geral é o que *homo sapiens* fez de *homo sapiens*. Vivemos cercados de artefatos, incluindo todas as instituições, a linguagem sendo uma delas.

A diferença fundamental entre as propriedades intrínsecas e as outras é que as extrínsecas não podem ser instanciadas em completo isolamento. Parte do ambiente está envolvido na posse de uma propriedade mental extrínseca. Vejamos agora uma pequena "experiência de pensamento" que foi introduzida por Hilary Putnam, em 1975. Vamos imaginar que você esteja com muita sede e vê um copo cheio de líquido translúcido na sua frente. Você passa a crer em algo que expressaria sinceramente usando a frase: "Esta água parece fresca". Vamos imaginar agora que existe um planeta igual à Terra, em outra galáxia, onde cada ser vivo na Terra tem sua réplica molecular. Haveria lá alguém igual a você molécula por molécula, átomo por átomo. A única diferença entre a Terra e a Terra-Gêmea é a composição química da água. O resto é igual. As pessoas falando português na Terra-Gêmea usam também a palavra "água", mas com a diferença que, com ela, eles se referem a uma substância um pouco diferente. A questão agora é a seguinte: quando você usa a frase "Esta água parece fresca", apontando para um copo na sua frente, e quando sua réplica molecular na Terra-Gêmea pronuncia a mesma frase nas mesmas circunstâncias, vocês expressam o mesmo pensamento? A intuição de muitos filósofos hoje em dia é que os pensamentos são diferentes, pois o objeto intencional, a substância chamada "água", não é a mesma nos dois casos. Mas, por hipótese, o seu cérebro e o cérebro de sua réplica molecular são iguais molécula por molécula, átomo por átomo. Portanto, o que está na cabeça não determina completamente os pensamentos. E isso aparece como uma objeção séria ao projeto reducionista do fisicista.

Uma segunda objeção ao projeto reducionista diz respeito à *relevância das explicações do comportamento inteligente*. Platão, de alguma forma, já tinha percebido o problema. No *Fédon* (97a-99a), Platão mostra que não adianta explicar por que Sócrates está sentado na prisão, esperando a execução de sua sentença (beber a cicuta), invocando o fato dele ter pernas com articulações que permitem que as pernas se dobrem. Ele estaria lá, sentado, porque tem pernas que se dobram! Isso nem responde à pergunta "Por que está lá sentado, tranquilo e resignado e prestes a enfrentar com coragem sua morte próxima, ao invés de fugir?". O que explica a situação e a postura de Sócrates são *juízos* que ele fez; são juízos que explicam por que ele está sentado lá, com essa atitude, e não o fato (físico) de ter pernas que podem dobrar para sentar em alguma cadeira. Sócrates, já velho, julgou que era mais bonito morrer bebendo a cicuta com coragem do que fugir como um covarde, para desfrutar mais alguns anos de uma vida vergonhosa. A explicação, segundo Platão, deve invocar atos mentais, juízos, e não fatos físicos, mesmo se, para sentar, é preciso dobrar as pernas. O que vem primeiro são as *práticas explicativas* bem-sucedidas, e não uma metafísica da causação que todos deveriam aceitar. Existem sempre várias maneiras de executar uma mesma ação. Isso é um axioma básico da teoria da ação. Ações, em geral, não podem ser identificadas com um conjunto determinado e fixo de movimentos corporais. Posso aceitar um convite para um jantar no restaurante de várias maneiras (sacudindo a cabeça com entusiasmo, enunciando verbalmente uma frase ou a mesma frase por escrito etc.), cada uma correspondendo a um realizador neuronal distinto ou a uma classe de tais realizadores. Minha aceitação no momento T explica causalmente por que estou no restaurante, à noite, jantando e discutindo com você no momento T+1, mas o realizador neuronal da minha aceitação não explica causalmente o que vem depois — na verdade, considerando nossas práticas explicativas, nem tem relevância causal. Prometo me encontrar às 14 horas com você num restaurante. Às 14 horas, lá estamos. O efeito da promessa é nosso encontro no restaurante, nossa presença lá na mesma mesa. O que explica esse fato? Bem, várias coisas, e as propriedades físicas que causam diretamente os movimentos corporais são em parte responsáveis por esse resultado, mas uma causa essencial e que não pode ser omitida é a promessa feita. Sem ela, o encontro no restaurante seria fruto do acaso. É ela que deu início ao processo causal, que organizou e conferiu certa estrutura aos passos ulteriores do processo. O próprio ato intencional de prometer, como já disse, pode ser realizado fisicamente de várias maneiras: verbalmente, por escrito, com um gesto da cabeça respondendo ao pedido, "Prometa-me de estar no restaurante às 14 horas!" etc. Mas, claramente, *a maneira como a promessa é realizada e as micropropriedades de meu sistema nervoso, no momento de prometer, são causalmente irrelevantes para o resultado*. O efeito da promessa, nossa presença no restaurante, é indiferente à maneira como a promessa foi realizada. Como ela poderia servir para explicar o efeito da promessa? Que haja pelo menos uma realização física é claramente de importância decisiva, mas prometer significa colocar-se sob a obrigação de realizar uma ação futura, e essa dimensão normativa de compromisso não parece ter uma realização física. Como poderia?

Na hora de explicar por que um edifício desabou, dizer, sem mais, que "isso aconteceu porque explodiram bananas de dinamite colocadas na base de sua estrutura" não explica tudo. Longe disso. Quem fez isso? E por quê? O desabamento do edifício nunca teria acontecido sem os desejos dos executivos da construtora de elevar um novo prédio no lugar, sem os desejos dos investidores que querem ganhar dinheiro em longo prazo e sem a autorização do prefeito querendo se reeleger com a ajuda dos investidores. As crenças e desejos que preparam o evento e levam à explosão e ao desabamento do velho prédio são causas que Fred Dretske (1995, 2010) chama de "causas estruturantes" (*structuring causes*) e são, claramente, relevantes para explicar o evento. A explosão é a causa "deflagrante" ou "operante" (*triggering cause*) preparada pelas causas estruturantes. Nossas ações intencionais são normalmente ações inseridas em planos, que são conjuntos de intenções estruturadas numa hierarquia, indo de uma intenção muito geral para intenções mais precisas, operantes, efetivas, realizando o plano passo a passo. Dretske lembra algo já bem conhecido em filosofia das ciências: *as explicações causais são sensíveis ao contexto*, isto é, elas dependem dos interesses, dos objetivos e do saber prévio de quem procura uma explicação. As explicações psicológicas apelam quase sempre para causas estruturantes. Logo, além do efeito (os movimentos corporais apropriados) e da causa física imediata do efeito (estados neuronais), *abre-se um espaço para as explicações propriamente psicológicas e estruturantes.* As intenções e planos são disposições e disposições, vimos, precisam de uma realização física (nesse caso, nas estruturas do cérebro). Assim, a realização de um plano por um agente tem uma contraparte neuronal, é amarrada ao físico. É provável que um fisicista como Kim não se deixaria convencer que essa é uma estratégia alternativa valiosa. Mas essa estratégia, mais pragmática, de começar com as práticas efetivas e bem-sucedidas de explicação do comportamento, constitui certamente um programa de pesquisa alternativo e interessante.

A existência dos *qualia*, considerados por Kim, Chalmers e outros como algo que resiste teimosamente à redução funcional, é outra frente que coloca o programa fisicista em xeque. Ela representa uma séria limitação, explicitamente reconhecida, ao programa fisicista. Alguns vão até colocar em dúvida a própria existência dos *qualia* como algo não "robusto" ou não "óbvia".[78] Os *qualia* estão em nossas experiências perceptivas (alguns contestam isso) e sensitivas, em nossa imaginação, em nossas lembranças, em nossas emoções também. Uma Introdução realmente completa à Filosofia da Mente deveria consagrar capítulos à memória, às sensações, às emoções e à imaginação. Deveria também tratar de outros assuntos, como a identidade pessoal através do tempo e da possibilidade do livre-arbítrio. Mas nenhuma introdução à Filosofia da Mente consegue

---

[78] Ver Dennett (1988).

ser completa. Precisamos fazer escolhas e apresentar os temas julgados centrais, aqueles que dividem os filósofos e levam à formação das correntes e das escolas divergentes mais importantes. É o que procuramos fazer nesta *Introdução à Filosofia da Mente*: oferecer uma primeira iniciação, mas que deixa o leitor bem informado sobre contribuições recentes. Esperamos ter aberto seu apetite para leituras mais aprofundadas.

REFERÊNCIAS

ABATH, André Joffily; LECLERC, André. **Representando o Mundo**. Ensaios sobre Conceitos. São Paulo: Loyola, 2014.

CHISHOLM, Roderick. **Person & Object**. A Metaphysical Study. La Salle: Open Court Publishing Company, 1976.

DEACON, Terence. **Incomplete Nature**. How Mind Emerged from Matter. New York: W. W. Norton & Company, 2012.

DENNETT, Daniel. Quining Qualia (1988). *In*: David Chalmers (org.) **Philosophy of Mind. Classical and Contemporary Readings.** Oxford: O.U.P., 2002, 226-246.

DRETSKE, Fred. **Naturalizing the Mind**. Cambridge (MA): MIT Press, 1995.

DRETSKE, Fred. Triggering and Structuring Causes. *In*: O'CONNOR, Timothy; SANDIS, Constantine (org.). **A Companion to the Philosophy of Action**. Oxford: Blackwell, 2010. p. 139-144.

LECLERC, A. Externismo e Conteúdo Mental. *In*: BRANQUINHO, J.; SANTOS, P. (org.). **Compêndio em Linha de Problemas de Filosofia Analítica**. Lisboa: Faculdade de Letras da Universidade de Lisboa, 2014.

NAGEL, Thomas. **Mind & Cosmos**. Why the Materialist Neo-Darwinian Conception of Nature is almost Certainly False. Oxford: Oxford University Press, 2012.

PENROSE, Roger. **O grande, o Pequeno, e a Mente Humana**. São Paulo: Editora da Unesp, 1997.

PENROSE, Roger. **Shadows of the Mind**. A Search for the Missing Science of Consciousness. Oxford: O. U. P., 1994.

PÉREZ, Diana. **Sentir, Desear, Creer**. Una Aproximación Filosófica a los conceptos psicológicos. Buenos Aires: Prometeo Libros, 2013.

PERRY, John. **Knowledge, Possibility and Consciousness.** Cambridge (MA): MIT Press, 2001.

PLATÃO. **Phédon.** Paris: Garnier Flammarion, 1991.

PUTNAM, Hilary. The Meaning of 'Meaning'. *In*: GUNDERSON, K. (org.). **Language, Mind and Knowledge**. Minneapolis: University of Minnesota Press, 1975.

RUDDER-BAKER, Lynne, **Person and Object**. Cambridge: C. U. P., 2000.

SOBER, Elliot. **Philosophy of Biology**. Boulder: Westview, 1993.